天人之策

刘基文化研究新论

浙江省社会科学院

中共苍南县委宣传部　　编

苍南县社会科学界联合会

张宏敏　赖纯阳　　主编

浙江工商大学出版社
ZHEJIANG GONGSHANG UNIVERSITY PRESS

·杭州·

图书在版编目(CIP)数据

　　天人之策：刘基文化研究新论 / 张宏敏，赖纯阳主
编. —杭州：浙江工商大学出版社，2023.4
　　ISBN 978-7-5178-5398-5

　　Ⅰ．①天… Ⅱ．①张… ②赖… Ⅲ．①刘基(1311—
1375)—人物研究—文集 Ⅳ．①K827＝48

　　中国国家版本馆 CIP 数据核字(2023)第 038210 号

天人之策——刘基文化研究新论
TIANREN ZHI CE——LIUJI WENHUA YANJIU XIN LUN
张宏敏　赖纯阳 主编

责任编辑	张晶晶
责任校对	李远东
封面设计	朱嘉怡
责任印制	包建辉
出版发行	浙江工商大学出版社
	(杭州市教工路 198 号　邮政编码 310012)
	(E-mail:zjgsupress@163.com)
	(网址:http://www.zjgsupress.com)
	电话:0571 - 88904980,88831806(传真)
排　　版	杭州朝曦图文设计有限公司
印　　刷	杭州高腾印务有限公司
开　　本	710mm×1000mm　1/16
印　　张	16.75
字　　数	217 千
版 印 次	2023 年 4 月第 1 版　2023 年 4 月第 1 次印刷
书　　号	ISBN 978-7-5178-5398-5
定　　价	78.00 元

浙江苍南莒溪刘伯温像

浙江苍南莒溪刘文成公祠

与会嘉宾签到

与会嘉宾签到

与会嘉宾考察莒溪伯温金石园

与会嘉宾参观苣溪伯温碑林

与会嘉宾合影

与会嘉宾合影

论坛开幕式现场

论坛启动仪式

论坛开幕式现场

论坛开幕式活动

论坛开幕式领导讲话

论坛开幕式领导致辞

论坛学术研讨现场

与会学者发言

与会学者发言

与会学者发言

与会学者发言

郑文清   叶燕

陈忠巢

金邦一

与会学者发言

与会学者发言

本书编辑指导委员会

※本书由中共苍南县委宣传部资助出版

※本书系浙江省哲学社会科学领军人才培育专项课题"浙学的创造性转化和创新性发展研究"（编号：21QNYC02ZD）阶段性成果

前　　言

"中华民族有着五千多年的文明史,我们要敬仰中华优秀传统文化,坚定文化自信,要善于从中华优秀传统文化中汲取治国理政的理念和思维。"2022年6月8日,习近平总书记在四川眉山市三苏祠考察时如是说。

2022年7月13日(农历六月十五),适逢元末明初著名的思想家、文学家、政治家、军事谋略家、"刘伯温传说故事"的人物原型——刘基(字伯温,号犁眉,封诚意伯,谥文成)诞辰711周年。为了纪念这位杰出的浙江历史文化名人,推动新时代文化事业发展,加快打造新时代文化高地,浙江省社会科学院、中共温州市委宣传部、温州市社会科学界联合会、中共苍南县委宣传部、苍南县社会科学界联合会于2022年7月8日至10日在刘基后裔主要聚居地、千年古镇——温州市苍南县莒溪镇,共同举办"纪念刘基诞辰711周年:浙江(苍南)刘基文化论坛暨2022年苍南县社会科学普及周活动启动仪式",来自省内外的50多位专家学者受邀出席本次论坛。

本次论坛共向全国刘基文化研究专家征集了优秀论文20余篇。他们有的从帝王师的角度探讨刘基的军事思想和治国理念,有的从诗文角度诠释刘基在朝代更替中的隐微心迹和文学价值,有的从民俗学角度分析刘基——刘伯温形象在民间的传播和神化的过程,有的从刘基家族文史角度阐述区域文化的内在关联,也有学者从当下新文化角度探索历史名人在当代的意义和价值。大家旁征博引,高屋建瓴,既全方位展现刘基作为"三不朽"伟人的功勋伟业,也为繁荣新时代中国特色社会主义文化提供了新的思考。在传统文化与新时代、新思想不断融合的过程中,我们该如何做到古为今用、推陈出新,如何从中华优秀传统文化中汲取治国理政的理念和思维,这是值得研究深化的课题。我们现从征集到的论文中选出部分文章,编成《天人之策——刘基文化研究新论》并交付浙江工商大学出版社出版,希望她能给新时代的刘基与刘基文化研究带来有益的思考和启迪。

本次刘基文化论坛的召开,在苍南尚属首次;规格之高,也超过了莒溪镇历来的文化活动。她不仅丰富了刘基这一"三不朽"伟人的学术文化内涵,同时也为刘基文化在浙江苍南的研究和弘扬发展播下了希望的种子。在苍南莒溪刘基文化园"一庙一碑林,一廊一金石"渐成规模及"2022年苍南县社会科学普及周"启动之时,刘基文化论坛的适时召开将引领浙南苍南县保护县域历史文化遗产、打造城乡文化共富的远大目标开启全新的航程。

最后,衷心感谢浙江省社会科学院、中共温州市委宣传部、温州市社会科学界联合会、中共苍南县委宣传部、苍南县社会科学界联合会,以及省内外刘基文化专家学者对本场学术活动的大力支持,感谢莒溪镇党委、政府及莒溪刘基后裔为刘基文化传播所做出的努力与贡献。

编　者

2022 年 7 月

目　录

引　言

新　论

附录　苍南莒溪刘文成公祠史料五种

引 言

引言一

在"浙江(苍南)刘基文化论坛暨2022年苍南县社会科学普及周活动启动仪式"上的欢迎词

苍南县莒溪镇党委书记　陈　楷

各位领导、各位来宾：

"有朋自远方来,不亦乐乎?"很荣幸也非常高兴能与大家相约相聚,共同出席"浙江(苍南)刘基文化论坛暨2022年苍南县社会科学普及周活动启动仪式"。在此,我谨代表中共莒溪镇委、莒溪镇人民政府,向莅临现场指导的各位领导和专家,表示热烈的欢迎和衷心的感谢!

莒溪地处苍南县西北部,位于水源保护区,镇域面积66平方千米,辖14个行政村,人口1.7万。独特的人文禀赋和生态风貌造就了莒溪特有的"厚重、活力与和谐"。

莒溪的"厚重",源于她的文化底蕴。刘文成公祠所承载的刘基文化源远流长,历久弥新。还有蔚文桥、红军挺进师纪念馆、畲族风情馆等,无不是莒溪传统文化、红色文化、畲族文化最亮眼的IP符号,凝聚着我们莒溪深厚的文化底蕴。

莒溪的"活力",藏于她的绿水青山。这里有独树一帜的风情水街,也有别具一格的美丽田园,还有即将打造的省级未来乡村——"山水之间遇见桥莒",都彰显了莒溪将"绿水青山"转化为"金山银山"的生态活力。

莒溪的"和谐",在于她的包容团结。14 个行政村中少数民族村就有 10 个,畲族 5000 多人,是浙江省少数民族人口占比最高的乡镇,邻里守望相助,和谐相处,被成功列入省级民族团结进步创建重点培育单位。

习近平总书记强调,"文化是一个国家、一个民族的灵魂"。浙江省第十五次党代会也提出了要"高水平推进文化强省建设,打造新时代文化高地"。我们将以此次活动为契机,奋力将刘基文化论坛打造成温州乃至浙江省的一个特色品牌,成为莒溪对外展示的一个重要窗口。

我们将下好文旅融合"一盘棋"。制定"莒溪镇全域旅游发展规划",依托刘基文化、畲族文化和红色文化,聚力打造生态文旅特色小镇,以全域旅游推动乡村振兴。

我们将建好绿色产业"一条线"。基于莒溪的良好生态禀赋,以绿色产业发展为主题主线,探索碳汇交易和林业生态建设的融资渠道,争做苍南碳汇经济发展的先行者。

我们将画好共同富裕"一张图"。全面推进美丽乡村建设"扩面提质"计划,为美丽乡村插上"文化的翅膀",形成集聚效应,努力打造"宜居宜游宜业"的最美莒溪。

今天的莒溪,因为大家的到来而"莒"世瞩目;明天的莒溪,必将因大家的支持而"溪"望无限。希望大家多提宝贵意见,为莒溪的发展把脉支招!

最后,预祝本次论坛取得圆满成功! 祝各位来宾、各位朋友身心和悦、幸福安康、万事如意!

引言二

在"浙江(苍南)刘基文化论坛暨 2022 年苍南县社会科学普及周活动启动仪式"上的致辞

中共苍南县委常委、宣传部部长　邱智强

各位领导、各位来宾：

大家上午好！

今天，我们在山清水秀、人文荟萃的苍南县莒溪镇隆重举行"浙江(苍南)刘基文化论坛暨 2022 年苍南县社会科学普及周活动启动仪式"。这是苍南宣传思想文化战线的一件盛事，是弘扬优秀传统文化、推动社科普及、提升人文素养、实现精神共富的一项重要举措。在此，我谨代表苍南县委、县委宣传部，向省社科院、市委宣传部和市社科联对本次活动的关心指导表示衷心的感谢！向莅临现场的各位领导、各位专家学者表示热烈的欢迎！

借此机会，我先简要介绍一下苍南。其归纳起来就是四个词。一是山海浪漫。苍南有着得天独厚的自然风光和资源禀赋。我们的国家森林公园玉苍山是一个天然大氧吧，在这里可以看云卷云舒；我们还有 168 千米的生态海岸线和遍布其中的 10 多个金沙滩，其中渔寮大沙滩是东南沿海大陆架上最大、最平的沙滩之一，在这里可以看潮起潮落。二是文化多元。苍南有三个"六百年"的厚重文化积淀，分别是以金乡卫城和蒲壮所城为代表的六百年海防文明、以世界矾都为代表的六百年工业文明、以碗窑古村落为代表的六百年农耕文明。瓯越文化和闽南文化在这里融合,多民族在这里聚居,瓯语、闽南语、畲语、蛮话、金乡话、蒲城话六种方言在这里交相辉映。同时,苍南还有闽浙边区临时省委驻地旧址、朱程烈士故居等一大批红色印记,是鼎平革命根据地的重要组成部分。三是敢为人先。苍南是温州模式的重要发祥地之一,在改革开放之初率先实行经济市场化取向改革,相继创造了中国第一座农民城、第一家私人钱庄、第一个银行浮动利率等十多个"全国第一";近年来,又先后推出全科医生"县管乡用"、扶贫资金"折股量化"、养殖用海"三权分置"等特色改革,成为全省乃至全国的示范。四是前景无限。总投资1200亿元的浙江三澳核电项目稳步推进,海上风电项目发出温州海域的第一度电,"核风光水蓄氢储"清洁能源全产业链发展,"十四五"期间,全县清洁能源在建项目装机容量可达1300万千瓦,清洁能源产业投资超双千亿元。我们还有省级经济开发区等重大平台,有印刷包装、塑料制品、纺织、仪器仪表、食品加工等传统支柱产业,潜力无限、机遇无限、活力无限。

一直以来,苍南县委、县政府高度重视宣传文化和哲学社科事业发展。

2022年是浙江省社科院与苍南县"结对帮扶"的第13个年头,省社科院历任挂职干部深入基层,在精准扶贫、村集体经济消薄等方面助力良多;在省社科院的关心支持下,今天苍南还被授予了省社科院调研基地,广大苍南社科工作者拥有了一个更优质的调研平台。

2022年5月,我们召开了历史性高规格的县委文化工作会议,出台了《文化苍南建设实施意见》,明确了文化苍南建设"六重清单""八大工程",把文化工作的重要性提到了前所未有的新高度。在市委宣传部的关心支持下,我们有4个项目入选2022年度温州市文化产业重点项目,3个项目被纳入温州市三年百大文化工程。在刘基文化挖掘展示方面,我们以刘氏家庙为主体,相继建成伯温碑林、刘基铜像、伯温金石园,"刘基文化园"主体结构基本完成,名贤垂范、祠堂教化、文化认同的功能进一步增强。

在社科赋能方面,在市社科联的关心支持下,苍南有 5 项课题被列入省社科规划"社科赋能山区 26 县高质量发展行动"预立项课题,占全省 1/13。

在这里,我希望能以今天这个活动为契机,通过大家的共同努力,加强对接、深化合作、共促发展,让我们彼此的工作结出更多丰硕的成果。我们也真诚欢迎各位,多到苍南走一走、看一看,来考察交流、传经送宝,同时感受山海苍南的独特魅力,享受山海苍南的舌尖美食。

最后,预祝本次活动取得圆满成功! 也祝各位身体健康、工作顺利、万事如意!

引言三

在"浙江(苍南)刘基文化论坛暨2022年 苍南县社会科学普及周活动启动仪式"上的 讲话

温州市社会科学界联合会副主席　张　京

各位来宾、各位朋友：

大家上午好！

今天,我们在山清水秀、人文荟萃的莒溪镇隆重举行"浙江(苍南)刘基文化论坛暨2022年苍南县社会科学普及周活动启动仪式",首先我谨代表温州市社科联,向悉心指导此次启动仪式的浙江省社会科学院表示衷心的感谢！向莅临本次活动现场的各位领导和嘉宾表示热烈的欢迎！向辛勤工作在社科战线上的同志们致以亲切的问候！

我们在莒溪刘基庙举行"浙江(苍南)刘基文化论坛暨2022年苍南县社会科学普及周活动启动仪式",意义重大,影响也必将深远。刘基,是浙南人的楷模,也是浙南人的骄傲,他的道德、勋业、文章至今流传绵延。关于刘伯温的种种传说,已成为一种典型文化现象,更凝结为弥足珍贵的文化瑰宝。我们理应充分发掘其中的深层内涵,对文化名人资源进行创造性转化、创新性发展,让优秀传统文化传承与新时代苍南精神交相辉映,以文化软实力的全面提升,不断增强群众的满足感、获得感与幸福感。

2022年以来,在省社科联、省社科院与宁波大学、浙江外国语学院等高校的大力支持与帮助下,苍南在社科赋能助共富方面成效显著,共有 5 项课题被列入省社科规划"社科赋能山区 26 县高质量发展行动"专项课题。

社科普及周搭建起沟通学习的优质平台,是让哲学社会科学知识走出课本、走出校园,贴近人心、走入百姓的重要渠道,可切实提升民众的人文素养与科学素养,做到以文化人、以文育人、以文培元。

接下来,我希望苍南县社科联可以在已有的社科工作成绩上继往开来,创造出更多的优异成绩。尤其希望苍南县社科联可以紧紧围绕学习贯彻省第十五次党代会精神、"喜迎二十大奋进共富路"、刘基文化、山海文化等主题开展一系列论坛讲座、基层调研、民生宣讲等活动,创新科普方式,发挥社科联"联"的作用,加强联合,加大宣传,久久为功,让社科知识飞入寻常百姓家。

我们坚信,建立社科普及的长效机制,汇聚起科普惠民强大合力,必能为建设"共富新苍南"贡献出更多的社科力量。

最后,预祝"浙江(苍南)刘基文化论坛暨 2022 年苍南县社会科学普及周活动启动仪式"取得圆满成功!

引言四

在"浙江(苍南)刘基文化论坛暨 2022 年苍南县社会科学普及周活动启动仪式"上的讲话

中共温州市委宣传部副部长　　曾　伟

各位领导、来宾,同志们:

大家上午好!

滚滚热浪挡不住我们追思先贤、寻根探源的脚步,值此刘基诞辰 711 周年之际,业内专家学者、业界精英翘楚前来探幽、欢聚一堂,相聚在蜿蜒灵动的莒溪畔,共同启动"浙江(苍南)刘基文化论坛暨 2022 年苍南县社会科学普及周活动启动仪式",我觉得很有意义。首先,我谨代表中共温州市委宣传部对活动的成功举办表示祝贺!对出席活动的各位领导、专家学者和刘基后裔们表示欢迎!向长期以来关心支持温州文化建设的各界人士表示崇高的敬意!

瓯越大地历史悠久、人文荟萃。众所周知,刘基作为元末明初军事家、政治家和思想家、文学家,通经史、晓天文、精兵法,更是永嘉学派的直接继承者和创新突破者。在温州历代乡贤中,刘基以"立德、立功、立言"三不朽伟人的品德闻名,七百多年来受到无数文人的推崇,"前知五百年、后知五百载"的洞察今古,评书故事里的刘伯温在中国家喻户晓,刘伯温传说也于 2008 年 6 月被列入第二批国家级非物质文化遗产名录。基于此,近年来,我们深度挖掘刘基文化的内在优秀基因,做好刘基庙(墓)、刘伯温传说、太公祭等"一国保两名录"的国字号金名片保护文章,定期举办刘基文化遗产学术研讨会、中国(温州)刘基文化学术论坛,成立中国明史学会刘基分会,在温州大学设立刘伯温文化研究所,全方位推动历史名人文化传承创新。

前不久召开的浙江省第十五次党代会,"温州宋元码头遗址"被写入党代会报告正文;温州市委提出"千年商港、幸福温州"的城市定位,未来的温州将成为文源深、文脉广、文气盛的城市。让刘基文化焕发新时代魅力,既是我们的应有之举,也是活动的举办主旨。当前,刘基文化还有一些未开垦的"处女地",许多"散落的珍珠"尚未成串,许多"金字招牌"尚未闪光,望大家多多驻足停留、多多深耕细耘。借此机会,我用三个"起来"与大家共勉。

一是我们要让刘基文化加速"旺"起来。穿越七百余年宛若昨天,洋洋洒洒着悠长的文脉。现如今,我们可依托中国明史学会刘基分会和刘基文化论坛等学术组织、学术论坛,定期开展研讨活动,加强研究资源的整合,形成一批更具影响力的理论研究成果,进一步提升刘基文化研究的学术水平和现实价值。希望各位文化大咖和专家学者发挥众家之长,多发表真知灼见,多提出宝贵意见,力促历史名人刘基深邃的文化思想成为标志性的文化载体。

二是我们要让刘基文化加速"活"起来。刘基文化的影响力可谓"全覆盖",无论是在学术研究层面,还是民间层面,都产生着深远影响力。希望以本次活动为契机,利用刘基文化博物馆、莒溪刘基文化产业园金石园等基层阵地,把刘基文化活态展示好,同时串联起温州市区、文成、苍南、瑞安、永嘉、平阳等刘基足迹遍及地,挖掘好"刘伯温传说",推广好大型历史话剧《刘伯温·霜台忠魂》,让刘基文化更具场景化、故事化、互动化。

三是我们要让刘基文化加速"靓"起来。民间广泛流传着"三分天下诸葛亮,一统江山刘伯温"的说法,可以说"凡有华人处,皆知刘伯温"。我们宣传文化系统相关部门和属地政府一起,更加突出文化名人品牌效应,推进文旅融合标志性 IP 和"金名片"培育,搭建更多文旅深度融合的"桥"和"船",精心打造凸显温州特色、符合大众需求的网红"打卡点",让历史名人走出历史、走遍全国、走向世界。

借此机会也恳请各位专家今后对温州文化发展及社科普及工作给予更多的关心指导、支持帮助,以便我们把工作做得更好!

最后,祝本次活动圆满成功!祝各位嘉宾身体健康、心情愉快、阖家幸福!

引言五

在"浙江(苍南)刘基文化论坛暨2022年苍南县社会科学普及周活动启动仪式"上的讲话

浙江省社会科学院副院长、教授　陶建钟

各位嘉宾、各位学者,各位社科界的同仁们:

大家上午好!

"青岭横峰荫薜萝,时方小暑绿新荷。"在全省上下深入学习宣讲浙江省第十五次党代会精神、投身"两个先行"的关键时期,我们相聚在素有"浙江九寨沟"之誉的苍南县莒溪镇,举办"浙江(苍南)刘基文化论坛暨2022年苍南县社会科学普及周活动启动仪式"。在这里,首先请允许我,代表本次活动学术指导单位之一的浙江省社会科学院,对各位嘉宾、各位学者及社科界同仁的到来,表示衷心的感谢!

"三分天下诸葛亮,一统江山刘伯温。"再过几天,就是我国历史上伟大的思想家、杰出的文学家、卓越的政治家,素有"千古人豪"之誉的"大明第一谋臣",刘基(刘伯温)的七百一十一周年诞辰纪念日。我们选择这个时间节点,相聚在为纪念这位浙江籍历史文化名人而建的文化广场,举办以"天人之策:刘基文化的新时代价值"为主题的文化论坛,这既是致敬中华先贤、中华优秀传统文化的一种体现,也是落实省委书记袁家军同志在省委文化工作会议和省第十五次党代会报告中提出的"在共同富裕中实现精神富有、在现代化先行中实现文化先行"的有益尝试。

最初，我是通过刘伯温的神话传说故事，像"西湖望云"、《烧饼歌》等，知道了"前知五百年，后知五百载"的刘伯温；再后来，我读到刘基的《卖柑者言》，知道了"金玉其外、败絮其中"的出处，又对刘基的文学作品开始关注。因为我是绍兴人，我知道，刘基一度有两年多的时间"避地"于绍兴，"放浪山水，以诗文自娱，时与好事者游云门诸山，皆有记"。浙江大学教授林家骊整理的《刘基集》中就有《游云门记》《出越城至平水记》《松风阁记》等。在绍兴期间，刘基还结交了著名画家王冕，两人成为知己。以上是我对刘基的一些粗浅认识。

2022年5月，习近平总书记在主持十九届中央政治局第三十九次集体学习时强调："我们党历来用历史唯物主义的立场观点方法看待中华民族历史，继承和弘扬中华优秀传统文化。""对中华传统文化，要坚持古为今用、推陈出新，继承和弘扬其中的优秀成分。"毫无疑问，作为中国古代历史文化名人的刘基及其传世著作《诚意伯刘先生文集》所体现出来的刘基思想，进而所衍生出来的刘基文化（以刘伯温传说为代表），就是中华优秀传统文化的一分子。习近平总书记对刘基的经典名句——"物有甘苦，尝之者识；道有夷险，履之者知"，也是多次引用。2014年2月，习近平总书记在省部级主要领导干部学习贯彻十八届三中全会精神全面深化改革专题研讨班上的讲话中，首次引述刘基的经典名句——"物有甘苦，尝之者识；道有夷险，履之者知"，并突出强调了"道路自信""制度自信"。2020年9月8日，习近平总书记在全国抗击新冠肺炎疫情表彰大会上的讲话中再次引用这句话，指出："'物有甘苦，尝之者识；道有夷险，履之者知。'在这场波澜壮阔的抗疫斗争中，我们积累了重要经验，收获了深刻启示。"

浙江省社会科学院作为全省哲学社会科学研究的综合学术机构，按照"建设马克思主义坚强阵地、新型高端智库、哲学社会科学研究高地"功能定位，立足浙江、研究浙江、服务浙江。自建院以来，我们一直重视以刘基等为代表的浙江历史文化名人的综合研究。据我所知，由我院主办的《浙江学刊》上就刊发有不少关于刘基经济、军事思想研究的高质量论文:(1)吴申元的《刘基经济思想浅论》,发表在 1983 年第 2 期;(2)郝兆矩的《刘基军事思想述评》,发表在 1984 年第 2 期;(3)胡岩林的《从〈郁离子〉看刘基的社会政治思想》,发表在 1984 年第 5 期;(4)唐宇元的《刘基思想论析》,发表在 1985 年第 3 期;(5)周大海的《〈百战奇略〉辨伪》,发表在 1985 年第 5 期;(6)张文才的《〈百战奇略〉辨伪质疑》,发表在 1989 年第 4 期;(7)俞美玉的《刘基与瓯越文化精神》,发表在 2008 年第 2 期。

为了深入研究作为浙江文化名人的刘基,2003 年浙江省社科院启动了建院以来规模最大的科研项目——"浙江文化名人传记丛书",由时任省社科院院长,也是我的老师万斌教授担任主编。这套丛书中,有一本《千古人豪:刘基传》,2005 年由浙江人民出版社出版。这本书的作者,就是今天到会的特邀嘉宾——吕立汉教授。最近,2022 年度浙江文化研究工程第三批立项课题已经公示,吕教授的这部《千古人豪:刘基传》,作为课题之一将修订再版。

为了推动刘基文化的深入研究,2006 年 12 月 8 日至 10 日,浙江省社科院与温州市委宣传部、温州市社科联合作主办了"中国(温州)国际刘基学术文化研讨会"。据我所知,今天与会的不少刘基文化研究专家,包括省社科院办公室主任华忠林、赵文项同志,也参加了 2006 年在温州召开的那场"国际刘基学术文化研讨会"。在那场"国际刘基学术文化研讨会"开幕式上,时任浙江省社科院院长万斌教授致开幕词。他指出,刘基的文学著作、军事谋略、民本思想所集成和发展形成的"刘基文化",是我们的宝贵精神财富,是瓯越文化、江浙文化乃至中国传统文化的重要组成部分。

据我所知,省社科院哲学所研究员张宏敏也长期从事刘基思想学术研究,他跟今天与会的不少刘基研究专家都是很好的朋友。这些年来,他已经出版了《刘基思想研究》《百年刘基研究》《郁离子笺注与评点》等多部著作。为了推动刘基文化的深度研究,便于与温州、丽水开展"院地合作",省社科院已于2022年5月正式发文,组建"浙江省社会科学院刘基文化研究中心"。下一步,我们将特聘一批研究人员,就刘基文化的丰富内涵及其时代价值开展合作研究。在这里,我也诚邀各位嘉宾、各位学者以特聘或兼职研究员的身份,加盟"浙江省社会科学院刘基文化研究中心"。

各位嘉宾、各位学者!

省第十五次党代会报告提出"要打造新时代文化艺术标识","实施宋韵文化传世工程","推进温州宋元码头遗址等海上丝绸之路遗址保护利用",提升"浙学等优秀传统文化影响力,做好非物质文化遗产传承保护"。一直以来,温州市苍南县的莒溪镇、藻溪镇,就是省社科院的"结对帮扶"联系对象。刚才,省社科院结对帮扶苍南县小组组长华忠林同志,向苍南县社科联授牌,合作成立了"浙江省社会科学院苍南调研基地"。下一步,省社科院愿意与温州市委宣传部、社科联,苍南县委宣传部、社科联,就"共同富裕先行""新时代文化高地建设""宋韵文化研究""刘基文化研究"等课题以"院地合作"模式,深入开展相关专题研究。

在这里,我也诚意地邀请——今天与会的各位嘉宾、各位学者,在方便的时候,到位于杭州西湖区凤起路620号的省社科院(省社科院距离刘基"西湖望云"的西湖特别近)做客并指导工作。

最后,受大会组委会委托,由我宣布——"浙江(苍南)刘基文化论坛暨2022年苍南县社会科学普及周活动启动仪式"正式启动!

新　论

从人的刘基到神的刘伯温

丽水学院原副院长、教授
丽水市刘基文化研究会原会长　吕立汉

　　说起刘基,未必人人知晓;但提到刘伯温,却妇孺皆知。其实,刘基就是刘伯温。不同的是,在普通老百姓心目中,刘伯温是一个无所不通的神人。造成这种巨大差别的原因,在于正史及民间传说的各行其道,使刘基具有了"两面性"。一面是历史记载中的"王佐""帝师"刘基,另一面却是民间传说中的"神人"刘伯温。

　　刘基,字伯温,元末明初著名的文学家、思想家、军事家。元武宗至大四年(1311)六月十五日,刘基出生于江浙行省处州路青田县武阳村,即现在的文成县南田镇武阳村。他一生出仕两朝,是一个充满传奇色彩的历史人物。

　　十四岁时,刘基进入郡庠学习,拜在名儒郑复初门下,学习理学。后来又转学至石门书院读书,经过十数载寒窗苦读,终于高中进士。至元二年(1336),刘基正式踏上了仕元之路,担任江西行省高安县丞,阶正八品。随后刘基又"三起三落",皆因不受朝廷重视,不能于官场随波逐流,最终愤然辞官。

　　至正二十年(1360)三月,刘基受朱元璋之聘,前往应天府(今南京),由此开始了他一生最辉煌的事业。在元明鼎革之际,辅佐朱元璋,运筹于帷幄之中,决胜于千里之外,为朱氏殄灭群雄,最终推翻元朝统治登上皇位,立下了不朽的功勋。明王朝建立之后,刘基为新王朝的制度建设做出了卓越的贡献。历任太史令,御史中丞等职。洪武三年(1370)被授予弘文馆学士,同年十一月晋封诚意伯。由于当时政治环境的险恶,刘基选择急流勇退。洪武四年(1371)正月,刘基正式告老还乡。洪武六年(1373)遭胡惟庸等构陷,夺诚意伯食禄,同年七月入朝引咎自责。洪武八年(1375)三月因病"乞骸骨"还乡,四月十六日卒,享年六十五岁。卒后,于明正德九年(1514)加赠"太师"美名,谥"文成"。客观地说,明王朝建立之后,刘基并没有得到朱元璋的重用,朱元璋仅把他作为朝廷政治斗争的一颗棋子用以牵制以李善长为首的淮西官僚集团,因而刘基一整套治国方略也自然被束之高阁,没能很好地付诸实施。从这一角度去看,刘基是一个悲剧性历史人物。

刘伯温在民间具有广泛的影响力,可与诸葛亮比肩,人称"三分天下诸葛亮,一统江山刘伯温",对其赞誉可见一斑。其传说经由民众口耳相传,不断地附会、粘贴、嫁接其他的传说或是故事情节,而逐渐地形成了一个庞大的"传说群"。

刘伯温传说不仅数量众多,而且传播范围甚广,除了西藏、新疆、东三省外,其他省市和地区几乎都有传说流传。其传说不仅在国内传播,而且在东南亚一带也为人所熟知。据统计,刘伯温的传说有200多种,青田县文联曾娅阳主编的《刘伯温传说》搜集到156种刘伯温传说,可以说是迄今为止,刘伯温传说搜集的集大成者。在老百姓的心目当中,他是一位预言大师、神算军师、风水宗师、得道仙师和行业祖师。

那么,作为人的刘基,他又是怎样一步步被推上神坛,而变为神的刘伯温的呢?下面我们就来揭开这个谜底。

一、朱元璋自我神化的同时也神化了刘基

在历代开国帝王中,朱元璋算是出身最卑微的一个,父亲、祖父都是佃农,自身出家做过和尚。由于没有显赫的出身,他也只能强调自己是没有根基的,不断诉说朕本"淮右布衣""江左布

衣",以及"起自田亩""出身寒微"一类话。强烈的自卑感转而表现为自尊,夸耀自己赤手空拳打出天下来。[①]

但是,朱元璋的自卑心理还是有的,怕人家瞧不起。因此,他开始授意御用文人有意识地编造一些神异传说,以证明自己是真命天子。其制造舆论的手段大致如下:一是套用"感生神话"编造神奇出身,说他母亲梦见一戴皇冠的神人给她吃了一丸白药,第二天朱元璋就出生了,出生后"红光满室",甚是非凡。二是仿效刘邦编造龙蛇之证,说朱元璋出生不久,就有一老翁造访,对她父母亲说:"你家有一龙。"以证明他是真龙天子。三是向佛、道借力,说自己信佛崇道,故行军作战每每能逢凶化吉。在与劲敌陈友谅的征战之中,自是凶险异常。于是朱元璋为自己"安排"了两位神道,一位是周颠,一位是铁冠道人张中。

仅此还不够,朱元璋还得效法历代帝王在辅佐他打天下的文臣武将身上动动脑筋。既然是真龙天子降世,就应该有一批开国护运的"天才"应运而生,以辅佐天子替天行道,如汉高祖刘邦就文有张良,武有韩信;刘备文有诸葛亮,武有关羽;等等。

尤其是汉高祖刘邦没有任何根基,赤手空拳打来天下,是朱元璋最为欣赏的帝王。当时文人就曾编造过留侯张良在下邳,得圯上老人——黄石公授《太公兵法》,而成就辅佐大业的故事,而且后来还被《史记》所采用。《史记》通过描写圯上老人的桀骜无礼、多次试探,强调了张良敬始慎终、尊敬老者的美德,终得老者授书而"为王者师",并借老者之口道出刘邦"后十年兴",言明了汉高祖的"天命所归"。

不可否认,在渡江之前,朱元璋身边已有李善长、陶安、徐达、常遇春等文武贤才,但客观地说,当时朱元璋身边尚未出现张良、诸葛亮一类智能型天才人物。因此在渡江之后,朱元璋更是加大了人才的招揽力度。攻下浙东婺州、处州之初,即将浙东四先生——刘基、宋濂、章溢、叶琛招致麾下,且奉为上宾。

---

① 吴晗:《朱元璋传》,百花文艺出版社 2000 年版,第 290 页。

　　"四先生"中,又以刘基独具影响力。他有文韬武略,在江浙一带可谓是名声煊赫。像这样文武兼修、影响力巨大的人才,朱元璋必是求之不得的。刘基一到应天府,即"陈时务十八策",得到了朱元璋的赏识。过后不久,他就为朱元璋制定了"先南后北,先西后东"的一统江山的宏观战略,龙湾之战,运筹帷幄,献计献策,很快他就在朱元璋政治军事集团站稳了脚跟。

　　但朱元璋更看重的是刘基在象纬学方面的高深造诣。刘基生活的那个时代象纬学盛行一时,元代士人多精于此道。[①] 刘基在这方面有家学渊源,且自幼"于书无所不读,凡天文、地理、阴阳、卜筮、诸子百家之言,莫不涉猎"。[②] 出仕之初,还向不少方士学习过谶纬方术,称得上高人。因此,朱元璋南征北战,事涉象纬,皆请教于刘基。元至正二十一年(1361)七月,朱元璋准备再次讨伐陈友谅,刘基为坚定其决心,鼓舞其斗志,搬出"天兆",对朱元璋说:"昨观天象,金星在前,火星在后,此师胜之兆,主公顺天应人,早行吊伐。"朱元璋答道:"吾亦夜观天象,正如尔言。"[③]这次讨伐,果然打了一场大胜仗。

　　朱元璋与刘基在这次大战前"观天"行为的"唱和",使朱元璋"萦绕心头"多时的问题有了圆满的解答。于是朱氏"假手"刘基,在文臣中做自己"顺天应命"的"见证人"。一方面,这从朱元璋给刘基早期的诏诰中屡屡证实。如至正二十二年(1362)的《御名书》,至正二十三年(1363)的《又御名书》,都可以看出,刘基归附后,他在具体军事行动中的不可或缺,体现了朱元璋对刘基的高度信赖。另一方面,则说明了刘基预言的精准,充分体现出"天赐"刘基这一"神算军师"的重要性。

　　至正二十三年(1363)七月的鄱阳湖大战,是朱元璋与陈友谅

---

　　① 周松芳:《刘基与谶纬术数关系平议》,见吕立汉等主编:《刘基文化论丛2》,延边大学出版社2007年版,第116页。

　　② [明]邓士龙:《国朝典故》,北京大学出版社1993年版,第72页。

　　③ [明]胡广等编:《明实录·太祖实录》,"中央研究院"历史语言研究所(台北)校勘本1962年版,第118页。

为争夺南部中国的关键性战役。作为首席谋士，刘基在军事谋略上起到了至关重要的作用。朱元璋对此做了充分的肯定，这从他于洪武元年(1368)赐予刘基的《御宝诏书》中可以看出：

> 前太史令御史中丞刘基……从朕于群雄未定之秋。居则每匡治道，动则仰观乾象。察列宿之经纬，验日月之休光。发踪指示，三军往无不克。……彭蠡之鏖战，炮声击裂，犹天雷之临首，诸军呐喊，虽鬼神也悲号，自旦日暮，如是者凡四，尔亦在舟，岂不同患难也哉？（《诚意伯刘先生文集》卷一）

细心的读者必定会发现，《御宝诏书》有意无意地凸显了刘基象纬学造诣在战争中所起的重要作用。是刘基"动则仰观乾象"，按天意"发踪指示"，才使"三军往无不克"。还有一点，诏书特别强调了君臣二人在最危险的"彭蠡鏖战"中"同患难"的可贵精神。诏书谓当时"彭蠡鏖战"中"炮声击裂"，而刘基"亦在舟"，分明是说你刘基是我朱元璋"天命所归"的见证人；而通过此一细节，后世的《明史·刘基传》更是将其敷衍为彭蠡大战中"刘基救主"的传说，谓刘基观天象，发现有难星穿空而过，疾呼"更船"，朱元璋才幸免于难，这岂非天意！

洪武三年(1370)十一月，朱元璋大封功臣，封公者六人，封侯者二十八人，刘基不在其列。论功勋，刘基不在李善长、徐达之下，可刘基什么都没得到，这只能说明刘基在朱元璋心目中的地位。但过后不久，朱元璋又补封刘基为"诚意伯"。

为什么要这样做呢？这是一个很耐人寻味的问题。原因就在于三十四人中，实在无人可以充当张良、诸葛亮这类角色！思来想去，还是刘基合适。这从《诚意伯诰》中可以看出：

> 能识主于未发之先，愿效劳于多难之际，终于成功，可谓贤智者也，如诸葛亮、王猛独能当之。朕提师江左，

兵至栝苍，尔基挺身来谒于金陵，归谓人曰："天星数验，真可附也。愿委身事之。"于是乡里顺化。基累从征伐，睹列曜垂象，每言有准……尔能识朕于初年，秉心坚贞，怀才助朕，屡献忠谋，驱驰多难，其先见之明，不过如此。

（《诚意伯刘先生文集》卷一）

在朱元璋赐予的所有御书诏诰当中，这是最值得我们注意的一篇。文中首次将刘基与诸葛亮相提并论，突出了刘基的"先见之明"，预言大师形象已呼之欲出，后出的黄伯生《行状》、张时彻《诚意伯刘公神道碑铭》（以下简称《碑铭》）类似的记载无不源于此。

综上所述，朱元璋对刘基的神化，其真实企图在于自我神化。出于"君权神授"的政治目的考虑，他让刘基扮演了"天命所归"的见证人。朱元璋所赐的一系列御书诏诰，自然也成了刘伯温神异传说产生的源头。

二、刘基后裔的不懈努力，终于把刘基推上了神坛

在刘基被神化的过程当中，刘基后裔所起的作用至关重要。为什么刘基的后人要去神化他呢？他们又是怎样去神化刘基的呢？是有意为之还是无心插柳？这些都是下文所要探讨的问题。

（一）立传结集，以图家族自保

在刘基死后的一段时间里，朱元璋对刘氏家族还是不错的。先是任命刘基长子刘琏为江西布政使司右参政；刘琏死后，又让刘基长孙刘廌承袭了诚意伯爵位，并任命其次子刘璟为阁门使。

但在永乐年间，刘基家族的日子就不好过了。朱棣"靖难"登基，天下士子多不愿与他合作。故而朱棣大开杀戒，凡忤逆不顺者皆诛杀之，尤其著名的当数方孝孺案，朱棣竟然"灭其十族"，其

家族老幼共计八百七十三人被诛杀,谪戍边地的族众亲友不计其数。此后数年内,朱棣共计杀戮近三千名士子,在明初政治史上写下了极为血腥的一页。① 刘璟也不愿与之合作,称朱棣"百世后,逃不得一'篡'字",而后下狱,自经死。② 朱棣为了笼络人心,本还想重用刘廌,但刘廌以奉亲守墓为由力辞。刘璟叔侄二人与当位者不合作的态度,使得此时的刘基家族随时有可能面临"灭顶之灾"。

在如此险恶的政治环境下,刘基后裔不得不煞费苦心地去寻求避祸自保的举措。那么,刘基后裔到底采取了哪些避祸自保的举措呢? 笔者认为,他们主要是从以下两方面着手的:一是为刘基立传;二是刊印《翊运录》和刘基文集。而以上两种举措客观上都为刘基的神化起了很大的推动作用。

1. 为刘基立传,无意中确定了刘伯温传说的三大母题

在政治环境极为恶劣的情况下,刘璟、刘廌叔侄俩想出的第一个避祸自保的招数,就是约请高手为刘基作传,借以宣传刘基的丰功伟绩,树立开国元勋的形象。刘基既然对大明王朝的建立有不可磨灭的辅佐之功,那么,当你举起屠刀准备砍向刘基后人之时,总得三思而后行吧! 这就是他们为刘基立传的真正意图。洪武十六年(1386)春,刘璟、刘廌将谋划已久的对策终于付诸实施,约请同乡黄伯生写成了《诚意伯刘公行状》(以下简称《行状》)。

黄伯生,处州丽水人,是刘廌的老师。刘廌对他十分推崇,是刘璟、刘廌信得过之人。客观地说,《行状》写得相当成功,是古代传记的上乘之作。但可以肯定地说,《行状》什么该写,什么不该写,必定都是要通过他们叔侄俩的。而且黄伯生撰写《行状》时,必定看过有关刘基的御书诏诰。《行状》用以塑造刘基预

① 简究岸:《读书种子,被诛十族——明初燕王朱棣屠杀海宁方孝孺案》,《观察与思考》2001年第2期,第48—49页。
② [清]张廷玉等撰:《明史》,中华书局1999年版,第2509—2510页。

言大师、神算军师的材料多可从御书诏诰中找到蛛丝马迹。《行状》所言虽然绝大部分是真实可信的,但至少有以下几处属不实之词:

第一处是以"得天文书"的典型事迹为刘基之"传奇人生"奠基。《行状》①开篇即云:

> 公在燕京时,间阅书肆有天文书一帙,因阅之,翌日,即背诵如流。其人大惊,欲以书授公,公曰:"已在吾胸中矣,无事于书也。"

从文学创作角度看,上引描述是塑造刘基这位能"前知五百年、后知五百载"的预言大师、神算军师形象的必不可少的铺垫。但这样的描述即便不是虚构,至少也是夸大其词。这就为日后刘基的各种神异渲染埋下了伏笔。

第二处便是塑造刘基这位"预言大师"形象的典型材料了。《行状》记载:

> (刘基)尝游西湖,有异云起西北,光映湖水中。时鲁道原、宇文公谅诸同游者,皆以为庆云,将分韵赋诗,公独纵饮不顾,乃大言曰:"此天子气也,应在金陵,十年后,有王者起其下,我当辅之。"

此即刘基预言"金陵王气"传说之渊薮。由此,刘基在民间世界中逐渐成长为一代预言大家,有先知先觉的本领。

第三处不实之词源自御书诏诰而稍做加工。《行状》记载,当元至正十八年(1358),刘基愤然还山,潜心著述《郁离子》之时,有好友劝说刘基自成"勾践之业",刘基不以为然:"吾平生忿方国珍、张士诚辈所为,今用子计,与彼何殊耶?"话说得斩钉截铁,但

---

① 〔明〕刘基:《诚意伯刘先生文集》卷一,成化六年戴用、张禧刻本。

后面所补的一句话就属不实之词。他对朋友说："天命将有归,子姑待之。"就在此时传来了朱元璋攻克处州的消息,刘基欣喜不已,手指乾象对亲朋好友说："此天命也,岂人力能之耶?"以上描写仍然是用来凸显刘基先知先觉的预言大师形象的。

第四处是刘基"神算军师"形象的刻画。《行状》有如下记载:

> 上使都督冯胜将兵攻某城,命公授方略。公(刘基)书纸授之,使夜半出兵,云："至某所,见某方青云起,即伏兵,顷有黑云起者,是贼伏也,慎勿妄动;日中后黑云渐薄,回与青云接者,此贼归也,即衔枚蹑其后击之,可尽擒也。"众初莫肯信,至夜半,诣所指地,果有云起如公言,众以为神,莫敢违,竟拔城擒贼而还。

刘基精通天文地理这是事实,但不可能筹算得如此精准,引文中的刘基形象让大家很自然地联想到章回体小说《三国演义》中的诸葛亮,《行状》之描述属夸大其词,为后来的《英烈传》等小说所塑造的能呼风唤雨的"神算军事"形象描绘开了先河。

上述描述,不仅神化了刘基,更以刘基之英明来衬托朱元璋的"天命所归",也为朱明王朝的"天授","开基启运,必生命世之臣以辅佐"做了完美的阐释。

总之,《行状》已基本确定了刘伯温传说的三大母题,即传奇人生、预言大师和神算军师。后出的野史、小说如《英烈传》《续英烈传》等作品对刘伯温夸大其词的描绘无不滥觞于此,同时也对张时彻的《神道碑铭》以及《明史》刘基本传的撰写产生了巨大的影响。

必须说明的是,《行状》孕育了刘伯温传说的三大母题,仅仅是一种客观效果,这显然是刘璟、刘廌始所未料的,真可谓"无心插柳柳成荫"。

2.刊印《翊运录》和刘基著作,确保了刘基神异事迹的传播与保存

刘基后人想出的第二个避祸自保的招数是,刊印《翊运录》和刘基文集。早期刘基文集的单行本有《翊运录》,这个单行本很特殊。特殊在其所收文章基本上不是刘基的作品,而是刘基后代所珍藏的御书、诏诰等。该本最早的刊行时间是明永乐二年(1404),由当时的翰林学士松阳人王景作序。刘基孙子刘廌何以要将这些御书、诏诰郑重其事地结集付梓?我们认为,在政治环境十分险恶的永乐年间,刘廌唯恐祸及全家,故以朱元璋的御书、诏诰当挡箭牌和护身符,以期在舆论上给永乐帝施加压力,不至于对刘基这样一位勋伐盖世的开国元勋的后代下更毒的毒手。[①] 这确实是一招妙棋!

刘基文集,在明清两代有近二十个版本。每个刘基文集的刊行,其后代都会约请名人为文集作序,每篇序文都是对刘基勋业的一次再宣传,而其中对刘基人云亦云的夸张描绘经序言作者无数次传言,似乎也就变成了煞有介事的事实。

我们已无从考据当时刘基文集的发行量,以及流布海内外的面到底有多广,在出版刘基文集时,想见其后裔是希望借文集的出版不断扩大并延续刘基在文人中的影响力,将其"一代文宗"的地位不断加以巩固。其中每版的刊印总会有《翊运录》的身影,其目的自不待言。在那个时代,这是世人了解刘基的最为有效的途径,当然这从客观上也起到了保证刘伯温传说源头"供水"的连续性。

(二)为老祖宗建祠立庙,使刘基真正走上神坛

虽然刘基早有遗言在先,在其死后不许建祠祭祀。但后人总不忍心让先人就这么"默默无闻"于九泉之下。

洪武二十四年(1391)正月,刘璟在青田县城丹山崇道观,以

田租一百一十五石两斗五升舍入道观，借助建昊天宝阁的名义，为刘基及刘琏建立祠堂以便子孙祭拜。

永乐三年（1405）九月，刘廌以田租七十石拨付妙音寺（在南田西陵，唐大中年间建），于寺庙之内建立祠堂，奉祀刘基父子三人。

最初的刘基后裔为刘基立祠的事情说明，他们是出于感念先人功绩，以尽孝道的目的而为的。因刘基曾保一方平安，且有恩于民，使青田赋税减去一半，[①]因而乡里拜祀之人甚众，香火自然旺盛。这是刘基走上神坛的第一步。

明景泰三年（1452），刘基七世孙刘禄授世袭五经博士。为彰显祖上勤王辅国的功业，刘禄于明天顺元年（1457），请求皇帝敕建刘基祠堂，结果获准。天顺三年（1459）祠堂建成。后该祠堂于嘉靖五年（1526）扩建，清乾隆、道光、咸丰及民国历经多次修缮。[②]

此后，刘基家族进入了复苏期，在九世孙刘瑜等人的策划下，其好友给事中吴仕伟于弘治十五年（1502）请重建刘基祠堂于处州府城。当时虽未获准，但朝廷同意将原有祠堂按建制扩建成庙，并御赐给"诚意伯刘公庙"一块"翊运祀碑"，还诏授刘瑜为处州卫世袭指挥使。

虽然祠与庙仅一字之差，但借助统治者的力量将祠改为庙，却使得刘基在民间的影响力登上了一个新的台阶，其前后有天壤之别。至此，刘基的影响力已大大超越了宗族范围和地域界限，拜祀者由刘基后裔扩大为生活世界的广大民众，刘基一跃而成为当地重要的神祇。这是刘基走上神坛最为关键的一步。

自正德年间始，刘基后裔又有了新的动作。经过刘瑜等人的不断努力，刘基又被推上了一个更高的"台阶"。

正德九年（1514）十月十九日，正德帝加赠刘基为"太师"，谥

---

① "中央研究院"历史语言研究所（台北）校勘：《明实录·太祖实录》，上海书店1984年版，第1689页。

② 叶耀章：《浙南各地刘基祠庙综述》，见吕立汉等主编：《刘基文化论丛2》，延边大学出版社2007年版，第241页。

号"文成"。诏诰中称颂刘基:"学为帝师,才称王佐,渡江策士无双,开国文臣第一"①,这是明朝官方对刘基的最高评价。

嘉靖十年(1531),刑部郎中李瑜上疏建言刘基配享太庙,恢复刘基后裔诚意伯爵位的世袭,朝廷准奏。② 刘瑜于嘉靖十二年(1533)正月二十二日正式袭封爵位。嗣后,刘基后裔世袭诚意伯爵位直至明亡。③

刘基死时,葬于南田之夏山,仅一丘黄土。随后因刘璟触怒龙颜,家族败没。谁能想到,在刘基死后一百多年,他还能得敕建祠堂以祀;被封为太师,誉为"帝师""王佐";进而配享太庙,后裔恢复袭爵! 从这里可以看出,刘瑜等人对刘基身后之誉的追加,是起了至关重要的作用的。神像配享太庙,无疑给神化了的刘基搭建了更为高大的平台。

明天顺三年(1459),刘基家族于复兴之初在石门洞还集资兴建了文成公祠堂,以祀先人。石门洞是刘基读书的地方,是刘基名闻天下的根基所在。在此建祠祭祀,无疑有利于更好地宣扬刘基的勋业,在此处求学之士子、文人,抑或观光之游人,睹物思人,更易将刘基之事迹铭记于心——著书立说于前,堪称"一代文宗";运筹帷幄,建立一世伟业于后,誉称"帝师""王佐"。久而久之,石门洞便成为刘基神异传说广泛流布的又一"基石"。

而后由于各种情况,刘基后裔迁居到外地者越来越多。危机过后,迁居各地的后裔为祭祀祖先,纷纷集资兴建庙宇。据不完全统计,仅浙南地区就有十余处,较大的有三处,分别是:温州苍南莒溪刘基庙,丽水富山开国元勋祠(今废),温州瑞安诚意伯庙。随着刘基在各地的祠堂(庙)相继建成,祭祀活动的地域也相应地不断扩大,并逐步走向正规。此举客观上有利于推动刘基在民间的影响力不断延续。

---

① 刘基著、林家骊点校:《刘基集》,浙江古籍出版社1999年版,第661—662页。
② 刘基著、林家骊点校:《刘基集》,浙江古籍出版社1999年版,第663—664页。
③ 刘基著、林家骊点校:《刘基集》,浙江古籍出版社1999年版,第666页。

三、文人的演绎，使刘伯温神异形象更加丰满

从诸多文人的创作中，我们可以清晰地看出刘伯温传说的衍生过程。正是他们的不懈努力，才使得刘伯温的神异形象不断完整化、典型化和丰满化、普及化。客观地说，文人的演绎极大地丰富了刘伯温传说的内容，使刘伯温神异形象熠熠生辉，当然也成了民间了解刘基的主渠道。

（一）野史稗乘，加工演绎刘伯温之"传奇人生"

明代中叶以后，野史、稗乘兴起，初始于弘治、正德年间而大盛于嘉靖、万历年间，如杨仪《高坡异纂》、王文禄《龙兴慈记》、宋雷《西吴俚语》①、焦竑《玉堂丛语》、何乔远《名山藏》等都有刘基传奇人生的故事演绎。

我们以刘伯温"传奇人生"母题中的奠基事迹——得天文书一事为例，来揭示该类传说的衍生过程。在《都公谭纂》中，都穆将其演绎为：

> 诚意伯刘基，元末在燕京时，书肆有天文书一部，久无售者。基至，手其书不置，次日往肆中，老翁扣基昨所观，则已能成诵矣。翁大惊，乃以书授之，且为语其奥。基归复，往则翁已闭肆不知所之。②

与《行状》比较，并没增加多少篇幅，但有一点非常重要，那就是把书肆当中的售书人神秘化了。既然售书人是非常之人，那么所售的天文之书就是非常之书，而得到此天文书的刘伯温自然就

---

① 陈学霖：《关于刘伯温传说的研究》，《北京社会科学》1998 年第 4 期，第 44 页。
② [明]都穆：《都公谭纂·卷上》，中华书局 1985 年版，第 4 页。

是非常之才了。

此传说到杨仪的《高坡异纂》中又有再创作,改编有四:一是把得天文书的时间往前移至刘基少年读书之时;二是把得天文书的地点移至刘基少年读书处——石门书院;三是授书之人有了真名实姓,变成了著名道士黄楚望①;四是在刘基的姓氏上做文章,"卯金刀,持石敲",是用拆字法制作的一个姓氏谜。前面三点改编并不重要,只是让授书之神人出现的场景更符合"神"的身份罢了,但第四点的添加却是耐人寻味的,意谓那天文书是老天早就安排好等着这位姓"刘"的"天才"——刘伯温去取的。

这一传说到了焦竑的《玉堂丛语》中,又有一定的添加。在野史稗乘中是焦竑第一次通过"得天文书"这一故事把刘伯温与张良、诸葛亮"捆绑"在一起,谓此天文书共十二卷,当年"子房、孔明并得其六","今子得其四,亦足以澄清浊世矣"。②

通过以上的比较分析,我们清晰地看到了刘伯温得天文书这一传说的衍生轨迹。其他传说之母题的衍生过程也大致如此,兹不赘述。

(二)《英烈传》塑造的"神算军师"

刘伯温"神算军师"的形象在《行状》中已做初步的刻画,但真正使刘伯温神算军师的形象丰满起来并在民间世界中广泛传播,是创作于明嘉靖年间的演义小说《英烈传》。

《英烈传》对刘基形象刻画得最为突出的,是作者直接借鉴了《三国演义》中诸葛亮借东风"火烧赤壁"的创作思路,把刘基塑造成一位能呼风唤雨、料事如神的神算军师。两军对垒之时,风平浪静。刘基"整肃衣冠,手开天门,脚踹地户。仗一口七星剑,喷一口九龙水,念动灵符,捻成宝诀",顿时"阴霾四起,黄雾

---

① 通经义论策之学,精象纬、易学、占筮之术,见赵汸《黄楚望先生世家》。
② [明]焦竑:《玉堂丛语》,中华书局1981年版,第260—261页。

奔腾,飏沙走石"①。朱元璋趁势分派众军火攻陈友谅,因而大获全胜。无论是叙事布局还是人物刻画,无不以《三国演义》中的诸葛亮为蓝本。随着该小说的广为流布,刘伯温在民间世界便以诸葛亮般的"神算军师"形象深入人心,随即成为民间曲艺中的重要题材……

(三)《续英烈传》《烧饼歌》塑造之"预言大师"

早在《行状》中就有刘基预言"金陵王气"的描述。随后更多的文人将笔端深入"预言大师"这一母题的加工之中。如明朝何乔远《名山藏·臣林记》、王鏊《震泽纪闻》、姜淮《岐海琐谈》都为此做出了贡献,但真正成功地将刘伯温塑造为"预言大师"的,是清初的讲史小说《续英烈传》。该书以刘伯温所呈之《明历》为叙事线索展开情节。说当时朱元璋在为王储继位人选而犯愁,特诏刘基入宫,刘基陈天命于太祖,并献上《明历》一册。其文如下:

> 戊申龙飞非寻常,日月并行天下光。
> 烟尘荡尽礼乐焕,圣人南面金陵方。
> 干戈既定四海晏,威施中夏及他邦。
> 无疆大历忆体恤,微臣敢向天颜扬。
> 谁知苍苍意不然,龙子未久遭夭折。
> 长孙嗣统亦希奇,五十五月遭大殃。
> 燕子高飞入帝宫,水马年来分外烈。
> 释子女子仍有兆,倡乱画策皆因劫。
> 六月水渡天意微,与难之人皆是节。
> 青龙火里着袈裟,此事闻之心胆裂。②

---

① [明]郭勋著,张民服、彭勇校点:《英烈传》,中州古籍出版社1997年版,第132—133页。
② [清]秦淮墨客编次,井玉贵校注:《续英烈传》,书海出版社1999年版,第8—12页。

《明历》中的内容颇似谶谣，它预言了包括削夺藩王、燕王靖难等重大事件。"长孙嗣统"指允文称帝，"五十五月遭大殃"指允文在位时间，尔后"燕子高飞入帝宫"，即燕王朱棣称帝。"释子""着袈裟"指代允文剃度后，借和尚身份逃出京师，保全性命。可以说，小说成功地将刘伯温塑造成了一位能通晓古今的"预言大师"。《明历》则更成为不少托名刘基所著谶谣的蓝本。

近代国内流传最广、影响最深的一部谶谣天书叫《烧饼歌》，也伪托刘伯温所著。此书"预言"了从明初到清末的许多重大事件，例如明成祖篡位，英宗"土木堡"之变，崇祯自缢煤山、明朝灭亡，顺治在位十八年，雍正在位十三年，乾隆是汉人、在位六十年，清朝灭亡等，无不一一言中。完全可以肯定，《烧饼歌》是伪托之作，原作者的生活年代至早也早不过清末。该作者伪托刘基之名刊行此书的目的当然是出于销量和传世的考虑，其客观效果是使刘伯温这位预言大师的预言能力得到了极大的提升。

附带说一下，在民族危亡之际，刘伯温这位预言大师还为鼓舞全民族的抗日热情做出了重大贡献。1938年，有爱国人士编造了谶诗《刘伯温回天碑》，刊登在《申报》上，说在浙东某处出土《刘伯温回天碑》："回天碑，起七七，终七七，翼、宁、粤、汉，暗无天日，引胡深入，一鼓歼灭，吴越英杰，努力努力！刘基题。"[①]"终七七"又被后世的很多人意会为农历七月七日，而日本投降日——1945年8月14日，正好是农历的七月七日。此举无疑又将刘伯温预言之神准及影响力延续至近代社会。

综上所述，以文人为主的书写的力量，又辅之以曲艺作品中讲唱艺人的大力推广，才使刘伯温的神异形象如此丰满、广为传播且深入人心。

---

① 周文锋主编：《刘伯温研究》第3期，第133—134页。

四、民间百姓的偶像崇拜是刘基走上神坛的决定性因素

"人"的刘基能否成功地转变为"神"的刘伯温,其决定性因素并不在于历史的书写和文人的演绎,而在于数以亿计的普通百姓在长达六百多年的历史长河中,日复一日、年复一年地在街头巷尾口耳相传着刘伯温的神奇故事。他们所津津乐道的刘伯温故事虽说源自文人的演绎,但一经百姓的口头转述,无疑又是一次再创作。一传十,十传百,以致传说圈越来越大,故事版本也越来越多,刘伯温形象也愈来愈神异。民间的口头创作可分为两个大类:一是对原有传说母题的生发和开拓;二是在原有母题基础之上派生出新的传说母题。

(一)原有母题的生发、开拓

我们仔细地去阅读那些原有母题的民间创作,还是能发现不少新的创意的。以传奇人生这一母题为例,民间百姓就充分发挥其想象力,为刘基不平凡的一生下了不少查漏补缺的功夫。

一是围绕"刘基出生"做文章。《天葬坟》和《武阳降生》便是很有代表性的两个传说。《天葬坟》谓白鹤仙师为刘家找到了一块风水宝地安放其老祖宗骨殖,声称"在那造坟,日后必出将相之才"。这就为"帝师""王佐"之才的应运而生从风水学角度作了极为有力的铺垫。《武阳降生》这则传说,称刘基出生后"三旦"不开腔,接生婆用簪子触屁股穴位也无济于事,还是要那位白鹤仙师前来点化才行。白鹤仙师说得好,"大凡王侯将相之种,不会轻易开口"。这则传说为日后成就大事业的刘基包装了不同凡响的"出生",可谓"不鸣则已,一鸣惊人"。

二是围绕"刘基之死"做文章。这类民间传说以《倚柱吞金》《朱元璋赔金头》等为代表。刘基之死因本来就有些扑朔迷离,或曰被胡惟庸毒死,或曰是朱元璋指使胡惟庸毒死刘基,或曰系自

然病故,史书对此没有明确记载,这就为民间百姓留下了很大的想象空间。《倚柱吞金》这则传说谓刘伯温当年教太子读书无意间得罪了朱元璋,刘伯温危在旦夕,马娘娘送水果枣、桃暗示刘伯温"早逃"。为避免身首异处,刘伯温飞马过江回归青田故里,便倚柱吞金,仰天大笑三声而死。塑造了一位"君要臣死,臣不得不死"的忠臣形象。

此外,神算军师这一母题在民间百姓的口头创作中也有许多发挥,如《火烧庆功楼》《朱元璋三试国师》《金龙盘玉柱》等,兹不赘述。

(二)派生新母题

坊间在衍生原有传说母题之故事的同时,也派生出了许多有关刘伯温传说的新的母题。如关爱民生、除恶安良等。历史上的刘基本来就勤政爱民、除恶安良,《行状》《神道碑铭》《明史》刘基本传都有这方面典型事迹的记载,这是上述两类新的母题产生的历史依据。而在封建社会官场总是为己者多、为民者少,老百姓期盼有更多像刘基一样能勤政爱民、除恶安良的清官再世,这是新的传说母题产生的现实基础。坊间的这些传说无不充分体现了民间百姓对刘基的爱戴之情。以关爱民生母题为例,这类传说的代表之作是流传于浙南一带的《章旦》。该传说讲述某年刘伯温在家乡青田一带访察民情,见当地百姓一贫如洗,苦不堪言,见此情此景,便连夜写了一道奏章,请求给青田百姓减免赋税。他还凭借着自己的机智让朱元璋口宣了"青田赋粮减半、减半再减半",由此减掉了青田的田赋。当地民众为了纪念他,把他通宵达旦写奏章的村子取名叫"章旦"。

显然,这则传说是在当年刘基上书减免青田百姓赋税的史实上创作而成的。当地民众生活的艰辛,深深地触动了这个体恤民情的清官。其中不仅体现了民众对刘伯温的崇敬、感恩之情,他们还把对刘伯温的爱戴转换为对他的聪明才智的赞美上。

又如在江西等地流传的《严惩衙卒》。该传说讲述刘基某天化装成一个儒生在一家酒楼吃饭。忽地,传来一阵吵闹声,原来是一个衙役没付钱竟然扬长而去。刘基回到衙门就惩办了狱卒,罚钱赔偿,并向店老板道歉。但衙役不但不悔改,反而变本加厉。几天后,他又去酒楼吃饭,这次不但不给钱,还踢了老板。恰此事又被化装成老头的刘基看在眼里。他带着老板回到衙门,升堂办案,不但严惩还辞退了打人的衙役,并与众衙役约法三章。从此,高安的衙役再也没有到外面危害百姓的。

刘基为官高安县丞之时,勤于政事、探访民情、秉公办案的事迹,当地百姓自然熟知。但能做到刘基这般,严于管束下属的好官却不多。对于那些为恶乡里的手下,刘基自是铁面无私,不徇私情的;而对于那些受害者,刘基则是关爱有加,无微不至的。以史实为基础,历朝历代的百姓都怀着对刘基这位好官的深切缅怀及无限崇敬之情,创作了许多相关的传说,如《严惩衙卒》《智判牛犊》《蓑衣县令》《高安县判案》《刘青田》等。

得道仙师、风水宗师、行业祖师都是后世派生的刘伯温传说新母题,此类传说在坊间有大量的流传。因篇幅所致,容专文探讨。

五、结语

作为人的刘基,他是浙南人民的楷模,是浙南人民的骄傲,他的道德、勋业、文章至今还为人们所津津乐道。作为神的刘伯温,他是一种文化现象。如今,刘伯温传说已被列入国家级非物质文化遗产保护名录,可以说她是一块弥足珍贵的文化瑰宝,我们理应充分发掘其中"民族文化"的深层内涵。

从《郁离子》探析刘基走向大明的心路历程

文成县作家协会主席　周玉潭

　　从元至元二年(1336)赴任高安县丞到明洪武四年(1371)告老还乡,刘基的从政之路可划分为两个阶段。第一阶段:1336年至1358年,刘基满怀豪情走上仕途,一心要为国建功为民谋福,但沉沦漂浮,四起四落,他的理想被元王朝击得粉碎,终于1358年愤而弃官归里,与元彻底决绝;第二阶段:1360年至1371年,应朱元璋之聘,赴应天(今南京市)辅助朱元璋,殄灭群雄,最终推翻元王朝的统治,为新王朝立法定制,立下了不朽的功勋。从元王朝的不二之臣转变为反元谋臣,隐居武阳的刘基内心经历了怎样的思想风暴,经过了怎样痛苦的挣扎与艰难的抉择呢? 斯人已去,要探求刘基当时思想变化历程,只能借助他的著作与言论。庆幸的是,在1358年至1360年,刘基隐居南田,精心创作了散文集《郁离子》,其不仅闪烁着刘基的治国安邦的思想光辉,也隐约地记录下了他自己思想变化的过程。我们不妨从中探析一下刘基走向大明的心路历程。

一、绝望:"遂去,入于宕冥之山"

　　1358年,处州平"乱",刘基功不可没。但不知是因为刘基是南人,元朝不敢重用,还是因为刘基对待方国珍的态度与朝廷相左,他的官不升反降,仍以儒学副提举格授处州路总管府判,且夺去兵权,不与戎事。刘基终于绝望了,愤而辞职。这种绝望与愤懑之情就宣泄在《郁离子·千里马第一》中《千里马》《良桐》《巫鬼》(本文篇目名均取自吕立汉等注释的《郁离子》)等篇目中。同样的千里马,"非冀产,置之于外牧"①。志在千里,又能如何? 良桐为琴,"弦而鼓之,金声而玉应"②。因"弗古,还之"③;"谋诸漆工,作断纹焉;又谋诸篆工,作古窾焉;匣而埋诸土,期年出之"④,却被称为"稀世之宝"。不辨真才,不讲实学,昏庸至此,为之奈何?

再看《巫鬼》:

> 王孙濡谓郁离子曰:"子知荆巫之鬼乎? 荆人尚鬼而崇祠,巫与鬼争神,则隐而卧其偶。鬼弗知其谁为之也,乃蘷于其乡。乡之老往祠,见其偶之卧,醮而起焉。鬼见,以为是卧我者也,欧之踣而死。"⑤

不辨真才让人愤怒;不辨是非,黑白颠倒更令人心碎。卧其者无事,扶其者却受到严惩,这不是元王朝的真实写照吗? 刘基为国忠心耿耿,却屡遭排挤,方国珍类一再反元,却被封为中央大员,是非颠倒,这样的朝廷如何不亡? 刘基终于认识到"今天下之卧,弗可起矣,而不避焉,无益。只取尤耳"⑥。何去何从,唯一能做的就是愤然出走,"遂去,入于宕冥之山,不知其所终"⑦。归隐,是刘基唯一可走之路,是刘基失望、愤懑、无可奈何的集中表现。

---

① [明]刘基著、吕立汉等注译:《郁离子》,中州古籍出版社 2008 年版,第 25 页。
② [明]刘基著、吕立汉等注译:《郁离子》,中州古籍出版社 2008 年版,第 30 页。
③ [明]刘基著、吕立汉等注译:《郁离子》,中州古籍出版社 2008 年版,第 30 页。
④ [明]刘基著、吕立汉等注译:《郁离子》,中州古籍出版社 2008 年版,第 30 页。
⑤ [明]刘基著、吕立汉等注译:《郁离子》,中州古籍出版社 2008 年版,第 31 页。
⑥ [明]刘基著、吕立汉等注译:《郁离子》,中州古籍出版社 2008 年版,第 31 页。
⑦ [明]刘基著、吕立汉等注译:《郁离子》,中州古籍出版社 2008 年版,第 30 页。

二、决绝:"不如姑仍之,以待能者"

刘基的离去,并非意味着对元的背叛,实在是一种无奈的选择。据《诚意伯刘公行状》记述,他离开时,曾中庭设香案,拜曰:"臣不敢负世祖皇帝,今朝廷以此见授,无以宣力矣。"[①]由此可见,刘基虽然失望、愤懑,但并没有与元王朝一刀两断。但这种思想马上就有了转变,隐居的刘基看透了元王朝的本质。元当权者遗弃了刘基,天下百姓却遗弃了元王朝,元朝大厦将倾。且读《鲁般》:

> 郁离子之市,见坏宅而哭之恸。或曰:"是犹可葺与?"郁离子曰:"有鲁般王尔则可也,而今亡矣。夫谁与谋之?吾闻宅坏而栋不挠者,可葺。今其栋与梁皆朽且折矣。举之则覆,不可触已!不如姑仍之,则蓺桷之未解犹有所附,以待能者。苟振而摧之,将归咎于葺者,弗可当也。况葺宅必新其材,简其蠹腐。其外完而中溃者,悉屏之。不束椽以为楹,不斫柱而为椽。其取材也,惟其良,不问其所产。枫、楠、松、栝、杉、槠、柞、檀,无所不收。大者为栋梁,小者为杙为栭,曲者为枅,直者为楹;长者为桷,短者为棁。非中空而液身者无所不用。今医闾之大木竭矣。规矩无恒,工失其度,斧锯刀凿不知所裁,桂、樟、楠、栌,剪为樵薪,虽有鲁般王尔,不能辄施其巧,况于无之乎?吾何为而不悲也!"[②]

文中的"坏宅"是喻体,其本体就是元王朝。元王朝"今其栋与梁皆朽且折矣。……不可触已""虽有鲁般王尔,不能辄施其

---

① [明]刘基著,雷克丑校记:《刘伯温文集》(下),线装书局2015年版,第258页。
② [明]刘基著,吕立汉等注译:《郁离子》,中州古籍出版社2008年版,第45页。

巧,况于无之乎?"元王朝的确已彻底腐朽,无人可救。郁离子"见坏宅而哭之恸",这是他失望、痛苦、悲伤的流露。但大家还要注意一句话:"不如姑仍之……以待能者。苟振而摧之,将归咎于葺者,弗可当也。"虽然大悲,但刘基对元王朝已有深刻的认识,救而不成,反获其罪。至此,刘基已自觉不自觉地与元王朝做了切割,他再也不愿为元王朝出力了。

在《郁离子》中,预示元王朝覆亡、反映元王朝腐朽不堪的还有两篇文章。一篇为《九尾狐》:

> 青邱之山,九尾之狐居焉。将作妖,求髑髅而戴之,以拜北斗,而徼福于上帝。遂往造共工之台,以临九邱。九邱十薮之狐毕集,登羽山而人舞焉。有老狈见而谓之曰:"若之所戴者死人之髑髅也。人死肉腐而为泥,枯骨存焉,是为髑髅。髑髅之无知,与瓦砾无异,而其腥秽,瓦砾之所不有,不可戴也。吾闻鬼神好馨香而悦明德,腥臊秽恶不可闻也,而况敢以渎上帝。帝怒不可犯也,弗悔,若必受烈祸。"行未至阏伯之墟,猎人邀而伐之,攒弩以射其戴髑髅者。九尾之狐死,聚群狐而焚之,沮三百仞,三年而臭乃熄。①

一篇为《蚁垤》:

> 南山之隈有大木,群蚁萃焉。穿其中而积土其外,于是木朽,而蚁日蕃,则分处其南北之柯,蚁之垤礙如也。一日,野火至,其处南者走而北,处北者走而南,不能走者,渐而迁于火所未至,已而,俱熯无遗者。②

---

① [明]刘基著,吕立汉等注译:《郁离子》,中州古籍出版社2008年版,第46页。
② [明]刘基著,吕立汉等注译:《郁离子》,中州古籍出版社2008年版,第56页。

这两篇文章告诉我们什么？很多人将之解读为恶有恶报，恶事做尽，终无善终。狐作妖、蚁蛀木，做尽坏事，虽得逞一时，终难逃厄运。这样分析不能说错，但我认为这两篇寓言意不尽此。我们进一步阅读，发现两篇文章都没有具体写狐与蚁在做什么坏事，而写众狐"求髑髅而戴之，以拜北斗"，群蚁萃于大木，木杇而蚁日蕃。两文描写的都是庞大群体："（狐）遂往造共工之台，以临九邱。九邱十数之狐毕集"；"而蚁日蕃，则分处其南北之柯，蚁之坴瘷如也"。两者有相同点：外表繁荣昌盛，本质已腐臭不堪：狐戴死人之髑髅，腥臊秽恶不可闻；而蚁虽日蕃但已木杇将倾。最终都免不了灭亡的命运：猎人已至，九尾之狐死，聚群狐而焚之；大火将临，已而，俱爇无遗者。两文虽描写对象不同，但同样是揭示元王朝已腐臭不堪，暗示元王朝即将灭亡。如果《鲁般》中只写出元王朝表象的话，那这里刘基看清了元王朝腐朽的本质。只不过这两篇短文，刘基写得更加冷静，像是一个旁观者在陈述，说明此时的刘基更加清醒。如果说刘基辞职是出于无奈，而现在已是发自内心地不愿意为腐朽王朝服务了。他已与元王朝彻底决绝。

三、反思："惟其昏而未觉也，一旦有开之，其术穷也"

在《郁离子》里，有一篇很重要的文章叫《术使》：

> 楚有养狙以为生者，楚人谓之狙公。旦日必部分众狙于庭，使老狙率以之山中，求草木之实，赋什一以自奉，或不给，则加鞭焉。群狙皆畏苦之，弗敢违也。一日有小狙谓众狙曰："山之果公所树与？"曰："否也，天生也。"曰："非公不得而取与？"曰："否也，皆得而取也。"曰："然则吾何假于彼，而为之役乎？"言未既，众狙皆悟。其夕相与伺狙公之寝，破栅毁柙。取其积，相携而入于林中，不复归。狙公卒馁而死。郁离子曰："世有以术使

民而无道揆者,其如狙公乎? 惟其昏而未觉也,一旦有
开之,其术穷矣。"①

这则寓言源于《庄子·齐物论》"朝三暮四"的故事。经刘基
改写后赋予寓言新的意义:原故事中的众狙愚昧无知,但《术使》
里"众狙"已不再是任人摆布的驯服的工具,他们在狙公的残酷压
榨下猛然醒悟奋起反抗,"……伺狙公之寝,破栅毁柙。取其积,
相携而入于林中,不复归"。文章的主旨是警告当权者要正视百
姓力量,对百姓无休止地盘剥,一旦众生醒悟,必自取灭亡。但本
文的重要意义还不尽于此,其反映刘基思想上的深刻变化,虽然
在本文中"众狙"对狙公只是消极地反抗:"相携而入于林中,不复
归。"但毕竟是反抗了。更难得的是,刘基不仅看到了百姓的力
量,而且不自觉地认同了这种反抗的合理性。刘基在隐居的生活
中,深刻感受到百姓之苦,逐步感受到百姓之苦的根源,因此不再
排斥农民起义。

在刘基思想里,有着强烈的为民思想,认为从政者要以民为
重,养民之道要"义而公,时而度,同其欲,不隐其情,故民之从之,
如手足之从心"②。养民为治圃:"沃其壤,平其畦,通其风日,疏其
水潦,而施艺植焉。宖隆干湿各随其物产之宜,时而树之,无有违
也。蔬成而后撷之,相其丰瘠,取其多而培其寡,不伤其根,撷已
而溉,蔬忘其撷,于是庖日充,而圃不匮。"③主张当权者要善待百
姓,否则"志利而忘民,危之道也"④。但这并不意味着作为元王朝
臣子的刘基会支持百姓聚众造反。他反对农民起义,将起义军称
为"盗贼",如"至今盗贼辈,啸众如蜂蚁"⑤"群盗纵横半九州,干戈
满目几时休"⑥中的"盗贼"就是指起义军,说明刘基对起义军的反

① [明]刘基著,吕立汉等注译:《郁离子》,中州古籍出版社 2008 年版,第 86 页。
② [明]刘基著,吕立汉等注译:《郁离子》,中州古籍出版社 2008 年版,第 133 页。
③ [明]刘基著,吕立汉等注译:《郁离子》,中州古籍出版社 2008 年版,第 130—131 页。
④ [明]刘基著,吕立汉等注译:《郁离子》,中州古籍出版社 2008 年版,第 78 页。
⑤ [明]刘基著,吕立汉等注译:《郁离子》,中州古籍出版社 2008 年版,第 95—96 页。
⑥ [明]刘基著,雷克丑校记:《刘伯温文集》上,线装书局 2015 年版,第 184 页。

感，认为其是造成百姓困苦的始作俑者。但在《术使》里却自觉或不自觉地承认了民众反抗的合理性，说明此时的刘基已从心底认同了民众的反抗举动，这一思想转变，为刘基走向大明打下了坚实的思想基础。

四、抉择："以待王者之兴"

《郁离子》里有一个重要的篇章叫《九难》。《九难》在文体和内容上都与前十七章相去甚远。前十七章在文体上大多为寓言体散文，《九难》却是赋体散文；前文言简意赅，而《九难》却文多旨少。两者放在一起，无论怎么看都显得极不相称。那么，作者为什么将两者放在一起？两者又有什么相通之处？作者想借此表达什么思想感情？

别的章节都无标题，以首节的一个关键词为标题。而这一章却取了一个标题：九难，"九难"的"难"古汉语解释是诘责；吕立汉老师注释的《郁离子》将之解释为诘问驳辩。那么，文中是谁在诘责谁？又是谁在驳辩谁？是随阳公子在诘责郁离子吗？不是，随阳公子在文中彬彬有礼，开口言："愿有陈焉，先生肯听之乎？"[1]对郁离子礼貌有加，只是向郁离子询问志向，与郁离子讨论美好的前景。是郁离子在诘责随阳公子吗？更不是，郁离子在文中心平气和，只在静静地回答："仆不愿也。"[2]那，是谁在诘责谁呢？是刘基，是刘基在诘责刘基：刘基，你到底想干什么？刘基，你何去何从？去追求荣华富贵，过安乐安逸的日子吗？去求仙问道，过隐居洒脱的生活吗？去呼啸山林，称霸一方吗？"仆不愿也！仆不愿也！仆不愿也！"隐居的刘基，表面看闲云野鹤，悠闲自在，但内心却波澜汹涌，不能平静。一次次的诘问，一次次的否定，刘基渐

① ［明］刘基著，吕立汉等注译：《郁离子》，中州古籍出版社 2008 年版，第 224 页。
② ［明］刘基著，吕立汉等注译：《郁离子》，中州古籍出版社 2008 年版，第 240 页。

渐明白了自己的志向，身居武阳，但壮志未已，世事正乱，自己壮志未酬，到底该何去何从？"仆愿与公子讲尧、禹之道，论汤、武之事，宪伊、吕，师周、召，稽考先王之典，商度救时之政，明法度，肄礼乐，以待王者之兴。"①如果说前十七章刘基是为未来新王朝提供行之有效的治国方略的话，那么第十八章是刘基给自己指明前进方向的。如果说，前面章节使用寓言体便于说理，而《九难》用赋体更利于直抒胸臆，抒发感情。

从《九难》中，我们可以得出几点认识。一是刘基在写完《九难》时，已为自己的未来做出了抉择，确定了前进的方向：摈弃元王朝，为新王朝服务，实现自己的理想，以匡社稷，以兴国家，以救生民。二是刘基的抉择是主动的，不是被谁威逼，或是被谁的真诚感动，这是由刘基的理想与志向决定的。三是刘基这次抉择不是一时的冲动，而是经过深思熟虑，经过反复的思想斗争之后做出的决定。

其实，刘基比我们想象的更加伟大，比我们想象的更加睿智，他对中国知识分子笃奉儒教有着更为深刻的认识，他战胜了自我，突破了"臣之事君，有死无二"②之"大伦"这一旧道德传统的束缚，使自己在思想与事业上有了一个质的飞跃。倒是后人，对刘基的抉择进行再三辩解。《诚意伯刘公行状》里记载，说刘基寓居杭州时，见"异云起西北"③就说"此天子气也，应在金陵，十年后，有王者起其下，我当辅之"④。这个故事告诉世人，刘基走向大明不是叛逆，而是早有此意。而相反，朱元璋邀请刘基出山时，不管是史料还是文学作品，都一再强调刘基是一再拒绝，后来是因为朱元璋先后派人威逼利诱，是因为被朱元璋的真情感动，是因为在家人的诚心劝导下，才决定出山。这无非说明，刘基出山并非完全出于自愿，至少不是主动而为的。其实，刘基没有像前者说

---

① ［明］刘基著，吕立汉等注译：《郁离子》，中州古籍出版社2008年版，第242页。
② ［后晋］刘昫等：《二十四史·旧唐书》，中华书局1997年版，第899页。
③ ［明］刘基著，雷克丑校记：《刘伯温文集》下，线装书局2015年版，第258页。
④ ［明］刘基著，雷克丑校记：《刘伯温文集》下，线装书局2015年版，第258页。

得那么神,也没有在后者叙述得那样迂腐,刘基在写完《郁离子》时已经决心与元王朝决绝,走向新的王朝,要不刘基是不会那么快就拿出能打动朱元璋的《时务十作策》的。之所以在孙炎邀请下迟迟不做决定,我想这是因为他想留给自己更多时间判别群雄中谁是真正的英雄,同时想借此试探一下朱元璋的诚心。关于母亲富氏的劝导,我想这只是外因,内因是刘基自己正确的判断。刘基果敢坚定做出这一决定,使自己的人生得到质的飞跃。历史证明,刘基的抉择是正确的。刘基有幸,在人生关键时刻做出正确的选择;大明有幸,因为刘基的选择得到第一谋臣;百姓有幸,因为刘基走向大明,早息战火少受战争苦难。

感悟刘基

青田县刘基文化研究会会长　刘泽群

20 世纪 90 年代,刘基研究专家郝兆矩先生提出这样一个问题:为什么在南田这么偏远的地方会出现刘基这样的伟人? 当时,我是百思不得其解;现在,随着年龄的增长,我慢慢有所感悟。

感悟之一: 家世和家学渊源很重要

刘基生于耕读世家,其父曾任遂昌教谕,其祖父和曾祖父都是有学问并且在地方上有好名声的人。从族谱上看,刘基远祖尚武,近世修文,因此在刘基的血脉里,既有尚武的基因,又有读书好学的传统。其母富氏出身于名门望族,知书达理。刘基从小接受良好的家庭教育,为以后的求学成才打下了坚实的基础。无论是刘基所处的农耕时代,还是我们现代所处的信息社会,读书都很重要。读书使人开阔视野,善于思考,使人能在较短时间内了解前人的智慧,分享社会进步的成果,让我们能站在巨人的肩膀上观察人类的历史和现实。现在电脑和手机普及,人们获取信息和知识非常便捷,但是纸质阅读,更有利于提高人的思考和写作能力,避免信息和知识的碎片化。因此,在家里安个书柜,摆张书桌,从小培养孩子热爱读书的习惯,是非常有必要的。

感悟之二：从小志向高远，奋斗目标明确很重要

刘基十四岁入"郡庠"，四书五经这些基本课程他在家里都已读过，郑复初先生讲的"濂洛之学"即程朱理学深奥难懂，刘基也能很快理解，但是刘基还是刻苦用功地读书学习，他的目标是考取举人和进士，考试成功，将来才能成为国家的栋梁之材。《春秋明经》里的文章，就是刘基参加科举考试前的练笔之作。刘基在天资聪颖的基础上，由于奋斗目标明确，勤读苦练，科举考试顺利过关，二十二岁中举人，二十三岁中进士。我们现在教育小孩，往往是父母的期望值很高，小孩的上进心不足。父母望子成龙、望女成凤，子女却不买账，矛盾冲突不断。其实，父母应该观察孩子的天资禀赋，帮助孩子确定奋斗目标，因势利导，鼓励孩子为实现目标而努力。只有让孩子目标明确，志存高远，并通过勤奋刻苦的学习来实现目标，才能强化孩子的上进心、自信心，从而形成求进步的内在动力。

感悟之三：谦虚好学，广交朋友很重要

刘基谦虚好学，广交朋友，取长补短，修养学问，自身素质不断得到提升。在处州求学期间，刘基结交了紫虚观道士吴梅涧，这位道士很有学问，待人热情，刘基从他身上学到了很多东西，后来回忆起来颇为感慨。刘基在江西任职期间，也结识了许多朋友，他在《送孔世川赴江西儒学提举》这首诗中写道："西江大藩地，卓荦多豪英。文能绚云汉，武能壮干城。"他对江西的朋友是比较重视的，离开江西以后还与他们有书信往来，诗词应酬。刘基在江西任职时因纠正冤假错案而得罪土豪劣绅和贪官污吏，如果不是自身正直、有清廉的好名声，早被扳倒了，当然这也离不开

许多朋友的支持和帮助。古人说"格物致知诚意正心修身齐家治国平天下明明德",指的就是学习知识,加强修养,和睦家庭,才能为国家和社会发展做贡献。在当代社会,加强学习,提高自身素质,广交朋友,互助互学,集聚能量,形成合力,克难攻坚,创新进取,实现中国梦,正是我们所追求的希望和理想,不可谓不重要。

感悟之四:读万卷书,行万里路,丰富人生阅历很重要

刘基读书人出身,读书写作非常勤奋。在元代宦海沉浮,江西、浙江、江苏、山东、北京等地都留下过他的足迹,投奔朱元璋以后,在朱元璋身边随军征战,运筹帷幄之中,决胜千里之外,当然也走过不少地方。元末明初,刘基处于乱世,经历了跌宕起伏的历史演变,人生阅历非常丰富。他留下的二十卷诗文著作,是他沧桑人生路的艺术结晶,但并不是他思想情怀、人生阅历的全部。他再勤奋,也不可能把自己一生的思考和阅历都记录下来,然而他的诗文著作和后人的评价,足以让他在人类历史中不朽!每一个生命个体所处的时代不同,对社会的影响,在历史上的地位都是不同的。我们唯有不断地读书学习,努力地思考践行,读万卷书、行万里路,丰富我们的人生阅历,才能无悔于我们的生命旅程。

感悟之五:急流勇退、避祸保身、荫佑家人最为重要

刘基追随朱元璋开创大明王朝,建功立业,虽然只封了个诚意伯,食禄二百四十担,但已进入开国功臣的行列。朱元璋草莽出身,夺得天下实属不易。他为保天下永远姓朱,不惜大开杀戒,除掉开国功臣,以免新皇帝驾驭不了功高震主的旧勋。刘基深知朱元璋的为人,在受封后选择急流勇退,于洪武四年(1371)告老回乡,如朱元璋所愿,过起了"朝入青山暮泛湖"的隐居生活。然

而"树欲静而风不止",刘基的政敌胡惟庸利用"谈洋"和"茗洋"事件陷害刘基,朱元璋听信谗言,下旨谴责刘基,并夺其俸禄。面临危机,刘基立即起身返京,见到朱元璋,"惟引咎自责",朱元璋看他认错态度好,就没有再作处罚。当时,刘基如果应对不当,千方百计为自己辩白,可能会遭受灭族之灾。后来朱元璋在御赐归老青田的诏书中提到这件事,大概意思是,古人云:"君子绝交,恶言不出;忠臣去国,不洁其名。"你刘基是做到了。当时你闯祸要处罚你的时候,按法律规章可轻可重,我没有剥夺你的爵位,只是夺你的俸禄。如果碰上愚蠢的人,必定会辩白,说自己正确,国家错了;你是忠臣,所以不为自己辩白,而是赶快来到朝廷,亲自向我当面认错,平息了众人的议论,这难道不就是"不洁其名""恶言不出"吗?

按朱元璋的讲法,刘基被控争"谈洋有王气墓地"一事,如果上纲上线,或许不可饶恕,只因刘基反应快、表现好才得到宽恕。朱元璋封的三十几位开国功臣,能像刘基这样回老家病死,没有遭到灭族之祸的,实在是寥若晨星。

晚年的刘基,以智慧避祸自保,护佑家人,主要表现在以下几个方面:

一是低调。告老还乡以后,"惟饮酒弈棋,口不言功",不见官府的人。青田县令多次拜访,见不到刘基,只好化装成百姓见上一面,刘基知道他是县令后就避开了。低调很重要,谚语:"木秀于林,风必摧之""枪打出头鸟""出头的椽子先烂",都是告诫人们,要低调才安全。

二是谦让。按功劳,刘基在开国功臣中比上不足、比下有余,总不至于排名在最后吧;按学问和能力,刘基不会比李善长差,当个丞相完全能胜任,朱元璋也承认这一点,但刘基都谦让了。谦让的结果是,刘基保全了自身,保全了家族。

三是果断。在遇到"谈洋事件"时,刘基是果断的,迅速赴京是关键一步棋。如果当时刘基优柔寡断,不马上进京,旷日持久,不明真相的人议论更多,胡奸臣更容易进谗言,朱元璋猜疑心更不可测。所以说处理危机必须果断,当断不断,必受其乱。

　　四是识趣。史书说刘基"慷慨有大节,论天下安危,义形于色",大约讲的是六十岁以前的刘基,将近六十岁的刘基就不是这样的性格了。朱元璋登上洪武皇帝的宝座后,唯我独尊,常常小题大做,拿刘基等臣属的一些小过错打板子。有一年,朝廷祭孔,刘基等人没有参加陪祭却分到了祭肉,朱元璋知道以后,说刘基等人学的是圣人之道却不去参加陪祭,怎么能劝说别人学习圣人之道呢,结果是停发了刘基等人一个月的俸禄。在伴君如伴虎的晚年岁月里,刘基明哲保身,谨慎侍君,逆来顺受,忍辱负重。在朱元璋看来,"满朝皆党",只有刘基没有结党营私,算是忠诚而又识趣的。刘基的忠诚和识趣,给朱元璋留下了深刻的好印象,为家族的延续和复兴下了最后一步好棋。诚意伯本来只封给刘基而不世袭的。刘基死后,朱元璋记着刘基的好,叫刘基的二儿子刘璟来袭爵位,刘璟让给哥哥刘琏(当时已被胡惟庸逼死)的儿子刘廌袭享爵位。朱元璋称赞刘璟懂得长幼之序,一高兴就下诏让刘家世袭诚意伯爵位。朱元璋的几道圣旨成了刘氏家族的护身符,为刘基的名誉提升和刘氏家族的繁衍生息奠定了不可动摇的基础。

　　纵观刘基的一生,尽管后人评价不一,本人认为他的一生可以无悔。在元末明初的风云变幻中,一介书生能成为开国功臣,且能全身而退,荫福家族后人,已是极大的成功。坐上相位,又能如何?且看洪武年间的几位丞相,李善长最后是被抄家和流放,胡惟庸、汪广洋、杨宪等人下场更惨,不但身败名裂,而且株连灭族。仅仅以官职爵位高低来评价人的价值,难免片面和肤浅。当然,在官本位的社会里,职位高低还是人们成功与否的重要标准。现代社会,价值取向趋于多元,人们的奋斗目标也多元化。官位、学位、职称、行业地位、财富排行榜都可以成为人们的奋斗目标,也有人把目标转向自身,把自我实现作为人生的最高目标。"人生能有几回搏",其实只要是正常的人,都会为实现自己的目标而拼搏,成功与否每个人都有自己的标准,小人物有小人物的标准,大人物有大人物的标准。小人物盖棺论定,不会有太多的人关注;大人物盖棺也难以论定,是非功过,只能留与后人评说。

刘基是一位琴棋书画四艺皆具的江南才子

温州市刘基文化研究会副会长、
文成县刘基文化研究会副会长　刘日泽

　　琴棋书画,文人四艺,四者皆通,堪称才子。

　　刘基(字伯温)不仅是中国历史上卓越的政治家、军事谋略家和哲学家、文学家,且善弹琴、喜对弈、工书法、擅丹青,是一位四艺皆具的江南才子。

一、善弹琴

　　沈兴顺《历代琴器概说》云:明代造琴之风甚盛,历朝皇帝、亲王以至宦官中,雅好操缦者众,所制各式琴器亦多;上既有好者,则民间普遍造琴自不待言,是以明琴大量流传于世,属现在旧珍中常见一类。明代主要就在于式样增创,如宪宗之洛象,宁藩之飞瀑连珠,造型独特,俱前所未睹者。宋人《太古遗音》收历代琴式止三十八图,明末《文会堂琴谱》《古音正宗》等增至四十四种,清初琴谱如《德音堂》《五知斋》则达五十一式;此外,见于传世器而明肖谱本所未收录者尚多。若《古音正宗》新增七式:汉绮、正合、梁鸾、清英、雷威万壑松、月瞿仙连珠、刘伯温蕉叶等,就中正合、清英两式于《太古遗音》中犹列有诸样类,此明人擅于循古名以创其形之证也。蕉叶式古琴,"蕉叶式"琴体造型形似蕉叶,相传为闽（浙）人刘伯温所创制，琴首无凫掌而有一叶柄，琴底仿蕉叶之茎，造型精妙秀美，琴音圆润雅致。

刘基在《工之侨为琴》中云："工之侨得良桐焉，斫而为琴，弦而鼓之，金声而玉应。"刘基认为上等油桐树做的琴，发出的声音是"金声而玉应"。

2007年春，杭州西湖边的蒋逸人老人给当地的报纸寄了一封信，希望借助媒体的力量，寻找一件五十多年前他见过的古老乐器。2007年3月，《钱江晚报》发表蒋逸人先生一则《古琴轶闻》：五十年前，蒋先生在黄岩某道观看到刘伯温生前所用古琴，上镌"大元至元五年，青田伯温氏置"。后以《寻琴记》为题进行了系列追踪报道，经元积惠、郑崇升、吴启泉等多位老先生提供线索，《钱江晚报》社记者几经周折，刘伯温古琴终于在北京白云观一展真容。《浙江人文地理》栏目组以《复活的焦叶琴》为题，全面记录了《寻琴记》的全过程。刘基弹过的古琴（图1），现藏于北京白云观，非常宝贵，堪称国宝。

刘伯温曾作琴曲《客窗夜话》，此曲是刘基功成身退，于篷窗之下，怀今忆古的写照。据谢琳《太古遗音》琴谱《客窗夜话曲序》云：是曲乃诚意伯刘公伯温所作。运策定鼎，功成身退，希迹赤松之游，悠涣篷窗之下，日与同志之士怀今忆古，以伤英雄之图王霸业者，皆如是寥寥矣！因作是曲，附之音律，以畅其怀云。"太古"，意为远古或上古时代；"遗音"即指遗留之音。因而，"太古遗音"是远古遗留之音的意思。吴之振《德音堂琴谱·历代圣贤名录》亦云：诚意伯能琴，有《客窗夜话》曲。雷音琴院的《历代琴人录》之明清两朝，刘伯温乃列为明代琴人之首。

"斫而为琴，弦而鼓之。"刘伯温不但琴艺出众，还会斫琴。

二、喜对弈

刘基在《赠弈棋相子先序》中云："棋末伎也，而有用兵之道，可以通人之智。知缓急存亡，进退取舍，有乘机应变，攻守之法，避实击虚,投间抵隙,兼弱取乱之道,无所不备。"

刘基不但喜欢对弈,而且十分精通棋艺。孟甫《明代海内推善弈　永嘉棋派居第一》之《刘基父子与温州围棋》中指出,明代围棋运动十分繁荣。如果要溯其源的话,首先要推被誉为明代诸葛亮的刘基了。刘基喜爱弈棋,常与朱元璋对弈。明王文禄《龙兴慈记》有这样的记载:"圣祖赐刘诚意一金瓜,曰:'击门。惟有急,则击之。'一夕夜将半,击宫门,乃洞开重门迎之。问:'何也?'曰:'睡不安,思圣上弈棋耳。'命棋对弈。俄顷,报太仓灾,命驾往救,刘止之曰:'且弈,请先遣一内使充乘与往。'遂如言。回则内使已毙车中。圣祖惊曰:'何以知朕厄?'曰:'观乾象有变,特来奏闻耳。'"以弈棋救朱元璋一命,事近荒诞。而洪武四年刘基辞官归隐山中,"惟饮酒弈棋,口不言功"却是史实。这也说明棋是刘基生平之好,不能须臾分离。

刘基的爱好自然也影响了他的后代。其次子刘璟也有同好。刘璟曾与燕王朱棣下棋,并因此得罪了朱棣。据《明史》载:"璟尝与成祖弈,成祖曰:'卿不少让耶?'璟正色曰:'可让处则让,不可让者不敢让也。'成祖默然。"刘璟的性格颇类其父,性刚嫉恶,与物多忤,刚直不阿。本来在棋艺面前应该人人平等,不能掺杂私心杂念。但是在封建社会,艺不敌贵,高手故意让棋,阿谀奉承权贵的现象屡见不鲜。像刘璟这样"不可让者不敢让也"的精神是难能可贵的。

传说每逢闲暇,朱元璋就和刘基对弈。一次,在战争之余,朱元璋与军师刘基开局对弈,从旭日东升开始布阵,直到红日西沉,尚不分胜负。朱元璋棋兴未减,叫人掌灯,挑灯夜战。朱元璋探头仰面观赏天上的星月,即兴构思一上联:"天作棋盘星作子,何人能下"。要刘基接对,刘基浏览了一下夜景,见地下纵横交错的人行道,顿生灵感,迅速构思出了下联:"地作琵琶路作弦,哪个敢弹?"朱元璋与军师刘基继续对弈。朱元璋雅兴所致,又将上联略作改动吟出:"天作棋盘星作子,日月争光。"刘基略一沉思,即对曰:"雷为战鼓电为旗,风云际会。"朱元璋"风云际会"得刘基,对刘基十分赏识,称刘基为"吾子房",常喊"老先生"而不名,自谓刘邦得张良,并建礼贤馆相待。而刘基"风云际会"朱元璋,成为朱元璋的主要谋士,辅佐朱元璋平定天下,建立了大明王朝。

三、工书法

明代是继宋、元之后,帖学书法又一次发展和普及的历史时期。继宋代之后,朝野间掀起的丛帖汇刻之风,给明代书学打下了坚实的基础,这是明代书法的主要特点之一。

据《明代书法鉴识》之《明代早期书法》中云:"刘基通经史,精天文,诗文雄放,著有《诚意伯文集》《郁离子》等。"明代丰坊《书诀》称其"书学智永",陶宗仪《书史会要》称其"公善行草"。

有史料记载:"刘基擅行草书,刘基书法立足赵孟𬮁,上溯智永、虞世南等,贯以二王遒媚书风,融以己意,跳出前人藩篱,是元末明初一代书法名手。"只是刘基的书名被他自身的功名所掩盖,兼之手迹墨宝流传极稀,故历来鲜有评述,以致后人知之甚微。

从刘基行书《春兴八首诗卷》(图 2)可以看出,他的行书显然受到赵孟𬮁的影响。《春兴八首诗卷》共计写下了七言律诗八首。《春兴八首诗卷》现珍藏于上海博物馆,墨迹,纸本,行楷书,纵34.2cm,横76cm,连款识共三十二行,每行多则十八字,少则四字不等,标题、署名均列卷首。行家评述:从这幅作品的布局行款、字体结构和落笔往来上看,全幅作品既洒脱又严谨。说它洒脱,是指其笔势往来宕逸不羁,犹如淡烟笼月,轻风拂柳;说它严谨,则是指在不羁中又合于文字结构的方块法度,服从于布局分行的整齐划一。全卷将这两种截然不同的风格很好地统一在一起,从而使观者为之拍案叫绝。该诗卷是其流传至今为数不多的重要手迹之一,现出版于《中国书法全集》第四卷。

　　刘基晚年有《陆柬之文赋跋》："晋陆之词,唐陆之书,可谓二美俱全,抚卷三叹遂识之。洪武八春三月念六日,诚意伯刘基题。"写于去世那年(1375)的三月二十六日,楷书,共三十七字,现藏于中国台北"故宫博物院"。南田刘伯温图书馆有这两幅书法立轴复印件。据有关资料记载,刘公墨迹书写最早的跋是《唐法藏尺牍跋》,书于元至正十四年夏四月,是现存刘公墨迹中书写最早的,现载于沙孟海编《中国书法史图录》(上海人民美术出版社1991年版);《题苏轼乐地帖》是刘基为苏轼《乐地帖》作跋,行书,共十七行,一百五十七字,上海博物馆藏,刊于《中国古代书画图目》,该跋字里行间充分表现出他对苏轼的崇敬之意,赞颂苏轼书法艺术风格,信手写来,却通体气贯如虹,凝重之中可见妩媚之处。《陆柬之文赋跋》,纸本,楷书,凡三行,共三十七字,高25.1cm。中国台北"故宫博物院"藏,《石渠宝笈初编》著录,刊于台湾《故宫历代法书全集》,载入台湾《故宫书画录》卷一。刘基最有代表性的是题冷谦《白岳图》(图3):"茅檐无事日长闲,中有山人不记年。观瀑已知秋过雨,听松欲拂夏云还。餐霞拟似神仙举,种竹情同君子坚。莫问朝来新历日,桃花红近野桥边。青田刘基题。"冷谦是我国古代著名画家,据说身经宋、元、明三朝,被后人称为"仙人"。

　　方家评曰:纵观刘基的书法作品,其行书劲挺流美,有赵松雪行书清丽秀美的特点,又有唐楷严谨庄重的意味;楷书下笔拙辣,浓墨重笔,锋芒内含,结字规整,给人一种沉重苦涩的感觉;草书龙盘凤舞,遒劲雄快,颇有人书俱老之感。实乃明初之书法大家也。

四、擅丹青

　　查阅有关资料,明朝没有设立正式的画院机构,明代宫廷画家没有严格的组织和定期考核制度,更没有系统学习文化及专业技能的规定，只是应付宫廷内的各种绘画任务。其地位与民间工匠没有多大区别。明代供奉宫廷的画家，人才众多，力量雄厚，起自洪武、永乐年间，兴盛于宣德、弘治年间。

钱壮《松壶画忆》载："钱岭于氏藏刘伯温写梅一帧，似工细而不为绳尺所拘，其妙处非专门名家，而一花一蕊并秀色可餐可珍宝，于氏欲钩渺上石，乞余临抚，恐仅得形似耳。"姜二酉《无声诗史》云："曲阿孙氏藏刘青田《蜀山图》，然则不独花卉，兼工山水也。"姜绍书，字二酉，丹阳（今江苏省镇江市）人，曾官南京工部郎，工绘画，善鉴识，另著有《韵石斋笔谈》等。《无声诗史》据黄庭坚"淡墨写出无声诗"的诗句取名，全书七卷，散列明代画家四百七十余人的传记，很多材料是作者自己采择，对研究明代绘画有重要的史料价值。

李诩《戒庵老人漫笔·刘诚意丹青》云："刘诚意丹青诚意伯青田刘公作《蜀川图》，为暨阳本中使君西行饯者。图为丹阳孙氏所得，徐兼山馆于孙，亲见之，对余说。夫暨阳乃余邑旧称也。本中使君竟无从考，姑以俟知者。然刘诚意勋名盛矣，亦孰知其余事之精如此。"李诩，字厚德，自号戒庵老人，江阴县（今江苏省江阴市）人。《戒庵老人漫笔》（又称《戒庵漫笔》）八卷，明李诩撰。此书在明人笔记中，是史料价值较高的一种。《戒庵漫笔》中有些条目为研究以明代为背景的文学作品提供了重要的史实根据。

刘基虽然没有名画传世，但从以上事例中，足知刘基擅丹青。

总之，有关刘基弹琴、对弈、书法、丹青的传世史料虽然不多，但将对此类研究和提升当地文化起着重要作用。数百年来，刘基的文治武功为人们所津津乐道，然对于他的弹琴、对弈、书法、丹青却知之甚少。在今日刘基文化的研究中，寻找先贤轨迹，为提升文化品位而抛砖引玉。

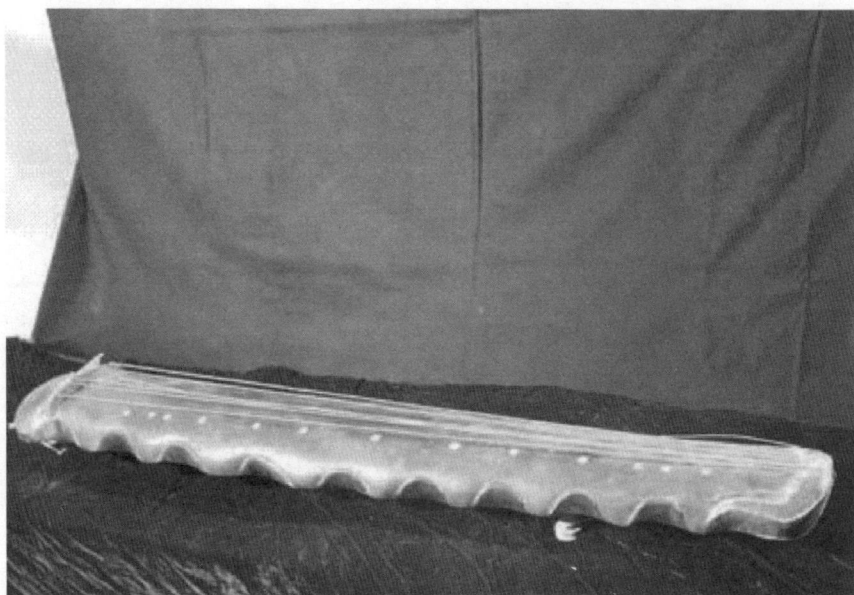

图 1　刘伯温古琴——焦叶琴（现存于北京白云观）

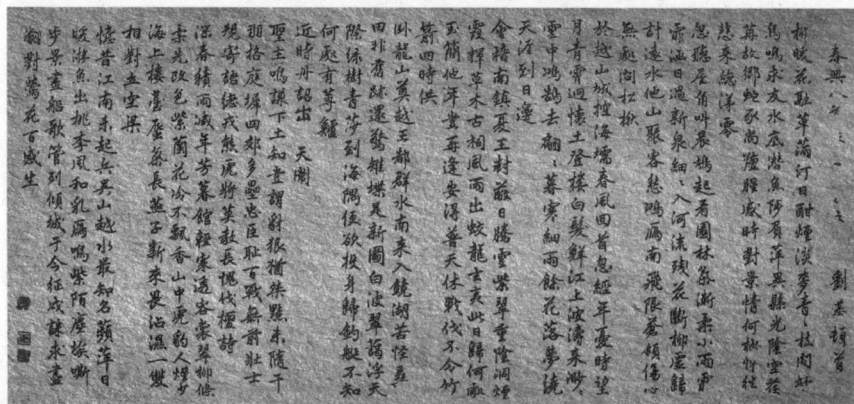

图 2　刘基春兴八首诗卷（现藏于上海博物馆）

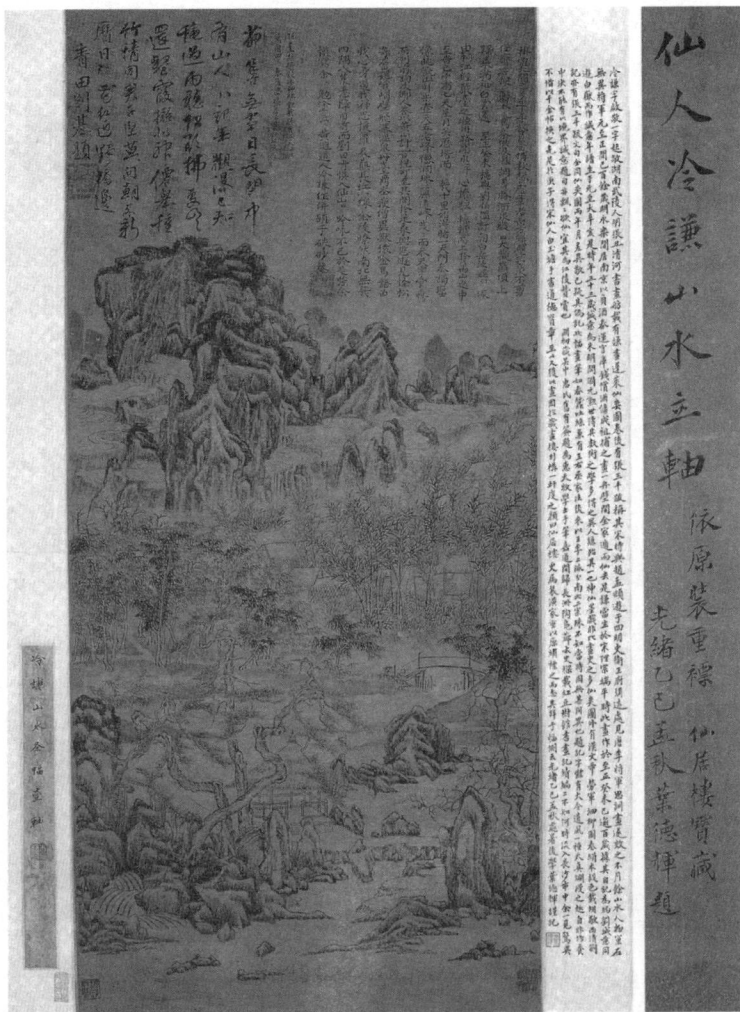

图 3　刘基题冷谦《白岳图》(现藏于中国台北"故宫博物院")

茅檐无事日长闲，中有山人不记年。

观瀑已知秋过雨，听松欲拂夏云还。

餐霞拟似神仙举，种竹情同君子坚。

莫问朝来新历日，桃花红近野桥边。

刘基思想的儒家定位

浙江省社会科学院哲学研究所副所长、研究员　张宏敏

　　刘基(1311—1375),字伯温,号犁眉,封诚意伯,谥文成,浙江温州文成人,元末明初政治家、思想家、哲学家、文学家、军事谋略家,以辅佐朱元璋完成帝业、开创大明王朝而驰名天下。其主要学术著作有《郁离子》《覆瓿集》《犁眉公集》《写情集》《春秋明经》等。本文拟对刘基的儒学思想进行一番理论钩沉,其中主要包括刘基对孔孟之道的推崇,对儒家君臣之道、孝道、交友之道的理论思考,以及以民本思想为内核的德政理论。这里,笔者力求通过对刘基儒学思想的全面梳理,从而对刘基及其学术思想得出如下定位:刘基是一位"古典的儒家与学以致用的儒家"。

　　刘基的儒学思想主要包括对孔孟之道的推崇,从而对儒家君臣之道、孝道、交友之道的思考,以及以民本思想为内核的德政理论。这里,我们力求通过对刘基儒学思想的全面梳理,有理由得出如下结论:刘基是一位"古典的儒家与学以致用的儒家"。[①] 我们可以说,"刘基虽然与僧、道为友,深受道家影响,但从本质而言,仍然是一位儒者,只不过是主张兼容佛老的儒者而已"。[②]

---

　　① 成中英:《如何理解及评价刘伯温的历史与学术地位、政治、思想、文学与传说》,载何向荣主编:《刘基与刘基文化研究》,人民出版社 2008 年版,第 1—3 页。
　　② 吴光、张宏敏:《刘基与道家道教关系考论》,《世界宗教研究》2010 年第 5 期,第 69 页。

一、刘基与孔孟之道

孔子对儒家有"仁""智""勇"三达德的论述。《礼记·中庸》载:"知、仁、勇三者,天下之达德也,所以行之者一也。或生而知之,或学而知之,或困而知之,及其知之,一也。或安而行之,或困而行之,或勉强而行之,及其成功,一也。子曰:'好学近乎知,力行近乎仁,知耻近乎勇。知斯三者,则知所以修身;知所以修身,则知所以治人;知所以治人,则知所以治天下国家矣。'""仁""知""勇"作为儒家伦理范畴,主要强调完成传统儒家"修己以治人"的理想目标,道德主体践行者所应具备的理论品格;"智""仁""勇"是用来调节上下(即君臣)、父子、夫妻、兄弟和朋友之间关系的指针,"智""仁""勇"的培植要靠诚实、善良的品德意识。《孟子·公孙丑下》:"学不厌,智也;教不倦,仁也。仁且智,夫子即圣也。"在孟子看来,孔子成为"圣人"("成人")的标志就是已经达成了"仁且智"的理想追求。

"仁且智"的理想人格是儒家的一种理想追求,而"勇"则是达成这一理想的重要手段与方式。刘基就认为,"勇者,仁、智之卒徒也"。详而言之,"勇"的具体表征是什么呢?"仁智帅乎中,坚挺乎其不回,于是选锋劲骑,听指麾而疾驰,如雷如霆,不可遏也,夫是之为勇。"[①]可以看出,"勇"是在"仁""智"包括"中庸之道"指引下所体现的一种大无畏精神。"仁""智"与"勇"是一种相辅相成的关系:"盖仁、智不能自行,而驾勇以行,及其成功,则勇亦参乎仁、智,同为达德。"[②]也就是说,仁智驾勇,勇佐仁智,相互关联,不可分割,并称"三达德"。

然而,"勇"作为"三达德"即诸德之一,其实践操作甚为不易,

---

① [明]刘基著、林家骊点校:《刘基集》,浙江古籍出版社1999年版,第128页。
② [明]刘基著、林家骊点校:《刘基集》,浙江古籍出版社1999年版,第129页。

"勇,天下之达德也,而圣人有时乎弗德",因为"德之蔽,惟勇为多"。如何践行"勇"之"德",实属难事。可以肯定,"勇"不是一味蛮干冲动,更不是要求做无谓的牺牲。关于"勇"的经典出处,刘基也有考证,"盖出自《孟子》",主要有两处:一是孟子"对齐宣王之问,而劝之以周文王、武王之事",突出强调"勇之时义",[①]也就是说,"勇"应则"时"而行;二是引"曾子谓子襄之言","自反而不直,虽褐宽博,吾不惴焉;虽千万人,吾往之矣"。这里,刘基认为,儒家"勇"而无蔽的典范就是"传孔子之道"的曾子。

刘基在《大勇斋记》一文中对曾子之"勇"予以尽情发挥,并援引孔子论行三军语:"暴虎冯河,死而无悔者,吾不与也。"易言之,曾子之"直"为"雅言","称吾友而不校",此"勇"应该效应,"仁以为己任,不亦重乎? 死而后已,不亦远乎?"。与此同时,刘基还称颂了颜渊的行"仁"之"勇","颜渊问仁。子曰:'克己复礼为仁。'""克己",对常人而言是一种艰难的修养方式,"而颜子跃然任之","君子之大勇盖如是!"总之,曾子、颜回为了实现乃师孔子提出的"仁且智"的理想人格,敢于担当,勇于"克己","见义勇为",这就是儒家所提倡的"大勇"。

关于孔子儒学的核心观念"仁",以及"仁者,人也"的仁学命题,刘基有《郁离子·西郭子侨》文以论之。"西郭子侨与公孙诡随、涉虚俱为微行,昏夜踰其邻人之垣。邻人恶之,坎其往来之涂而置溷焉。一夕,又往。子侨先坠于溷,弗言,而招诡随,诡随从之坠,欲呼,子侨掩其口曰:'勿言。'俄而涉虚至,亦坠。子侨乃言曰:'我欲其无相咥也。'"刘基借"君子"之言,即"西郭子侨非人也。己则不慎,自取污辱,而包藏祸心以陷其友,其不仁甚矣",[②]对西郭子侨自取其辱却包藏祸心,陷害朋友以获得心理平衡的可耻行径予以无情鄙视。[③] 由此,刘基征引孔子"仁者,人也"命题为

---

① [明]刘基著、林家骊点校:《刘基集》,浙江古籍出版社1999年版,第129页。
② [明]刘基著、吕立汉等注释:《郁离子》,中州古籍出版社2008年版,第58页。
③ [明]刘基著、木子译注:《郁离子》,学林出版社2002年版,第6页。

理论依据，从而得出"西郭子侨非人也""其不仁甚矣"的结论。

从汉代直至宋代之前，《孟子》一书只是被列入子部儒家类，《孟子》成为官方认可的经书发生在两宋年间，自韩愈《原道》将孟子列为先秦儒家中唯一继承孔子"道统"的人物开始，两宋之际出现"孟子升格运动"现象，孟子的地位逐渐得到提升。北宋神宗熙宁四年（1071），《孟子》一书首次被列为科举考试科目之一，之后《孟子》一书升格为儒家经典。南宋朱熹将其与《论语》《大学》《中庸》合为"四书"。元朝至顺元年（1330），孟子被加封为"亚圣公"，即称"亚圣"，地位仅次于孔子，"孔孟之道"由此而来。

刘基了解《孟子》的主要渠道是朱熹的《四书章句集注》，《孟子》学说对刘基的影响是多方面的，比如"若夫吉凶利害之所趋避，则吾闻之《孟子》矣"。《孟子·尽心上》"穷则独善其身，达则兼济天下"的至理名言，也成为刘基致仕、出仕的基本法理依据，并将其成功地运用于自己的政治生涯实践之中：在朝为官则兢兢业业，悲天悯人；不为当政者所容，则主动致仕，但是匡世济民之职志、为民请命之淑世情怀则一生秉持。在这一点上，刘基的官场之道颇似范仲淹《岳阳楼记》中的"居庙堂之高则忧其民，处江湖之远则忧其君"，以天下万民之忧乐为己任。

刘基对《孟子》提倡的"民为贵，社稷次之，君为轻"的民本思想也是无条件地服膺与继承，并形成了自己的民本政治思想。朱元璋因忌恨《孟子》"君之视臣如草芥，则臣视君如寇仇"语而有"删孟"之举，即删《孟子》原文八十五条，剩百余条，编成《孟子节文》。朱元璋之举与刘基对《孟子》学说的继承毫无关系。

关于儒家"气节"，孔子曰："三军可夺帅也，匹夫不可夺志也。"孟子云："富贵不能淫，贫贱不能移，威武不能屈，此之谓大丈夫。"刘基对此甚为服膺。至正十二年（1352）四月，刘基自庆元至台州，恰好发生了柯遂卿"抗言释诬囚"事，刘基用"甚异而伟之"来称颂柯遂卿的举动，"夫天下之大，岂无慷慨激烈之士见义而勇为之者哉？其作也非有私，其进也非有求，触于其心，形于其言，发于其言，信于其事，可不谓之大丈夫哉！”[①]对于柯遂卿敢于坚持真理、维护正义、犯颜进谏、见义勇为的举止，刘基佩服之极，用大无畏的“大丈夫”精神来表述之。“壮哉柯夫子，义气冲九旻”，就足以说明刘基的儒者立场。对于“大丈夫之心”的精神实质，刘基有是论：“大丈夫之心，仁以充之，礼以立之。”[②]这是对传统儒家以“仁本礼用”为模式的道德人文主义精神的完美诠释。刘基对于孟子学说的服膺与引鉴，还见诸《郁离子》多篇之中。如：在《灵丘丈人》文中，对《孟子·公孙丑上》文“术不可不慎也”的称道；[③]在《羹藿》文中，对《孟子·梁惠王上》文“数罟不入洿池，斧斤以时入山林”理论的发挥。[④]

荀子即荀卿作为先秦诸子和儒家各派学说的集大成者，提出了以“天行有常”“天人相分”“制天命而用之”的天道自然观：“大天而思之，孰与物畜而制之！从天而颂之，孰与制天命而用之！望时而待之，孰与应时而使之！因物而多之，孰与聘能而化之！思物而物之，孰与理物而勿失之也！虑于物之所以生，孰与有物之所以成！故错人而思天，则失万物之情。”[⑤]“刘基”的天道理论基本上继承了荀子的天道自然观，比如《郁离子·天道第十一·夺物自用》文有“人能财成天地之道，辅相天地之宜，以育天地之宜，以育天下之物，则其夺诸物以自用也，亦弗过。不能财成天地之道，辅相天地之宜，蚩蚩焉与物同行，而曰天地之生物以养我也，则其获罪于天地也大矣”[⑥]。这其实是一种“天道自然”的理论表述，同时要求“三才”之一的“人”在尊重自然规律即“天道”的前提下，发挥主观能动性，参赞天地，化育万物。不难发现，刘基是论与荀子基于“天道自然”观提出的“制天命而用之”理论是一脉相承的。《荀子·天论》基于“天人相分”“天行有常”的理论，认为

① [明]刘基著、林家骊点校：《刘基集》，浙江古籍出版社1999年版，第348页。
② [明]刘基著、林家骊点校：《刘基集》，浙江古籍出版社1999年版，第103页。
③ [明]刘基著、吕立汉等注释：《郁离子》，中州古籍出版社2008年版，第72页。
④ [明]刘基著、吕立汉等注释：《郁离子》，中州古籍出版社2008年版，第222页。
⑤ [战国]荀子：《荀子·天论》。
⑥ [明]刘基著、吕立汉等注释：《郁离子》，中州古籍出版社2008年版，第161页。

自然界发生的怪异现象与人事无关："星队（坠）木鸣，国人皆恐。曰：是何也？曰：无何也。是天地之变，阴阳之化，物之罕至者也。怪之，可也；而畏之，非也。"刘基在《郁离子·神仙第十五·神仙》篇中解释"神仙"现象之时即引用了荀子的观点，认为"神仙，人之变怪者也。怪可有，不可常，是故天下希焉"。"神仙"作为一种"变怪"只是一种罕见现象而已。

此外，刘基《郁离子·蜻蜓第七》有"荀卿论三祥"文，借荀卿之口向国家统治者进谏献言。世俗之见以为白乌、白鹳鸽、木连理三者为祥瑞之物；在荀卿看来，此非"王者之祥"。进而言之，邦国王朝昌盛象征的三种祥瑞系"圣人为上，丰年次之，凤凰、麒麟为下"①。这就要求统治者在治理国家之时，"见一物之非常，必省其政"，时时事事皆应以"民用"为上。

二、刘基对儒家君臣之道的思考

一般以为，道家提倡的"归隐""隐居"的目的在"全身而远害"。儒家入世的隐逸观是一种积极有为的行为方式，主要在于完成自身所担当的使命——"志"。孔子曰："隐居以求志。"刘基基于此种立场，以为："夫君子之有道也，遇则仕，不遇则仕与隐虽两途，而岂二其志哉！"②这就是说，儒家倡导的君子之"隐"于"道"无害，"贤者遭时之不然，或辟世或辟地，或耕或渔，或居山林、或处城市，或处抱关而击柝，无所不可，而其志则不以是有易焉"③。贤人君子因时际而遭厄，避世而隐，并非消极不作为，而是不易志业，等待时机，以求有为，即是范仲淹在《岳阳楼记》中所论"居庙堂之高则忧其民，处江湖之远则忧其君""先天下之忧而忧，后天

① ［明］刘基著、吕立汉等注释：《郁离子》，中州古籍出版社2008年版，第124页。
② ［明］刘基著、林家骊点校：《刘基集》，浙江古籍出版社1999年版，第123页。
③ ［明］刘基著、林家骊点校：《刘基集》，浙江古籍出版社1999年版，第124页。

下之乐而乐"的宽宏胸襟与政治抱负。

这里,关照刘基的隐逸观,我们对刘基数次致仕元王朝的真实用意在自然可以合理解读之,因为传统儒者刘基此举与儒家立场是一致的。值此元明嬗代之际,目睹元王朝腐朽不堪、国祚即逝的惨败景象,刘基只能发出"无人以救之,天道几乎熄矣"的感慨;尽管如此,刘基对传统儒家道统依旧充满希望,立志以"圣人之道"挽救衰颓之势,"讲尧舜之道,论汤武之事。宪伊吕,师周召,稽考先王之典,商度救时之政,明法度,肆礼乐,以待王室之兴"①。这就是古典儒家的"穷则独善其身,达则兼济天下""天下有道则见,无道则隐"的淑世情怀。

"以道事君",作为传统君臣观要义之一,不仅揭示了臣子对国君有条件的义务关系,而且张扬了臣子的人格独立性。《论语·先进》:"以道事君,不可则止。"②对此,朱熹的疏解为:"以道事君者,不从君之欲;不可则止者,必行己之志。"③《孟子》一书对君臣伦理之道的论述最为精彩。比如,《公孙丑下》:"内则父子,外则君臣,人之大伦也。"《离娄上》:"欲为君,尽君道;欲为臣,尽臣道。二者皆法尧舜而已。"《滕文公上》:"教以人伦:父子有亲,君臣有义,夫妇有别,长幼有序,朋友有信。"《离娄下》:"君之视臣如手足,则臣视君如腹心;君之视臣如犬马,则臣视君如国人;君之视臣如土芥,则臣视君如寇雠。"经过科举考试而对儒家"四书五经"有深刻领悟的刘基,对上述之"道"不可谓不熟知。

尽管历来代有学者对刘基起始为官元朝、尔后辅佐朱明的"一臣侍二君"的行事方式予以批评,然而应该指出,刘基此举并不违背儒家纲常伦理及政治信条。理由如下:第一,"严华夷之辨""尊华攘夷"一直以来是传统儒家道统的一条主线,主要体现在《春秋》经、传之中,师习《春秋经》而成《春秋明经》的刘基摈弃

---

① [明]刘基著、吕立汉等注释:《郁离子》,中州古籍出版社 2008 年版,第 242 页。
② 杨伯峻:《论语译注》,中华书局 1980 年版,第 117 页。
③ [南宋]朱熹:《四书章句集注》,中华书局 1983 年版,第 128 页。

腐朽无道的元王朝也有一定的"法理"依据;再有,孔孟儒家"以道事君"的君臣伦理观与"有道则见、无道则隐"的出仕价值观也可以为刘基再次"出山"辅佐朱元璋提供了"学理"依据。第二,刘基出山辅佐朱元璋也符合儒家"君使臣以礼,臣事君以忠"的君臣伦理原则。一方面,朱元璋派遣总制官孙炎数次诚邀"礼聘"刘基(包括宋濂、章溢、叶琛等)以辅佐自己一统天下,建邦立业,所以说朱元璋做到了"君使臣以礼",刘基没有理由回绝;另一方面,"臣事君以忠"系刘基本人一贯所奉行的"臣道"原则,仕元期间,无论是任职高安县丞(1336—1338)、辟为江西行省职官掾史(1339—1340)、起用为江浙行省儒学副提举(1348—1351)、转任浙东元帅府都事(1352)、行省都事(1353、1356)、行省枢密院经历(1357)、行省郎中(1358),刘基都一心侍奉并忠于元朝国君;"良禽择木而栖",刘基佐明主定天下之时,更是忠心耿耿,任劳任怨,实践并恪守了"臣事君以忠"的臣道原则。然而,"贰臣"的心理负担也使得刘基在生命的晚年备受煎熬,尤其是洪武政权确立之后,刘基就时常受到朱元璋的奚落与侮辱。诸如,据《明太祖实录》卷五三载,洪武三年(1370)六月,朱元璋命礼部榜示:"凡北方捷至,尝仕元者不许称贺。"[①]这足以使刘基陷入"贰臣"地步,难以自处。《明太祖实录》卷八四载,洪武六年(1373)八月,"遣御史大夫陈宁释奠于先师孔子。时丞相胡惟庸、诚意伯刘基、参政冯冕等不陪祀而受胙,上闻之曰:'基等学圣人之道而不陪祀,使勿学者何以劝……'命停基、冕俸各一月。"[②]朱元璋对刘基等儒臣的侮辱可见一斑,"臣事君以忠"的儒家信条使得人臣的独立人格不存。

尽管如此,作为臣民的刘基在辅佐朱元璋开创并巩固朱明封建王朝国家政权之时,时时刻刻注意以传统儒家德政思想劝谏国君要施仁心、行德政。据《明太祖实录》卷二九载,刘基向朱元璋

---

① 《明太祖实录》,"中央研究院"历史语言研究所(台北)校印 1972 年版,第 1040 页。
② 《明太祖实录》,"中央研究院"历史语言研究所(台北)校印 1972 年版,第 1498 页。

谏言："生息之道,在于宽仁","以仁心行仁政,实在今日,天下之幸也。"①洪武四年(1371),已告老还乡的刘基在奏复朱元璋"问天象事"时,有言"霜雪之后,必有阳春,今我国威已立,自宜少济以宽"②。刘基死前命次子刘璟所上奏之遗表,以为国家治理应当奉行的准则为"修德省刑,祈天永命,且为政宽猛如循环耳"云云。张时彻《刘公神道碑铭》记有朱元璋评刘基语:"居则每匡治道,动则仰观乾象,以至谳狱审刑,罚之中议,礼新国朝之制,运筹决胜,功实茂焉。"③《弘文馆学士诰》文称:"(刘基)每于闲暇之时,数以孔子之言道予,是以颇知古意。"④所以说,朱元璋本人也承认刘基、宋濂等儒士文臣的规谏之功:"天下甫定,朕愿与诸儒讲明治道。"⑤朱元璋在洪武初年所采取的一系列与民休息、轻徭薄役、督修水利、发展农耕等经济措施,无不与刘基、宋濂等儒臣的进谏有关。

谢廷杰在《诚意伯刘文成公文集序》中,以为刘基(臣)事朱元璋(君)之举就是对孔子儒家"以道事君"原则的完美诠释:"公(刘基)刚毅慷慨持大节,留心经济。既遇真主,期以王道致太平,却小明王御座诸正论,义形于色,危行危言。高皇帝天威严重,惟公抗辞,不以利害怵其中,振纲纪,斥奸慝,虽李善长亦忌潛之,况胡惟庸乎。考公履历,岂孔氏所谓'以道事君'者非耶?"⑥确系正论。此外,刘基在《郁离子·好禽谏》一文中也提出了臣为君、为民办事的职责论,"邦君为天牧民,设官分职,以任其事"。⑦

然而,从刘基晚年在朱明王朝所经受的悲惨遭遇之中,我们应该看到传统儒家知识分子的悲剧命运。自孔孟以降,"内圣外王"便成为儒家知识分子毕生为之奋斗的理想信条,以儒家圣道为宗的刘基也不例外,任职元廷的动机就是为民请命、忠君报国;

---

① 《明太祖实录》,"中央研究院"历史语言研究所(台北)校印 1972 年版,第 496 页。

② 裴世俊:《刘基文选》,苏州大学出版社 2001 年版,第 270 页。

③ 裴世俊:《刘基文选》,苏州大学出版社 2001 年版,第 263 页。.

④ [明]刘基著、林家骊点校:《刘基集》,浙江古籍出版社 1999 年版,第 659 页。

⑤ [清]张廷玉等:《明史》卷二《太祖本纪》,中华书局 1974 年版,第 21 页。

⑥ 裴世俊:《刘基文选》,苏州大学出版社 2001 年版,第 272—273 页。

⑦ [明]刘基著、林家骊点校:《刘基集》,浙江古籍出版社 1999 年版,第 73 页。

然而,病入膏肓的元王朝远非一介书生的刘基所能拯救,迫不得已,只能"弃官归田里",锐意著书立说,"以待王者之兴"。当朱元璋义军崛起于群豪之时,"有道则见"的刘基毅然出山辅佐之,在一定程度上扮演了"帝师""王佐"即"一代宗臣"的角色。然而,一介平民出身的朱元璋在取得国家政权、成为专制皇帝之后,为维护"一家一姓之天下","以天下之利尽归于己,天下之害尽归于人",心态完全失衡,排除异己,大肆杀戮开国功臣。刘基虽然幸免于难,然而"君要臣死,臣不得不死"的"君为臣纲"教条已经严重束缚了刘基本人的手脚,"谈洋事件"所引发的悲剧就说明了这一点,刘基只能成为"淮西官僚集团"与"浙东文人集团"之间政治斗争的牺牲品。在此,我们必须看出传统儒家理想信条与政治诉求的致命缺陷,比如无限膨胀的皇权没有一定法规、制度的约束,这都是造成传统儒家知识分子悲剧命运之源。

三、刘基对儒家孝道与交友之道的考察

"孝"是传统儒家的懿德,"孝为百善之首"。孔门弟子以孝行而为后世称道者仅有闵子、曾子,但是曾子略有瑕疵,即未能言传身教孝道于后世子孙,这也充分说明为孝之道不易。世俗社会以为,"饮食供奉至足"即为子女的"养亲"之道;然而,刘基《养志斋记》一文以为这不是子女恪守孝道的真谛与要义。

《孟子》:"事亲莫大于养志。"刘基以为这才是孝道的本质内涵,"孟子之言至矣"[①]。"养志"才是儒家孝道的最高境界:"人知爱其身、不爱其亲为不孝,而不知爱其亲、不爱其身亦为不孝。"这就是说,行孝之道不是子女对父母单方面的绝对的道德义务律令,"爱其亲"系片面之举。为人子者在爱亲、事亲以尽孝的同时,更重要的是通过自己的"谨身""养志"行为而使"父母之心不以我

---

① [明]刘基著、林家骊点校:《刘基集》,浙江古籍出版社 1999 年版,第 114 页。

为劳""父母之名不以我而污","父母之泽流于子孙而不坠",这才是为人子者应当恪尽的义务与本分。在刘基看来,"养志"的具体途径为:"时言慎行,由义履礼","尊贤友仁,修慝辩惑","和其兄弟,亲其姻族,睦其邻里乡党"①。总之,既"爱其亲",又"爱其身",才是儒家孝道的理论品格与完美诠释。

在《寿萱堂记》一文中,刘基用会稽山阴富室余邦用(生卒年不详)置"寿萱堂"以侍养长寿老母的真实案例,突出强调了为人子者加强自身的德行修养对恪尽孝道的重要性。"萱",一种能使人忘却忧愁的草本植物,余邦用特取有"既寿矣,又无忧焉"义的"寿萱"二字来命名为老母亲修置的堂室。常人看来,"子之奉母,不过欲其如是"②。

然而,刘基在褒扬余邦用此般孝举的同时,又援引出《尚书》"五福"之"吉""寿""富""康宁""考终命"来探讨"修德"的重要性。"余君丰于家,而得寿母以养之,其所受天者厚矣。"余邦用于"五福"之中占其三,即"寿""富""康宁","五福四系于天,而一系于人,攸好德也"③。孔子儒家以为天佑懿德之人,提倡"修德以俟命",而《易传》有"积善之家必有余庆"之论,所以唯有"修德""积善"之士才有可能享受天命的眷顾,实享"五福"。申而言之,为人子者只有在加强自身道德修养上"积德如水","壹皆以修身为本",才能恪守并践行儒家孝道。此外,刘基对身边的孝子举动乐用序文赞誉之,比如有孝子梁天民在父母双亲病故之后,甚为思念,就结庐于墓,"将终身焉"。对此,刘基作《梁孝子庐墓词(并序)》文以称道之。④

唐代学者韩愈为维护儒家道统,有"抵排异端,攘斥佛老"之论,其中认为佛教出家修行理念乃是"无父无君"、破坏纲常伦理的罪魁祸首。刘基作为儒家信仰、追随者,仍然未能跳出"道统"窠臼,

---

① [明]刘基著、林家骊点校:《刘基集》,浙江古籍出版社 1999 年版,第 115 页。
② [明]刘基著、林家骊点校:《刘基集》,浙江古籍出版社 1999 年版,第 120 页。
③ [明]刘基著、林家骊点校:《刘基集》,浙江古籍出版社 1999 年版,第 120 页。
④ [明]刘基著、林家骊点校:《刘基集》,浙江古籍出版社 1999 年版,第 213 页。

在《书刘禹畴〈行孝传〉后》一文中,以为佛教"福祸之说"对传统儒家孝道有破坏性之冲击,结果就是"大不孝""不孝不公"。① 这里,我们认为,由于刘基所秉持的狭隘的儒家"道统"意识,尽管刘基在元季与众多佛家子弟有诗文唱和式交游,但对佛教常识理论知之甚少。比如《送顺师住持瑞岩寺序》文:"予(案:刘基)尝闻浮屠氏言《大秽迹金刚》事,……今又闻佛能以武猛服魔鬼。"②"尝闻""又闻"的字眼足以说明刘基对佛典的研读严重匮乏,可以说不懂佛理。其实,佛家最重孝道,佛典《佛说父母恩重难报经》就是明证。

《论语·颜渊》:"曾子曰:'君子以文会友,以友辅仁。'"《论语·季氏》:"益者三友,损者三友。友直,友谅,友多闻,益矣。友便辟,友善柔,友便佞,损矣。"这是孔子儒家对"友道"的思考,继承了孔孟儒家道统的刘基自然对"五伦"之"友"即"朋友有信"十分看重,其在《尚友斋记》《友梅轩记》文中阐述道:"天下之大伦五,友居其一,人不可无友也。"交友之道的首要准则就是"益者三友","人而尚友,天下之友以类来矣。"③刘基还指出,"益友"就是"良师","十室之邑,必有忠信","三人行必有我师焉",这些古人言训就是对"尚友之道"规范的疏解。此外,朋友之道得以维系的基本准则就是"义"。刘基有《结交行》的乐府诗:"朋友以义合,久要贵不忘。……古人重结交,晏子真其人。"④建立在"义"之上且"不忘"之"友道"才是真正的君子之交。

四、刘基民本理论发微

至元二年(1336),初次步入仕途,"授江西高安县丞"的刘基,上任伊始,便作《官箴》以昭示自己以民为本、关注民生、为民请命

---

① [明]刘基著、林家骊点校:《刘基集》,浙江古籍出版社 1999 年版,第 134 页。
② [明]刘基著、林家骊点校:《刘基集》,浙江古籍出版社 1999 年版,第 90 页。
③ [明]刘基著、林家骊点校:《刘基集》,浙江古籍出版社 1999 年版,第 100—101 页。
④ [明]刘基著、林家骊点校:《刘基集》,浙江古籍出版社 1999 年版,第 226 页。

的从政理念:"治民奚先,字之以慈。有顽弗迪,警之以威。振惰奖勤,拯艰怠疲。疾病颠连,我扶我持。"①这体现了传统儒家施仁心、行仁政的德治理念。刘基在仕元期间,或因朝廷地方官吏腐败而投劾致仕,或因社会动乱而"避地"他乡,但时时刻刻以关注百姓的生计为己任。比如,至正十三到至正十五年(1353—1355)"避地"绍兴期间,依旧对国事民生十分牵挂,追忆王羲之昔日创作《兰亭序》的情境,不禁大发感慨:"王右军抱济世之才而不用,观其与桓温戒谢万之语,可以知其人矣!放浪山水,抑岂其本心哉?临文感痛,良有以也,而独以能书称之后世,悲夫!"②这里,刘基以王羲之怀才不用的遭遇比喻自己的处境,从而表现出刘基本人经邦济世的决心与期望。

关注民生乃是儒家王道、仁政学说的基本出发点所在。对此,刘基在《感时述事》中指出:"惟民食为命,王政之所先。海醝实天物,厥利何可专?"③《郁离子·天地之盗》一文称:"先王之使民也,义而公,时而度,同其欲,不隐其情,故民之从之也,如手足之从心,而奚恃于术乎!"④所以,刘基在阐发养民、育民、爱民之道时,格外要求在位施政者提升自身的道德修养水平,"聚其所欲而勿施其所恶",时时刻刻以老百姓的根本利益为为政之道的根本出发点。

刘基《拟连珠》文对民本思想有多处论述。"国不自富,民足则富;君不自强,士多则强"⑤,儒家的财富观已经打上了"藏富于民"的烙印,钟惺对刘基此语的评价是"千古富强之术,无以逾此";⑥"国以民为本",国家的物质财富不应聚敛于国君一人之手,唯有举国百姓富庶,"让利于民",才是儒家民本应有之义。与此同时,刘基反对一人一家之"私"利,主张"大公":"大器非一人之

① [明]刘基著、林家骊点校:《刘基集》,浙江古籍出版社1999年版,第167页。
② [明]刘基著、林家骊点校:《刘基集》,浙江古籍出版社1999年版,第138页。
③ [明]刘基著、林家骊点校:《刘基集》,浙江古籍出版社1999年版,第366页。
④ [明]刘基著、林家骊点校:《刘基集》,浙江古籍出版社1999年版,第32页。
⑤ [明]刘基著、林家骊点校:《刘基集》,浙江古籍出版社1999年版,第196页。
⑥ 钟惺辑评:《刘文成公全集》卷十一,明天启刻本,第27页。

私"，"利不及众，所以起天下之争"，①利益分配不均是天下纷争不休的一大根源。又，刘基反对以屠杀和掠夺为目的的不义之战，"以杀止杀，圣人之不得已"；②这源于《论语·颜渊》孔子对答季康子语。③

《春秋明经》也反映了刘基的儒学民本思想，"夫国以民为本。君子之爱民也，如保赤民"④。刘基的《春秋明经》虽为"举业"而作，但是反映了刘基的一些儒学思想，比如儒家"修齐治平"的治国理念就得到了充分的诠释，"修德以仁"⑤"为国以礼"⑥"修明德政"⑦"明德修政"⑧"正心修身而行王道"⑨等。也就是说，"修身治德"不仅是"君道""臣道"的基本要义，也是维系国家政权长治久安的根本"义理"，"德不修而惧外患者为可鄙，身不正而结外交者为可危"⑩。

孔孟儒家政治思想的基本制度就是"德政"，作为一种典型的伦理政治，主要阐述物质生活与道德修养、统治者的道德修养与被统治者的道德修养、德教与刑罚等相互之间的关系。孔子有"为政以德，譬如北辰，居其所而众星共之"（《论语·为证》）的基本思路，这是对周公"明德慎罚"理论的继承和发展；孟子仁政学说理论是对"德政"的具体阐发："数罟不入洿池，鱼鳖不可胜食也。斧斤以时入山林，材木不可胜用也。谷与鱼鳖不可胜食，材木不可胜用，是使民养生丧死无憾也。养生丧死无憾，王道之始也。五亩之宅，树之以桑，五十者可以衣帛矣。鸡豚狗彘之畜，无失其时，七十者可以食肉矣。百亩之田，勿夺其时，数口之家可以

① [明]刘基著、林家骊点校：《刘基集》，浙江古籍出版社1999年版，第198页。
② [明]刘基著、林家骊点校：《刘基集》，浙江古籍出版社1999年版，第199页。
③ 朱熹：《四书章句集注》，中华书局1983年版，第138页。
④ [明]刘基著、林家骊点校：《刘基集》，浙江古籍出版社1999年版，第620页。
⑤ [明]刘基著、林家骊点校：《刘基集》，浙江古籍出版社1999年版，第590页。
⑥ [明]刘基著、林家骊点校：《刘基集》，浙江古籍出版社1999年版，第590页。
⑦ [明]刘基著、林家骊点校：《刘基集》，浙江古籍出版社1999年版，第591页。
⑧ [明]刘基著、林家骊点校：《刘基集》，浙江古籍出版社1999年版，第593页。
⑨ [明]刘基著、林家骊点校：《刘基集》，浙江古籍出版社1999年版，第623页。
⑩ [明]刘基著、林家骊点校：《刘基集》，浙江古籍出版社1999年版，第593页。

无饥矣。谨庠序之教,申之以孝悌之义,颁白者不负载于道路矣。七十者衣帛食肉,黎民不饥不寒,然而不王者,未之有也。""行仁政于民,省刑罚,薄税敛,深耕易耨……使民以时,谷不可胜食也。"(《孟子·梁惠王上》)总之,"以不忍人之心,行不忍人之政,治天下可运之掌上。"(《孟子·公孙丑上》)与此同时,儒家的德政并不否认刑罚的辅助功能;易言之,德政的理念还包括"以刑辅德",最终目的是"以德去刑"。汉儒董仲舒继承和发展了自孔子以来"德主刑辅"的思想,突出强调以道德教化作为治国的重要工具。

对于治国之道,《郁离子·喻治》:"治乱,政也;纪纲,脉也;道德、政刑,方与法也;人才,药也。"[①]这里,刘基开出了国家治乱的四大要素:纪纲、道德、政刑、人才。分而言之,"纪纲"即儒家的三纲五常之道,"道德"即儒家的仁义礼智信等条目,"政刑"即治理国家的法制、制度等,"人才"即维系国家政权长治久安的儒家知识分子,抑或封建士大夫。可以肯定,刘基主张以上古三代之治为治道之摹本,推行汉代以降形成的德主刑辅理念,从而反对秦王朝"以吏为师、以法为教"的极端法制独裁论,"秦用酷刑苛法以箝天下,天下苦之;而汉承之以宽大,守之以宁壹"。[②] 这也是秦仅历二世而亡天下、汉兴数百载而治天下的原因所在。同时这也是刘基等儒臣在明朝创建伊始进谏以儒治国的同时,草创《大明律》的法理依据。要之,在刘基看来,治理国家的"行法之道"就在于"本之于德政,辅之以威刑"。[③]

与此同时,刘基提出了"胜天下之道在德"的儒家军事伦理主张。这是对孔孟儒家"德治""仁政"理念的延续,"大德胜小德,小德胜无德;大德胜大力,小德敌大力。力生敌,德生力;力生于德,天下无敌。故力者胜,一时者也,德愈久而愈胜者也。夫力非吾

---

① [明]刘基著、吕立汉等注释:《郁离子》,中州古籍出版社 2008 年版,第 40 页。
② [明]刘基著、吕立汉等注释:《郁离子》,中州古籍出版社 2008 年版,第 40 页。
③ [明]刘基著、吕立汉等注释:《郁离子》,中州古籍出版社 2008 年版,第 221 页。

力也,人各力其力也,惟大德为能得群力,是故德不可穷,而力可困"。① 简言之,这就是"以德致胜""王者行仁政,无敌于天下",仁义道德尤其是"大德"的感化力量具有无限能量。不难发现,对于荀子"王霸之辨"的政治议题,刘基并没有因循荀子"王霸并用"理论即"德与力相结合,王与霸相混合"的话语,而是一再强调孔孟提倡的王道政治,"仁义之莫强于天下也","以德养民,则四方之贤望风而慕"。

此外,《郁离子·省敌》文也突出强调了仁义、道德的力量与功效:"惟天下至仁,为能以我之敌敌敌,是故敌不敌而天下服。"② 这就是仁义教化、道德感化以"省敌"的理论阐释。"德者,众之所归也","尧舜以仁义为的,而天下之善聚焉",尧舜就是以仁义治理天下的典范,"九州来同,四夷乡风,穆穆雍雍"③,一派祥和、和谐的治道图景。这就是对"仁者无敌"命题的最好诠释。申而言之,"君人者,惟德与量俱,而后天下莫不归焉。德以收之,量以容之",反之,在位执政者不具备宽广心胸与崇高的理想道德,必然会招致祸患:"德不广不能使人来,量不宏不能使人安。故量小而思纳大者,祸也。"④

五、结论

刘基作为传统儒者,博览全书,涉猎广泛,对经史子集、诸子百家皆有研究,可以说是一位"通天地人"的"通儒"之士。难能可贵的是,刘基将这些学说、理论基本上成功地运用于元明之极的政治实践与政权建设之中。总之,刘基的儒学思想有明显的"师

---

① [明]刘基著、吕立汉等注释:《郁离子》,中州古籍出版社 2008 年版,第 49 页。
② [明]刘基著、吕立汉等注释:《郁离子》,中州古籍出版社 2008 年版,第 138 页。
③ [明]刘基著、吕立汉等注释:《郁离子》,中州古籍出版社 2008 年版,第 139 页。
④ [明]刘基著、吕立汉等注释:《郁离子》,中州古籍出版社 2008 年版,第 116 页。

古""复古"倾向,《连江陈子晟师古斋诗》:①"所以尚志士,慷慨思古人。造行拟渊骞,吐辞追孟荀。""焚香对六籍,耆味知隽永。"②诗文之字里行间所透露的信息,足以说明先秦儒家孔、孟、荀及"六籍"("六经")就是刘基儒学思想生成的文本依据。正是因为传统孔孟之道的熏陶,使得刘基尽管羡慕道家、道教的修道方式与神仙生活,并同情地理解佛教信仰,然而"予学孔氏者,不能作浮屠语"一语,③足以道破刘基的"儒本位"立场。易言之,中国政治思想史研究名家萧公权先生做出的刘基学术理论"本之儒家"而"上复先秦古学"的论断是言之有理的。④ 当代新儒家学者成中英先生把刘基界定为一位"古典的儒家"的命题也是成立的。

---

① 据明万历《福建府志·文苑》载:"陈子晟,字仲昭,连江人。幼善属文,洪武壬子举于乡,试礼部,时方弱冠。朝议以其年少,俾入太学。因选伴读荆王府,从宋濂学,文益奇进。濂尝作《师古斋箴》以示勖,久之,随王之国,謇直无所阿,藩僚谀者,辄面斥之。还京,卒,年二十六,方孝孺志其墓。"可见,除却刘基《连江陈子晟师古斋诗》,宋濂也有《师古斋箴》文,表达了对后学陈子晟的喜欢与期望之情。

② [明]刘基著、林家骊点校:《刘基集》,浙江古籍出版社 1999 年版,第 389 页。

③ [明]刘基著、林家骊点校:《刘基集》,浙江古籍出版社 1999 年版,第 72 页。

④ 萧公权:《中国政治思想史》,辽宁人民出版社 1998 年版,第 481 页。

解读刘基

——《刘基集·前言》

浙江大学文学院教授　林家骊

一

　　刘基,字伯温,是我国元末明初著名的政治家,还是一位在中国文学史上有着重要地位的诗文大家。

　　刘基于元武宗至大四年(1311)出生于青田县南田山武阳村(现属文成县)的一个书香世家。父刘爚,字如晦,曾官遂昌教谕。刘基自幼"博通经史","于书无不窥"①"神知迥绝,读书能七行俱下"②。十四岁入括城③郡庠。习《春秋》及程朱理学外,"诸子百氏过目即洞其旨","凡天文、兵法诸书,过目洞识其要",颇得其师郑原善赏识,谓其父刘爚曰:"吾将以天道无报于善人,此子必高君之门矣。"十八岁,精研《春秋》,学业精进,著《春秋明经》二卷,此后科场连捷。元宁宗至顺三年(1332),刘基二十二岁,赴杭参加江浙行省乡试,中第十四名举人。翌年赴大都(今北京)会试,中

---

①　《明史·刘基传》。
②　张时彻:《诚意伯刘公神道碑铭》。
③　处州府治,在今丽水市区。

三甲第二十名进士,甚为士流赏识,侍讲学士揭傒斯称其为"魏徵之流,而英特过之,将来济时器也"。

元顺帝至元二年(1336),授江西瑞州路高安县丞,初登仕途,意气风发,作《官箴》以自勉,决心"振惰奖勤,拯艰息疲","禁暴戢奸","视民如儿"。史称刘基在高安县丞任上,"以廉洁著名,发奸摘伏,不避强御,为政严而有惠爱,小民自以为得慈父,而豪右数欲言之"①。后在审理一起杀人案中,损害了当地蒙古当权者的利益,被免官。幸亏江西行省大臣素知刘基廉正谠直,将其征召至行省,改任行省职官掾属。又因秉公办事,不讲圆通,议事与同僚意见每每相左,所以一年后被迫"投劾去"②。元顺帝至正八年(1348)春二月,辞官隐居了多年的刘基重新被任命为江浙行省儒学副提举、行省考试官,孤寂了多年的刘基又一次意气风发,想有一番作为。他忠于职守,兢兢业业,"校文棘闱"③,为各地贡生及落第士子披阅文章,还不时到杭州各地讲经论学,并大力提倡兴办义学,以便为更多的学子提供就学的机会。由于在任上他越职弹劾了一名失职的行台监察御史,因此受到排挤,至正九年(1349)秋,只当了一年多儒学副提举的刘基又只好移文辞职了。

其时正当元末,朝政昏乱,天灾频仍,大规模的农民起义已经在各地酝酿。至正十一年(1351)五月,北方的颍州爆发了刘福通领导的红巾军起义,揭开了元末农民起义的序幕。同时与北方遥相呼应,南方也爆发了以徐寿辉为首的红巾军起义。除此之外,台州方国珍早在至正八年就聚反海上了,并且势力已迅速扩大到了庆元(今宁波)、台州、温州的广大沿海地区。为了镇压农民起义,维护统治,元朝廷又重新起用了刘基。在至正十一年(1351)到至正二十年(1360)的十年间,刘基两次参加了元朝镇压农民起义的戎事活动。第一次是至正十二年省檄刘基为浙东元帅府都

---

① 张时彻:《诚意伯刘公神道碑铭》。
② 张时彻:《诚意伯刘公神道碑铭》。
③ 刘基:《杭州实庵和尚福严寺记》。

事,隶浙东宣慰副使石抹宜孙,于台州、温州一带开展旨在征讨方国珍的军事行动。至正十三年(1353)十月,因反对招抚之策,力主剿捕,与执政意见抵牾。执政为方国珍贿赂,以为刘基之策,伤朝廷好生之仁,且擅作威福,刘基因此受免职羁管绍兴的处分。此后两年,刘基一直放浪山水,以诗文自娱。第二次是至正十六年(1356)二月复被任命为江浙行省都事,与石抹宜孙于处州(今丽水)同谋"括寇",镇压安山吴成七起义,不久因功升任江浙行省郎中。至正十八年(1358)因执政故意抑刘基军功,把刘基降回原级使用,且夺去兵权,仍以儒学副提举格任处州路总管府判。刘基愤而弃官,拂袖而去。不久就回到家乡青田武阳村,开始了长达两年之久的隐居生活。在此期间,刘基并未忘怀国事,仍然密切关注着时事的发展,著《郁离子》"以俟知者"[①],"以待王者之兴"[②]。

至正二十年(1360)三月,应朱元璋之聘,刘基与宋濂、章溢、叶琛同赴金陵,呈时务十八策,朱元璋礼遇甚隆。刘基遂留帷幄,参与机要。闰五月,陈友谅引兵攻建康(今南京),刘基竭力主战,以为"取威制敌,以成王业,在此举也"[③],朱元璋用刘基谋,"乘东风发,伏击之,斩获凡若干万",从此刘基开始了明朝开国军师的生涯。至正二十一年(1361)刘基力劝朱元璋脱离小明王韩林儿,自成局面,大展宏图,并为之制定了先灭陈友谅后灭张士诚的征讨大计。至正二十四年(1364),朱元璋即吴王位,刘基仍参与军机,史载朱元璋礼遇刘基甚隆:"每召基辄屏人密语移时,其亦自谓不世遇,知无不言,遇急难,勇气奋发,计画立定,人莫能测。暇则敷陈王道,帝每恭己以听,常呼老先生而不名,曰:'吾子房也。'"[④]至正二十五年(1365)七月,吴置太史监,以刘基为太史令。从此刘基的政治活动开始从军事转移到了制度方面。至正二十

---

① 叶蕃:《写情集序》。
② 《郁离子·九难篇》。
③ 《续通鉴》卷二一五。
④ 《明史·刘基传》。

七年(1367)十月,吴置御史台,以刘基为御史中丞,平反滞狱若干人。奏请立法定制,与李善长等一起定律令。十一月,上《戊申大统历》,十二月,《律令》成。洪武元年(1368),任太史院使、御史中丞,复兼太子率更令。三月,改太子赞善大夫,因奏斩中书省都事李彬,触忤权臣李善长。洪武二年(1369)十月,因与朱元璋讨论宰相人选,触忤权臣汪广洋、胡惟庸。洪武三年(1370)四月,兼弘文馆学士,协助朱元璋恢复了科举制度。十一月,进封开国翊运守正文臣、资善大夫、护军、诚意伯。明朝建立后,朱元璋猜忌之心日重,再加上已与丞相胡惟庸交恶,所以刘基于洪武四年(1371)告老归田,隐居山中,不预外事,整天以饮酒弈棋自娱,史称其口不言功,见青田县令即"称民谢去"(同上)。洪武五年(1372),遭胡惟庸构陷,朱元璋移文切责,并下旨夺去俸禄。七月,六十三岁的刘基已经是衰颓之身,却被迫入朝引咎自责,从此留京不敢言归。因为遭受构陷,心情忧闷,入京后精神又长期处于极度恐惧之中,所以至洪武八年(1375)正月,刘基病重。三月,朱元璋制《御赐归老青田诏》,遣使护送刘基归家。四月十六日刘基病卒,享年六十五岁,六月葬于夏山。

二

　　刘基虽然没有写出体系完整的文学理论著作,但他在为一些友人诗文集所作的序跋中比较充分地表达了他的文学主张。综合来看,刘基的诗文理论力主教化讽谕之说,提倡理气并重,强调经世致用。

　　关于诗歌创作,刘基从传统的儒家"诗教"观念出发,一再强调诗歌有教化讽谕、美刺风戒的作用。他说:

　　　　余观诗人之有作也,大抵主于讽谕。盖欲使闻者有
　　所感动,而以兴其懿德,非徒为颂美也。(《送张山长序》)

国风、雅、颂，诗之体也，而美刺风戒，则为作诗者之意。[①]

夫诗何为而作也？情发于中而形于言。国风、二雅，列于六经，美刺风戒，莫不有裨于世教。（《昭玄上人诗集序》）

变风、变雅，大抵多于论刺。至有直事其事，斥其人而明言者，《节南山》《十月之交》之类是也。[②]

从以上的“讽谕”“感动”“美刺风戒”“有裨于世教”“直刺其事”“斥其人而明言”等话语中，人们可知刘基对于诗歌创作极重经世致用。他还认为，文学作品的这种教化作用，不仅表现在它可以对下移风易俗，而且还可以对上讽谕劝谏。他在给自己与石抹宜孙的诗集《唱为集》作序时，又写道：“览者幸无诮焉，万一得附瞽神之口以感上听，则亦岂为无补哉！”

刘基对元季诗坛之现状极为不满，他说：

今天下不闻有禁言之律，而目见耳闻之习未变，故为诗者莫不以哦风月，弄花鸟为能事，取则于达官贵人而不师古，定轻重于众人而不辨其为玉为石，惛惛怓怓，此倡彼和，更相朋附，转相抵訾，而诗之道无有能知者矣。[③]

毫不留情地对当时“莫不以哦风月，弄花鸟为能事”的现实提出了尖锐的批评，强调贬斥元代以来内容空洞、格调纤细的文风，提倡为文应当“师古”，力主恢复三代汉唐时期的文学传统。

针对元代诗风的实际情况，刘基提出了理气并重之说。他在《苏平仲文集序》中说：

---

① 《书绍兴达鲁花赤九十子阳德政诗后》。
② 《王原章诗集序》。
③ 《照玄上人诗集序》。

> 文以理为主,而气以摅之。理不明,为虚文;气不
> 足,则理无所驾。文之盛衰,实关时之泰否。……唐虞
> 三代之文,诚于中而形为言,不矫揉以为之。不虚声而
> 强聒也,故理明而气昌。……

在此篇文章中,刘基还论述了汉代以下各代文学的情况,刘
基提出要以司马迁、班固、陈子昂、李白、杜甫、韩愈、柳宗元等人
为楷模。他还指出汉初贾谊、董仲舒、韦孟等人的诗文"语不惊人
而意自至,由其理明而足以摅之也"。可以看出,刘基所说的
"理",指的是表达思想内容的艺术技巧,即文章思想内容充实了,
文章才能显得有气势,有风采,才能形成自己的独特风格。当时,
与刘基齐名的文学家宋濂也提倡复古,主张文学作品必须首先注
重思想内容,他们的文学主张和具体的创作实践,对于元末明初
的文风从纤细向质朴的转变起了重要作用。并且,刘基还把文学
风格的形成与时代风貌联系起来考虑,"文之盛衰,实关时之泰
否",刘基认为文学风格的形成与社会的治乱兴衰密切相关,并且
文学对社会有反作用。因此,文学经世致用的功能不可忽视。

三

刘基留下的作品,诗歌占了相当大的比例。在诗歌创作中,
刘基贯彻了自己的文学思想,创作了相当数量的"有裨于世教"的
思想内容充实的讽谕诗。他的这些诗作描绘了元末明初的社会
现实,在一定程度上揭露了社会矛盾和民生疾苦。沈德潜在《明
诗别裁》中评价刘基的诗歌说:"元代诗都尚辞华,文成独标高格,
时欲追杜、韩,故超然独胜,允为一代之冠。"虽然有溢美之嫌,但
从刘基诗继承杜甫、韩愈批判现实主义的创作精神来看,这一评
价还是较为公允的。刘基的诗揭露了元末明初广大农民在地租
王税下所受的严重剥削。比如:

农夫力田望秋至,沐雨梳风尽劳瘁。王租未了私债多,况复尔辈频经过。(《野田黄雀行》)

君不见古人树桑在墙下,五十衣帛无冻者。今日路傍桑满畦,茅屋苦寒中夜啼。(《畦桑词》)

刘基的诗还进一步刻画了广大农民在连年战祸下的颠沛流离的悲伤景象。比如:

平民避乱入山谷,编蓬作屋无环堵。回看故里尽荆榛,野乌争食声怒嗔。盗贼官军齐劫掠,去住无所容其身。①

刘基的诗还反映了元末社会官民严重对立的情况。比如:

官司职防虞,当念怀善良。用民作手足,爱抚勿害伤。所以获众心,即此是仞墙。奈何纵毒淫,反肆其贪攘。破廪取菽粟,夷垣劫牛羊。朝出系空橐,暮归荷丰囊。丁男逃上山,妻女不得将。稍或违所求,便以贼见戕。负屈无所诉,哀号动穹苍。斩木为戈矛,染红作巾裳。鸣锣撼岩谷,聚众守村乡。官司大惊怕,弃鼓撇旗枪。窜伏草莽间,股慄面玄黄。窥伺不见人,湍江走长泬。可中得伙伴,约束归营场。顺途劫寡弱,又各夸身强。将吏悉有献,欢喜赐酒觞。杀贼不计数,纵横书荐章。民愤大不甘,怨气结肾肠。遂令父子恩,化作蚤与蝗。恨不斩官头,剥取骨肉尝。……②

这首诗生动具体地把元末社会官民严重对立这一富有典型意义的阶级斗争现象的来龙去脉给描绘出来了。从这首诗中,我

---

① 《雨雪曲》。
② 《赠周宗道六十四韵》。

们可以看出刘基对社会现实的关注之深。如果没有深入社会，深刻体察民情，我们很难想象刘基能够刻画出这样尖锐而又生动的形象。刘基能够对处在水深火热之中的百姓怀有深深的同情之心，能够对官司挂剿寇之名而行劫掠之实的强盗行径表示强烈的憎恨，这应该说是刘基思想中最为可贵的一面。这首长诗创作于至正十三年（1353），其时刘基因建议招捕方国珍，上官以为刘基的行为有伤朝廷好生之仁，且擅作威福，因此刘基受到免职羁管绍兴的处分。仕宦的失意，使他能够走向广阔的社会现实，目击时艰。从这首长诗中，我们可以看出刘基对当时社会现实的认识又深入了一层。随着对社会现实认识的不断深入，刘基开始懂得了"官逼民反"的道理，他甚至对"盗贼"聚众起事也抱有某种同情之心，他终于彻底认识了"盗贼有根源，厥咎由官府"，"官吏逞贪婪，树怨结祸胎"的事实：

> 滥官舞国法，致乱有其因。何为昧自反，一体含怒嗔。斩艾若草芥，掳掠无涯津。况乃多横敛，殃祸动辄臻。人情各畏死，谁能坐捐身？所以生念虑，啸众依荆榛。①

刘基认为，人民啸众造反是为了死里求生，是争取自己的生存权利：

> 惟民食为命，王政之所先。海醝实天物，厥利何可专？贪臣务聚财，张罗密于甄。厉禁及鱼虾，卤水不得煎。出门即陷阱，举足遭缠牵。咆哮用鞭棰，冤痛声相连。高牙开怨府，积货重奸权。分摊算户口，渗漉尽微涓。官征势既迫，私贩理则然。遂令无赖儿，睚眦操戈铤。出没山谷里，陆梁江海边。横行荷箩笼，方驾列船

---

① 《感时述事十首》。

舷。拒捕斥后懦，事强夸直前。盗贼由此起，狼藉成
蔓延。①

"盗贼"的滋延，完全是官府无休止地横征暴敛的结果。"官
征势既迫，私贩理则然。遂令无赖儿，睚眦操戈铤"，迫于生计，走
投无路，从而铤而走险，聚众起事，这完全是一个自然的顺理成章
的过程。这样，刘基就把批判的矛头，直接指向了元朝统治者。
《感时述事十首》完成于至正十八年（1358）底。至正十六年
（1356）刘基奉元朝之命，与石抹宜孙于处州同谋"括寇"，后因为
执政抑刘基军功，因此，刘基愤而去职。这次去职，使刘基彻底抛
弃了对腐朽昏庸的元朝统治者的幻想。《感时述事》这组诗作于
此时，它实际也是对元朝的一个总结性评价。

当然，这类讽谕诗在刘基所有诗歌中只占少数，刘基诗更多
的是感叹人世沧桑，咏叹韶华不再、怀才不遇、功名未就的哀伤以
及一般的写景抒情的诗歌。这类诗的典型就是《薤露歌》：

> 蜀琴且勿弹，齐竽且莫吹。四筵并寂听，听我薤露
> 诗。昨日七尺躯，今日为死尸；亲戚空满堂，魂气安所
> 之！金玉素所爱，弃损篚笥中；佩服素所爱，凄凉挂悲
> 风；妻妾素所爱，洒泪空房栊；宾客素所爱，分散各西东。
> 仇者自相快，亲者自相悲。有耳不复闻，有目不复窥。
> 譬彼烛上火，一灭无光辉；譬彼空中云，散去绝余姿。人
> 生无百岁，百岁复如何？谁能将两手，挽彼东逝波？古
> 来英雄士，俱已归山阿。有酒且尽欢，听我薤露歌。

这首诗列举了众多人们普遍认为是美好的东西，指出它们必
将无一例外地直接走向死亡，作者的用意是十分明显的：人生无
常，我们必须把握今日，及时行乐。全诗虽然以诙谐幽默的笔调

---

① 《感时述事十首》。

写出,但实际上充满着人生易逝、节序如流的感伤,格调沉郁,缺少了讽谕诗直面人生、情绪激昂的积极进取精神。除此之外,刘基还创作了若干歌颂圣王、遁世游仙之作,这些诗主要创作于刘基的晚年。

刘基填词"百余首,俱见《写情集》中"。叶蕃《写情集序》云:"或愤其言之不听,或郁乎志之弗舒,感四时景物,托风月情怀,皆所以写忧世拯民之心。"词风偏于清婉,表现其内心的苦闷悲愁。当然,偶尔也有些悲凉慷慨之作,如《水龙吟·和东坡韵》等。

刘基诗歌的艺术风格较为多样。一般地说,他的讽谕诗情绪激昂,风格雄浑苍凉,如上述的《赠周宗道六十四韵》《感时述事十首》就是典型代表。而他的写景咏怀之作却感情忧闷,风格纤丽婉约,上述的《薤露歌》可为代表。刘基的诗歌风格也有奇崛瑰丽的,著名的长篇神话故事诗《二鬼》长达一千二百多字,主要描写管理日月的结璘、郁仪二鬼被天帝暂放人间,五十年不得相见;后来宇宙变动,二鬼见面后相约要再造天地秩序,修理南北二极,"启迪天下蠢蠢氓,悉蹈礼义尊父师"。不料天帝大怒,重将二鬼拘囚,"养在银丝铁栅内,衣以文采食以糜"。二鬼亦无可奈何,只能等待天帝息怒,重返天上同游。诗中二鬼实是刘基、宋濂的化身,诗的内容是通过离奇变幻的神话故事来表达他们要在社会动乱中重建儒家伦理秩序的愿望,也曲折地表现了他们在朱元璋的牢笼豢养下,无法充分施展自己抱负的苦闷心情。诗歌想象奇特,语言瑰丽,风格雄浑,气势恢宏,是刘基晚年文学才情的又一次酣畅淋漓的表露。刘基还写过一些乐府诗,语言浅显通达,情感朴素真挚,风格流丽天然,如《懊侬歌》:"养儿图养老,无儿生烦恼。临老不见儿,不如无儿好。"《从军五更转》:"一更戍鼓鸣,市上断人声。风吹鸿雁过,忆弟复思兄。"颇有民歌的风味。

四

刘基的文学成就主要表现在散文方面。他的散文,众体兼备,内容丰富,尤以寓言体散文最为出色。他的《郁离子》是中国文学史上寓言体散文的杰作。《郁离子》共十八章,一百九十五篇,多者千言,少者百字,各篇相对独立,自成系统。这是一部政治性著作。"郁离"二字的意思是文明,"其意谓天下后世若用斯言,必可抵文明之治"①。刘基在此书中,较全面地阐述了他的哲学、政治、伦理、道德思想。其目的是向统治阶级讽谏,以便实现社会的长治久安。因为刘基的讽谏是在批判元末黑暗政治基础上提出的,所以它客观上也揭露了统治集团的昏庸腐朽、贪婪自私,例如《灵丘丈人·晋灵公好狗章》:

> 晋灵公好狗,筑狗圈于曲沃,衣之绣。嬖人屠岸贾,因公之好也,则夸狗以悦公,公益尚狗。一夕,狐入于绛宫,惊襄夫人,襄夫人怒,公使狗搏狐,弗胜。屠岸贾命虞人取他狐以献,曰:"狗实获狐。"公大喜,食狗以大夫之俎,下令国人曰:"有犯吾狗者刖之。"于是国人皆畏狗,狗入市,取牛豕以食,饱则曳以归屠岸氏,屠岸贾大获。大夫有欲言事者,不因屠岸贾,则狗群噬之。赵宣子将谏,狗逆而拒诸门,弗克入。他日狗入苑食公羊,屠岸贾欺曰:"赵盾之狗也。"公怒,使杀赵盾,国人救之。宣子出奔秦,赵穿因众怒,攻屠岸贾,杀之,遂弑灵公于桃园。狗散走国中,国人悉擒而烹之。君子曰:"甚矣,屠岸贾之为小人也,狗以盅君,卒亡其身,以及其君,宠安足恃哉!"人之言曰:"蠹虫食木,木尽则虫死,其如晋灵公之狗矣!"

---

① 吴从善:《郁离子序》。

这个故事把国王的荒淫无耻以及受臣下百般愚弄而一无所知的昏庸愚昧，奴才的阿谀奉承，走狗、爪牙的一旦得势就横行霸道、一旦失势就落得可耻下场的丑恶现象揭露得颇为彻底，最后的批判也很深刻。这个故事活脱脱地把自上而下的社会百丑图给描绘出来了。这则故事同《郁离子·好禽谏篇》的《卫懿公好禽章》，《千里马篇》的《燕王好乌章》，《虞孚篇》的《黔中仕于齐章》，《枸橼篇》的《楚王问于陈轸章》等都是元末衰世的生动写照。

《郁离子》还有一些篇章涉及了统治阶级应该如何对待人民的问题，如《瞽聩篇》的《楚有养狙以为生章》：

> 楚有养狙以为生者，楚人谓之狙公。旦日必部分众狙于庭，使老狙率以之山中，求草木之实，赋十一以自奉，或不给则加鞭箠焉，群狙皆畏苦之，弗敢违也。一日，有小狙谓众狙曰："山之果，公所树与？"曰："否也，天生也。"曰："非公不得而取与？"曰："否也，皆得而取也。"曰："然则吾何假于彼而为之役乎？"言未既，众狙皆寤。其夕，相与伺狙公之寝，破栏毁柙，取其积，相携而入于林中，不复归。狙公卒馁而死。郁离子曰："世有以术使民而无道揆者，其如狙公乎？惟其昏而未觉也，一旦开之，其术穷矣！"

这则故事以狙公暗喻统治者，以众狙暗喻广大人民，告诉人们：是人民养活了统治者，而如果统治者不知体恤民情，一味横征暴敛，即"以术使民而无道揆"，那么必定会引起人民的叛离。所以刘基站在统治阶级的立场上，讽谏统治者统治人民时不仅要以"术"而且也要讲究"道揆"。因此刘基以师古为宗旨，所以他的《郁离子》刻意模仿秦汉子书，内容复杂，意蕴深奥。与之不同的是，刘基也写了一些内容浅近而思想性较强的散文，最著名的是《卖柑者言》。文章说杭城有个卖柑者，所卖的柑"金玉其外、败絮其中"。作者"怪而问之"，小贩振振有词地回答道：

世之为欺者不寡矣,而独我也乎? 吾子未之思也。今夫佩虎符,坐皋比,洸洸乎干城之县也,果能授孙吴之略耶? 峨大冠拖长绅者,昂昂乎庙堂之器也,果能建伊皋之业耶? 盗起而不知御,民困而不知救,吏奸而不知禁,法斁而不知理,坐靡廪粟而不知耻,观其坐高堂,骑大马,醉醇醴而饫肥鲜者,孰不巍巍乎可畏,赫赫乎可像也? 又何往而不金玉其外、败絮其中哉? 今子是之不察,而以察吾柑!

作者以柑类比到现实社会中的许多奇怪现象,有力地讽刺和鞭挞了元朝的黑暗政治,表明刘基对元末社会的黑暗腐朽已经有了一个比较清醒的认识。这篇文章实在是明代寓言体散文不可多得的佳作。

关于刘基散文的主要艺术特色,《明史·刘基传》说他"所为文章,气昌而奇",这一评价是中肯的。"气昌而奇"是刘基文章特色。"气昌"指刘基的文章说服力、感染力强。这首先表现在刘基的文章逻辑性强,论证严密,理由充足,比如《雷说》:

有夫耕于野,震以死。或曰:"畏哉,是获罪于天,天戮之矣。"刘子曰:"噫,诬哉!"

文章一开始就开门见山,旗帜鲜明地把两方的观点给提了出来,接着刘基指出天下各种各样的坏人"不为不多矣,岂司雷者有所畏乎,乃不一有戮,而庸夫乎戮焉?"。接着又进一步反诘对方:"雷所震者,大率多于木石,岂木石亦罪而震以威之耶?"这样层层深入,环环相扣,十分有力地驳斥了人受雷击是因为"获罪于天"的谬论,谬论宣扬者被击中要害,再无分辩的余地了。

刘基文章的"气昌"还表现于刘基对句式和文字的提炼和精心安排上。如:上述的《卖柑者言》,作者连用了几个语气词"乎""也""耶",交错运用,很有气势。接着又连用几个排比句式,干脆利落,蓄势而发。最后运用一个反问,上下脉气豁然贯通,便觉一气呵成,势不可挡。文章的叠词运用,如"洸洸""昂昂""巍巍""赫赫"也很为形象,增强了文章的"气昌"效果。

"气昌而奇"的"奇"应该理解为刘基善于驰骋想象,能将古代史实传说大胆改造,为我所用,从而推陈出新。如上述的《灵丘丈人·晋灵公好狗章》,就大胆地富有创造性地加入了"狗入市,取牛豕以食,饱则曳以归屠岸氏"的情节,采用拟人化手法,想象奇特,情节生动。再比如上述的《楚有养狙以为生章》就大胆改造了《庄子》"狙公赋粟"的寓言,只不过《庄子》里的众狙似乎还未觉醒,所以还被狙公"朝三暮四"的小术给蒙蔽着。而《郁离子》中的众狙却突然觉醒了,起来反抗,使得狙公"馁而死"。刘基为适应时代形势的变化,充分发挥自己的想象力,对古代史实传说进行了大胆改造,给"死去"的古代史实传说重新注入了新鲜的时代内容,这应该说是有积极意义的。

刘基还作过一些写景抒情散文,数量不多,以被羁管绍兴时所作的《游云门记》《出越城至平水记》《活水源记》《白云山舍记》为佳。刘基的写景抒情散文,表现手法细腻,讲究意境,如《松风阁记》描写风中之松的情景:"有声如吹埙箎,如过雨,又如水激崖石,或如铁马驰骋,敛槊相磨戛;忽又作草虫鸣切切,乍大乍小,若远若近。莫可名状。听之者,耳为之聪。"连用五个比喻,可见观察之深、刻画之细。读了这段文章,不禁令人想起柳宗元的写景散文名篇《小石潭记》。

五

刘基的诗文,在其身后获得了相当高的评价。在中国文学史上,刘基也占有一席重要的地位。《明史·刘基传》曰:"所为文章,气昌而奇,与宋濂并为一代之宗。"这一评价甚高。《四库全书总目·诚意伯文集提要》曰:"其诗沉郁顿挫,自成一家,足与高启相抗。其文闳深肃括,亦宋濂、王祎之亚。杨守陈谓:'子房之策不见辞章;玄龄之文仅办符檄,未见树开国之勋业而兼传世之文章如公者,公可谓千古人豪!'斯言允矣。"认为刘基诗歌可以与高启相媲美,而散文则可能排在宋濂、王祎之后。又同书《宋学士集提要》曰:"《刘基传》中又称'基所为文章,气昌而奇,与宋濂亦为一代之宗'。今观二家之集,濂文雍容浑穆,如天闲良骥,鱼鱼雅雅,自中节度;基文锋四出,如千金骏足,飞腾飘瞥,蓦涧注坡。虽皆极天下之选,而以德以力,则有间矣。"平心而论,四库馆臣对于刘基、宋濂两家文风特点的把握是比较准确的,只不过一定要比出伯仲来,则未免俗气了些。

另外的诗歌评论家对刘基的诗歌评价很高,比如王世贞《艺苑卮言》就认为明朝初年:"大约立赤帜者两家而已,才情之美,无过季迪;声气之雄,次及伯温。"沈德潜编《明诗别裁》,也尊刘基和高启。刘基诗歌入选二十首,高启诗歌入选二十一首,数量基本相等。其评刘基诗曰:"元代诗都尚辞华,文成独标高格,时欲追杜韩,故超然独胜,允为一代之冠。"这里讲的"高格",当是指思想内容的充实,以及诗歌沉郁苍凉的基调。沈德潜在品鉴诗歌艺术方面,常有一些精辟见解,这是大家公认的。他对刘基诗歌的评价,应该说是比较准确的。

综上所述,我们认为,刘基有文学思想,有诗文创作;并且从他的诗文创作来看,把他看作一代文豪,刘基是当之无愧的。

刘基的人才观

丽水市刘基文化研究会顾问　留葆祺

　　关于治国的人才观,习近平总书记认为,在中国正朝着"两个一百年"奋斗目标、实现中华民族伟大复兴的中国梦昂首迈进的背景下,中国要想在与世界各国特别是发达国家的激烈竞争中脱颖而出,必须"聚天下英才而用之"。

　　中国传统文化是中国人的思想智慧的结晶。明初名臣刘基就有对人才相关问题的阐发,主要集中体现在《郁离子》十八卷的《千里马第一》和《鲁般第二》两卷里。在这个讲述治国方略书籍之首就论及人才问题,可见刘基对人才问题的重视。《千里马第一》《鲁般第二》两卷各有侧重,却又不可分割,构成了刘基人才观一个非常完整的理论体系。

一、《千里马第一》

　　元朝武功之盛、疆域之广,实为古今所无。西扩,似乎是"十字军西征",打开了欧亚通道,这才有意大利马可·波罗远道来华,揭开了中欧文化交流新一页。

　　刘基《吊泰不华元帅赋》中的祭吊对象泰不华,原名穆巴拉沙,这就不由得让人想起现代埃及著名的总统穆巴拉克,应该属于同一族群。穆巴拉沙来华习四书五经,改名泰不华进士及第,文武双全，受到朝廷重用，效力军前，被方国珍所杀，战死沙场。刘基调入浙东元帅府，可能就是泰不华的下属。

在中外交流这一点上，元朝是做出了重大贡献的。

为什么这么一个全盛的大国不到百年（1279—1368）就走向灭亡？《千里马第一》反复指出，元朝推行种族歧视政策，扼杀人才，忠不见用，是亡国的主要因素。文中以马喻人，"天闲"为马至尊，喻蒙古人；"内厩"之马尊处优养，指色目人（西方，包括中亚，蓝眼睛称"色目"）；"外厩"之马指汉人，可供使唤。"不企是远者为散马"，指南人，只配传递走差。

刘基为"南人"，绝顶天才，只中进士，排在第二十六位。元朝科举分两榜，每科每榜五十人，蒙古色目榜考题浅显，所以穆巴拉沙汉学远不及汉人南人大儒，也能考中。

汉人南人中了进士，也只能在底层政权充当副职。刘基初任县丞，为新昌州命案主持出道，大受打击，被迫辞职。三十八岁当上省儒学副提举（教育厅副厅长，从七品）。调浙东元帅府参赞戎机两次立功，反而受羁押和降级处分。

可是蒙古人只要有"根脚"，就能担任各级政权正职。

不学无术，寡廉鲜耻，贪墨成风，这些人就是刘基痛心疾首称为"世胄昵近之都那竖"，大权落到这些人手中，政权焉得不亡！《千里马第一》主要立意，就是揭露元朝的用人标准，只问出身，人才受到严重摧残。国家因此昏乱而败亡，最后一句总结"王无马，天下萧然"。文章的主旨立意非常明显。七个字，多精练，多深刻，炉火纯青，有几人及得！

二、《鲁般第二》

起句开宗明义："鲁般之用材也，不问其所产，惟其良。"如果说，上篇是针砭时弊，严厉批判元政不修，扼杀人才，自取灭亡，那么，《鲁般第二》篇则从正面指出，为国有民者应和鲁般师父一样，识才、惜才、用材，"非液身而中空者，无所不收"。试看历朝历代，如汉文景、唐贞观、开元、天宝，清康乾，盛世之治，无一不是人才济济。反之，元政有如鲁庄公"筑郁之役才罢，延厩之作义兴"，是犹"庇兽以食人，几至家国不保"。

《鲁般第二》充满了孔子"尚贤"思想，尤其是直引墨子之语："无论农与工肆之人，不问其系放，不鄙其侧陋，惟其能。"否则，"贵而无位，高而无民，贤人在下而无辅，故动而有悔"（《论语》《系辞传》及《易·乾·文言》释"亢龙有悔"）。两卷论人才，可谓针锋相对！

三、结语

经济学致力于优化资源组合和资源利用率，以大力弥补资源稀缺性危机。而最为宝贵的人力资源，则无稀缺之虞，关键只在于如何更好地优化这一资源。共产党的领导已充分显示了这一优势。作为世界人口最多的泱泱大国，古往今来，从未见到教育如此发达，科技如此进步，把人才和民族复兴、人类命运与共创大业紧密联系在一起，只有共产党与全国人民心连心，才有今天雨后春笋般涌现的英才，成为立国之基、兴国之本，坚如磐石，谁能我敌！

从《天地之盗》看刘基思想的现代性意义

南京大学中国思想家研究中心教授　周　群

　　明武宗正德九年赐诰,称赞刘基"渡江策士无双,开国文臣第一"。刘基作为策士、文臣的形象妇孺皆知。其实刘基远不止是策士、文臣,他还是一位卓越的思想家。他的许多思想今天仍然具有生命力。如,生态问题是人类面临的一个现实的重大危机。文明发展与环境保护如何平衡,这是一个人类必须共同面对的问题。但遗憾的是,长期以来人类生态保护的意识十分薄弱。西方的工业化也是以自然环境的恶化为代价的。就中国而言,历代的诗词歌赋歌颂的多为获取自然的劳作,而很少有关于保护自然的论述。但六百多年前的刘基在《郁离子》中的《天地之盗》一组奇文,则提出了一系列颇具现代价值的思想。

　　《天地之盗》是《郁离子》中一组文章的名称,包含《天地之盗》《治圃》等七篇短文。其中,价值最著者概有三点。

　　首先,"人,天地之盗也"。人合理利用自然谓之"盗",强调了自然乃主位,人乃客位的价值定位。盗他人之物,不可反客为主,需要摆正位置。对天地自然需存敬畏之心,保护自然,当然是题中之意。"盗",乃是刘基在处理天人关系中的精要所在。"盗天"虽然借用自《列子·天瑞》,但列子说的是盗天无殃、盗人获罪。这与自然生态无关。因此"天地之盗",强调天地自然之主位,人为客位。人对天地自然应当怀有歉疚恭敬之心,乃刘基的独创。

其次，将保护自然与圣德相联系。《天地之盗》中说："唯圣人能知盗，执其权，用其力，攘其功而归诸己。""执其权"就是能掌握好生态尺度、分寸。意思是说，只有圣人才知道如何在保护好生态的前提之下盗天地，合理利用自然。刘基将合理利用自然与圣道相联系，将生态伦理纳入德行修养的系统之中，将生态保护与传统儒家的核心价值结合在一起。成德成圣，乃儒家思想重要的社会意义之所在。儒家以内圣外王为途径，实现经世的目的，孜求自然生命与道德生命的统一。儒家的功夫论就是明明德以成圣的学问，并以功令的形式，课训试子，教化民众，追慕圣道，已内化于民族心理之中的道德追求，是全民的自觉行为与共同的价值取向。而恪守自然生态伦理的情况则较为复杂，因为对自然的索取是个人趋利的本能行为，在逐利动能驱使之下，自然生态伦理很难成为人们的自觉行为。但个体追逐一时之利致使自然生态的破坏，最终必然会影响人类的生存环境，这也是自然伦理的内在逻辑。怎样使每个行为主体提高遵循自然规律的自觉意识？刘基采取将自然伦理置于成圣修养的传统意识之下，这使得鲜为传统学者注意，并且时常遭到严重破坏的生态平衡问题成为一个成圣修养的问题，从而使自然生态保护回归到道德践履的逻辑体系之中，生态保护成为人人所应争相为之的自觉意识。如果自然生态保护成为全民的共同意识，环境保护问题自然会得到解决。刘基"唯圣人能知盗"的思想，对于自然生态学具有重大的意义。

最后，依循生态伦理的逻辑，为民本思想立基。刘基屡屡依生态伦理的逻辑，主张与民休息，轻徭薄赋，以民为本。他提出善盗天地，目的是要"遏其人盗"。所谓"人盗"，就是通过重赋或战争等手段从他人那里获取财富。这也是刘基说"唯圣人能知盗"的根本原因。《天地之盗》中其他的几篇短文分别从不同的角度说明了"古人盗天地，利源不可穷。今人盗农夫，岁暮山泽空"（刘基《感怀》）的道理。他通过鲁国著名的清廉宰相公仪休对鲁穆公的一段话，基于圃人治圃"相其丰瘠，取其多而培其寡，不伤其根"的自然逻辑，提出了这样的建议："今君之有司取诸民不度，知取而不知培之,其生几何,而入于官者倍焉。圃匮也已,臣窃为君忧之。"《芈叔被黜》中通过楚王罢黜了课重税的芈叔,结果楚人大悦,三年而称霸诸侯的故事,说明了"剜王之股以啖王"的道理。可见,刘基"天地之盗"的最终目的,是要表达其民本思想。

刘基将自然保护与生民休息结合在一起,其生态学意义广及自然、社会领域。只有兼及社会学层面的意义,才能根本解决自然生态保护问题。刘基融会了孟、荀乃至道家学术而形成的浑一圆融的"天地之盗"思想,使中国古代天人合一思想臻于一个新的境界,从而在更加宏阔的视野中实现了天人的和谐共运,为生态自然观念赋予了新的内涵,具有重要的现代意义。其卓异的思想在中国思想史上别具风采,亟须彰显而光大之。

刘基的军事思想

中国人民解放军军事科学院战争理论
和战略研究部副主任、研究员　王　珏

　　刘基生于元武宗至大四年（1311），卒于明太祖洪武八年（1375），字伯温，浙江文成人。明正德八年加赠太师，谥文成。纵观刘文成公一生，其生在德厚之家，长有廉直之声，成就天命所在，死于性刚嫉恶。对照其本传，无一违背良心之事可述，当得起一个"正"字。《明史》本传云："高帝收揽贤豪，一时佐命功臣并轨宣猷。而帷幄奇谋，中原大计，往往属基，故在军有子房之称，剖符发诸葛之喻。"①刘基被后世奉为树开国之勋业而兼传世之文章的"王佐之才"，探索其军事思想，须放宽视野，综合考察。

一

　　考察刘基的家世门风，正史中的寥寥数笔没有提供足够的史料支撑，幸有《明开国翊运守正文臣资善大夫赠太师文成护军诚意伯刘公神道碑铭》（以下简称《碑铭》）保存着刘氏家族八代的沉浮史。《碑铭》云："文成刘公，其先丰沛人也，②后徙鄜延，名延庆

---

　　① 《明史·刘基传》，中华书局 1974 年版，第 3782 页。
　　② 刘光世祖父出生于后唐（971 年），二十七岁举进士（998 年举进士），在宋仁宗时期修成了首本汉家刘秀皇谱。

者,宋宣抚都统少保。厥子光世,以平方腊功,为兵马总管,高宗南渡,部兵以从,累官开府仪同三司、录尚书事,进太师、杨国公,因家临安。"①《碑铭》中暗示刘基的先祖出自西汉开国皇帝刘邦的家乡,近祖则为刘延庆。据《宋史》卷三五七《刘延庆传》记载,刘延庆是"保安军(今陕西志丹)人,世为将家",活跃在宋夏战争的最前线——鄜延。在靖康年间的开封之战中,与其长子刘光国兵败身死,次子刘光世为"南宋中兴四将"之一。② 据《宋史》卷三六九《刘光世传》所载,刘光世在徽宗时奉命镇压河南叛军,因功授承宣使,充任鄜延路马步军副总管。靖康初,率部戍边,败夏兵于杏子堡。金兵大举南侵,与韩世忠等共守江南,升司检校太保、殿前都指挥使,封杨国公。绍兴年间,为三京招抚处置使,率部抗金,后因朝廷主张议和被召回。绍兴七年(1137),引疾罢去兵权。去世后赠封太师,谥武僖,后追封鄜王,列七王之首。刘光世虽显贵,但后世史家给出的几乎是众口一词的差评:"光世早贵,其为大将,御军姑息,无兴复志,论者以此咎之。"③"南渡诸将以张(俊)、韩(世忠)、刘(光世)、岳(飞)并称,而俊为之冠。然夷考其行事,则有不然者。⋯⋯光世自恃宿将,选沮却畏,不用上命,师律不严,卒致郦琼之叛。迎合桧意,首纳军权,虽得善终牖下,君子不贵也。二人(刘光世、张俊)方之韩、岳益远矣。"④这或许正是《明史·刘基传》只字未提这位官位甚高的近祖的原因。

关于刘氏的族源,还存有另外一种可能性。据南宋绍兴年间曾出任中书舍人张嵲的推断:刘延庆的祖父可能就是刘绍能。据宋人《和众辅国功臣太保护国镇安保静军节度使刘光世故曾祖绍能可特追封鲁国公制》追记:"某故曾祖某天资鸷勇,辅之韬略,威

① 瞿景淳:《明开国翊运守正文臣资善大夫赠太师文成护军诚意伯刘公神道碑铭》,载《刘伯温集》,浙江古籍出版社 2011 年版,第 785 页。

② 史学家把宋高宗赵构建南宋王朝、初期抵御金军入侵的这段历史称为"中兴","中兴四将"是当时最著名的抗金将领:张俊、岳飞、韩世忠、刘光世。

③ 李心传:《建炎以来系年要录》,中华书局 1992 年版,第 2367—2368 页。

④ 《宋史》,中华书局 1977 年版,第 11494 页。

名震于敌邻,功绩藏于盟府。"①这与《宋史》所载刘绍能的事迹相吻合,并且,从《宋史·刘绍能传》中还可以发现刘绍能的党项族血统。②

刘氏这一支的迁徙路线,《碑铭》所记甚为明晰:"子尧仁,过丽水而乐之,遂徒其邑之竹洲。四传至集,又卜居青田之武阳,去县治者百五十里。"值得关注的是,刘光世的后人并不热衷仕途,而是选择了怡情山水的生活。从陕西宦居杭州,再迁丽水竹洲,到第四代刘集时,终于定居青田的武阳——"世所称南田福地也"。③

刘氏家族迁居的过程是多维、完整、生动的事件,若以更开阔、更长远的眼光观察,势必牵涉到影响中国历史至深的两大演进过程。一是气候变迁过程:从中国文明诞生之日起,在太平洋西岸广大地域范围内,年平均温度变化的总趋势是在震荡中下降。伴随气温的下降,南方原有的缺点——瘴疠和湖沼变得可以控制起来。相对温暖的气候、完善的植被和充裕的水资源已是南方的自然优势。截至目前,温度最低值出现在南宋初年,另外南宋末年和元末也是很接近最低的极值点,之后温度开始上升,但目前的平均气温只相当于五代中期,尚不足盛唐时期的温度,蒙宋的对决和明初定都南京,气候的影响不容忽视。二是经济文化重心南移的过程。从上古到秦汉时代,中国的经济中心一直稳定

①　张嵲:《紫微集》(卷十四),《文渊阁四库全书》(第 1131 册),台湾"商务印书馆"1986 年版,第 461 页。

②　张嵲通过《宋史·刘绍能传》推知,刘氏一族原为羌番,可能就是党项人。在北宋与西夏(西平)的战争中,北宋大量地起用了陕西当地亲宋的少数民族(谓之熟户)与西夏对抗,除了如折氏家族那样收入禁军之列外,还组织了地方性的蕃兵部队,这在《宋史·兵志五》(卷一九一)的"蕃兵"目下有所介绍。大致是按其部落编军事单位,首领为都军主、军主等,然后按其地域,合数部族为一都巡检所统领,同时各族首领是世袭的,正所谓"为首领者父死子继,兄死弟袭,家无正亲,则又推其旁属之强者以为族首,……其大首领,上自刺史,下至殿侍,并补本族巡检"。《刘绍能传》中提供了多条证据:(1)(刘绍能)"世为诸族巡检",此与蕃兵部落组织和官职相同。(2)刘怀忠"官内殿崇班、阁门祇候",此为蕃兵首领的阶官范围也相同。(3)"旧制,内属者不与汉官齿,至是,悉如之,仍以其子袭故职",此点指出刘家为内属者,与汉官相对,并且也是世袭,可知其应为番族。(4)"绍能世世将边,为敌所惮,每设疑以间之",西夏设间挑拨,大致只能用于党项人,否则也很难被人采信,更不用说屡次采用了,所以说刘家应为党项族人。

③　瞿景淳:《明开国翊运守正文臣资善大夫赠太师文成护军诚意伯刘公神道碑铭》,载《刘伯温集》,浙江古籍出版社 2011 年版,第 785 页。

在中原地区。从魏晋到南北朝时期，拉开了江南经济开发的序幕。虽然此时中国的经济重心仍在黄河流域，但是已经开始微微向东南倾斜。北方长期战乱，南方相对安定，南方充裕的地表径流汇聚成了以长江为代表的大江大河，成为战时抵御北方游牧民族的天堑。同时，多山的地形和植被的繁茂，为经济发展和多元文化的栖息生存提供相对安全的空间。唐代中叶的安史之乱和藩镇割据的影响，使黄河流域经济再次遭到严重破坏，导致全国的经济中心基本上转移到了长江流域的下游地区。五代十国期间，北方几乎平均每十年就要爆发一次大规模战争；两宋期间，与少数民族政权对峙，战争更是接连不断。北方大量人口为了躲避战乱而南迁，带去先进文化和先进技术。与此同时，南方学风日渐兴盛，历三国两晋南北朝、隋唐，尤其是北宋王朝灭亡之后，中国的文化中心和政治中心转移到江南地区。1127年的开封陷落和宋室南迁被视为标志性事件。在此后的七八百年间，开启了中国文化的"江浙时代"。学风盛行的江、浙、赣地区被誉为"人文渊薮"。刘氏定居的"南田福地"地处浙东，关于这方"福地"的风俗，《碑铭》给出颇具现场感的描述："俗尚俭朴，有唐风之遗焉。"这里葆有於越文化的固有特色，又融入了大量中原文化的因子，本土文化和移民文化"兼容并蓄"，造就出朴质而又开放的浙东文化。南宋叶适创立的注重经世致用的"永嘉学派"，便发轫于这一地域。

蓦然回首处，正是寻觅已久孜孜以求的福地。这里天清地宁，民风质朴。刘氏宗族"遂世定厥居，兢兢于仁义之训"。就这样，以军功显赫一时的将帅之门转而成为诗书传家的寻常人家，如此大的反差引人寻味。或许乃祖刘光世的"怯战"名声，使得他们羞于继续混迹于早已失序的南宋官场；但他们却从未沦落成耽于章句之学的腐儒。宋元交替之际，刘基的曾祖父刘濠展现出不同寻常的胆略与智慧，《碑铭》载：南宋末年，刘濠曾为"宋翰林掌书，益慈惠好施，每淫雨积雪，登高而望，里中有不举火者，即廪赈之"。最值得称道的事迹当推其保护乡里抗元壮士的义举。《明史》刘基本传便从此述起:"曾祖濠,仕为翰林掌书。宋亡,邑子林融倡义旅。事败,元遣使簿录其党,多连染。使道宿濠家,濠醉使者而焚其庐,籍悉毁。使者计无所出,乃为更其籍,连染者皆得免。"①又据《诚意伯刘公行状》(以下简称《行状》)载,刘基的祖父名庭槐字尚德,父亲名爚字如晦。刘爚曾官遂昌教谕,共有三子。元武宗至大四年(1311)夏历六月十五日,刘基出生,为刘爚次子。②

刘氏家族在反思中实现精神转向,宁可舍弃一场富贵,也要义无反顾地回归正途。有案可查的刘氏家族史,印证了刘氏良好家风的养成。"积善之家,必有余庆。"刘基长于德厚之家,在性格培育和思想启蒙的人生初期,大受其益。正如《行状》所云:年十四,入郡庠,从师受《春秋经》,人未尝见其执经读诵,而默识无遗。习举业,为文有奇气,决疑义皆出人意表。凡天文、兵法诸书,过目洞识其要。讲理性于复初郑先生,闻濂洛心法,即得其旨归,先生大器之,乃谓公父曰:"吾将以天道无报于善人,此子必高公之门矣。"《明史·刘基传》则惜墨如金:"其师郑复初谓其父爚曰:'君祖德厚,此子必大君之门矣。'"

二

刘基成长为浙东一带秀出于林的人物。他富于智慧,"博通经史,于书无不窥",③"学足勘探三才之奥,识足以达万物之情"。他性格刚正,"气足以夺三军之帅,以是自许,卓然立于天地之间,不知自视与古之豪杰何如也"④。刘基素有济世的抱负,虽生在黑暗的元季,仍坚持尽力"为其所可为"。且看他在《郁离子·千里

---

① 《明史》,中华书局 1974 年版,第 3777 页。
② 黄纪善:《诚意伯刘公行状》,载《刘伯温集》,浙江古籍出版社 2011 年版,第 775 页。
③ 张廷玉等:《明史》,中华书局 1974 年版,第 3777 页。
④ 徐一夔:《郁离子序》,载《刘伯温集》,浙江古籍出版社 2011 年版,第 840 页。

马》中的明志之语："昔者孔子以天纵之圣而不得行其道，颠沛穷厄无所不至，然亦无往而不自得。不为无益之忧以毁其性也。是故君子之生于世也，为其所可为，不为其所不可为而已。"①

元宁宗至顺三年（1332），刘基赴杭州参加浙江行省乡试，中第十四名举人。翌年，二十三岁的刘基赴大都（今北京）会试，中三甲第二十名进士。甚得侍讲学士揭文安公曼硕的赏识："此魏徵之流，而英特过之，将来济时器也。"②三年后，授江西瑞州府高安（今江西高安）县丞。到任后，刘基"发奸摘伏，不避强御"③，博得"廉直声"④。由于元的统治不脱游牧习气，制度设计粗放随意，始终处于草创阶段，其吏治环境更是混乱不堪。二十七岁时，刘基"为政严而惠爱，小民自以为得慈父，而豪右数欲陷之。时上下咸知其廉平，卒莫能害也"⑤。二十八岁时，仍为高安县丞，"新昌州有人命狱，府委公复检，案核得其故杀状，初检官得罢职罪，其家众倚蒙古根脚，欲害公以复仇。江西行省大臣素知公，遂辟为职官掾史，以谠直闻"⑥。元宁宗至元六年（1340），三十岁，因"与幕官议事不合，遂投劾去。隐居力学，至是而道益明"。三十八岁时，刘基为江浙行省儒学副提举、行省考试官。三十九岁，"建言监察御史失职事，为宪台所沮，则又投劾去"。九年之内两次投劾去职，恰恰是因为刘基过于刚正谠直。"为政严而惠爱""咸知其廉平""以谠直闻""至是而道益明"，从这些几乎是盖棺定论的评价中可以看到，"尝自任以天下之重"⑦的刘基，在逆境中愈挫愈勇。救助百姓小民，诚恳而慷慨。面对加害构陷，廉正而谠直。"为其所可为，不为其所不可为。"年届不惑的刘基没有对不公平

---

① 刘基：《刘伯温集》，浙江古籍出版社 2011 年版，第 2 页。

② 黄纪善：《诚意伯刘公行状》，载《刘伯温集》，浙江古籍出版社 2011 年版，第 775 页。

③ 瞿景淳：《明开国翊运守正文臣资善大夫赠太师文成护军诚意伯刘公神道碑铭》，载《刘伯温集》，浙江古籍出版社 2011 年版，第 787 页。

④ 《明史》，中华书局 1974 年版，第 3777 页。

⑤ 瞿景淳：《明开国翊运守正文臣资善大夫赠太师文成护军诚意伯刘公神道碑铭》，载《刘伯温集》，浙江古籍出版社 2011 年版，第 803 页。

⑥ 黄纪善：《诚意伯刘公行状》，载《刘伯温集》，浙江古籍出版社 2011 年版，第 775 页。

⑦ 吴从善：《郁离子序》，载《刘伯温集》，浙江古籍出版社 2011 年版，第 843 页。

命运的拷问,也没有对未来的担忧,而是胸怀更稳定的仁义之心,以更坚定的正直行为继续前行。

元朝的统治已陷入恶性循环的危途,"当是时,其君不以天下繁念虑,官不择人,例以常格处之,嚛不能有为"①。所谓"君之视臣为土芥,则臣视君为寇雠"(《孟子·离娄下》),元朝无视民心民意,将治下百姓分为四等,在这种金字塔形的社会结构中,下层人口基数大,离心力量强。更何况,元朝疆域广大,为实现有效治理,过于依赖暴力手段,愈依赖暴力手段,用事者愈颠顶暴虐,百姓对政权积怨愈深。刘基凭借敏锐的洞察力预言"十年后必有王者起其下"。然"时无能知者,惟西蜀赵天泽知公才器,以为诸葛孔明之流"②。

元宁宗至正十二年(1352),"方国珍起海上,掠郡县,有司不能制"。四十二岁的刘基被起用"为元帅府都事"。以牧民"政严而惠爱"著称的文官刘基,在天下动荡的重要时刻展现出卓越的军事才能:"已而南北绎骚,公慨然有澄清之志,藩阃方务治兵,辟公参赞,而公锐欲以功业自见,累建大议,皆匡时之长策。"③他在台州、温州一带参与戎事,并议筑庆元(今天浙江庆元)诸城拒敌。四十三岁,被辟为行省都事。刘基向上级建言,方国珍兄弟首乱,不诛无以惩后。"国珍惧,厚赂基。基不受。""国珍乃使人浮海至京,贿用事者。"上官便以"伤朝廷好生之仁,且擅作威福"的罪名相加,刘基受免职羁管绍兴的处分。诚所谓"贿赂公行,以失人心"。刘基之策未行,"是后方氏遂横莫能制,山越皆从乱如归"④。或许因为大才难以埋没,三年后,四十六岁的刘基复任行省都事,"招安山寇,使自募义兵。贼拒命不服者,辄擒诛之,略定其地"⑤。四十七岁,改任行枢密院经历,与行院判石抹宜孙守处州。至正

---

① 徐一夔:《郁离子序》,载《刘伯温集》,浙江古籍出版社 2011 年版,第 840 页。
② 黄纪善:《诚意伯刘公行状》,载《刘伯温集》,浙江古籍出版社 2011 年版,第 776 页。
③ 徐一夔:《郁离子序》,载《刘伯温集》,浙江古籍出版社 2011 年版,第 840 页。
④ 黄纪善:《诚意伯刘公行状》,载《刘伯温集》,浙江古籍出版社 2011 年版,第 776 页。
⑤ 黄纪善:《诚意伯刘公行状》,载《刘伯温集》,浙江古籍出版社 2011 年版,第 776—777 页。

十八年(1358),四十八岁,因功升行省郎中。"时经略使李谷凤奏守臣功绩,而执政者皆右方氏,遂抑公功,仅由儒学副提举格授处州总管府判",且不与兵事。"诸将闻是命下,率皆解体至。"刘基拜敕曰:"臣不敢负国,今无所宣力矣。"①遂弃官归里,发愤著书。不妥协,不屈从,刘基经受得起任何物质财富或个人利益的诱惑,没有什么会蒙蔽他的眼睛,封闭他的思想,冻结他的热情。屏居青田山时,"义从者俱畏方氏残虐",②"争依基,基稍为部署,寇不敢犯"③。

三

元宁宗至正十九年(1359),刘基四十九岁,隐居家乡南田,著《郁离子》,"以待王者之兴"。他对元的统治产生了深深的失望:"今天下无可徙之地可蛰之土矣,是为人而不如虫也。《诗》不云乎:'匪鹑匪鸢,翰飞戾天;匪鳣匪鲔,潜逃于渊。'言其无所往也。吾何为而不忧哉?"在心忧天下的思虑中,期待引领时代航船的"舵工"应运而生:"郁离子忧,须麋进曰:'道之不行,命也。夫子何忧乎?'郁离子曰:'非为是也,吾忧夫航沧溟者之无舵工也。夫沧溟波涛之所积也,风雨之所出也,鲸、鲵、蛟、蜃于是乎集,夫其负锋铤而含铓锷者,孰不有所俟? 今弗虑也。旦夕有动,予将安所适乎?'"④有人劝说刘基登高一呼,成就一番越王勾践的事业:"今天下忧忧,以公才略,据括苍,并金华,明越可折简而定,方氏将浮海避公矣。因画江守之,此勾践之业也。舍此不为,欲悠悠安之乎?"他却笑答:"吾平生忿方国珍、张士诚辈所为,今用子计,

---

① 瞿景淳:《明开国翊运守正文臣资善大夫赠太师文成护军诚意伯刘公神道碑铭》,载《刘伯温集》,浙江古籍出版社2011年版,第788页。

② 黄纪善:《诚意伯刘公行状》,载《刘伯温集》,浙江古籍出版社2011年版,第777页。

③ 《明史》,中华书局1974年版,第3778页。

④ 刘基:《刘伯温集》,浙江古籍出版社2011年版,第2页。

与彼何殊耶？天命将有归，子姑待之。"不久，朱元璋所部"下金华，定括苍，公乃大置酒，指天象谓所亲曰：'此天命也，岂人力能之耶？'"①。这里妄自猜度一下刘基所言透露的信息：一是作为"有所为有所不为"的刚正君子，不愿效仿方国珍、张士诚辈，做割据一方的乱世枭雄。二是基于对天下大势的冷静观察，认为"天命"将归于朱元璋。那么，天命何所在？就在掌握"胜天下之道"的人手中："或问胜天下之道，曰：'在德。'何从胜德？曰：'大德胜小德，小德胜无德；大德胜大力，小德敌大力。力生敌，德生力；力生于德，天下无敌。故力者胜，一时者也，德愈久而愈胜者也。夫力非吾力也，人各力其力也，惟大德为能得群力，是故德不可穷，而力可困。'"②此时，朱元璋"闻基及宋濂等名，以币聘"③。刘基并未即刻回应。然"圣人与时偕行，时未至而为之，谓之躁；时至而不为之，谓之陋"。深思熟虑之后，刘基"决计趋金陵，众疑未决。母夫人富氏曰：'自古衰乱之世，不辅真主，讵能获万全计哉？'众乃定。或请以兵从，公曰：'天下之事在吾与所辅者尔，奚以众为？'"④临行前，刘基"悉以众付其弟升，并家人参掌之，曰：'善守境土，毋为方氏得也。'"⑤

自1360年至1364年，刘基秉持内圣外王之道，挥洒经文纬武之才，立下稀世之功。嘉靖年间论定的主要事迹是："金陵谒帝，动中机宜。观其陈天命之有在，斥伪主为不足事；舍安庆而径拔九江，款士诚而急攻友谅：江南大势，已定于此。"⑥（《碑铭》所录明嘉靖年间礼、兵二部议）以下分述之：

第一，金陵谒帝，动中机宜。元宁宗至正二十年（1360），刘基

---

① 黄纪善：《诚意伯刘公行状》，载《刘伯温集》，浙江古籍出版社2011年版，第777页。
② 刘基：《刘伯温集》，浙江古籍出版社2011年版，第11页。
③ 《明史》，中华书局1974年版，第3778页。
④ 黄纪善：《诚意伯刘公行状》，载《刘伯温集》，浙江古籍出版社2011年版，第777页。
⑤ 瞿景淳：《明开国翊运守正文臣资善大夫赠太师文成护军诚意伯刘公神道碑铭》，载《刘伯温集》，浙江古籍出版社2011年版，第788页。
⑥ 瞿景淳：《明开国翊运守正文臣资善大夫赠太师文成护军诚意伯刘公神道碑铭》，载《刘伯温集》，浙江古籍出版社2011年版，第793页。

五十岁。朱元璋遣人"固邀之",刘基与另外三名浙东名士宋濂、章溢、叶琛赴金陵(今江苏南京)。刘基善用正智,他以道义的尺度测量生命价值,对自身精神和行为的把握则游刃有余,正如《郁离子·千里马》所云:"夫人之用智者亦犹是也。夫智人出也,善用之。犹山之出云也;不善用之,犹火之出烟也。韩非囚秦,晁错死汉,烟出火也。"①在他看来,万事万物犹如风中的云彩变幻不定,唯有一颗至正的心不变。初见朱元璋,刘基献上远猷正略——《时务十八策》,《明史·刘基传》载:"公生平刚毅,慷慨有大节。每论天下安危,则义形于色。与人交,洞见肺腑,对义所不直,无少假借。虽亲之者以此,而忌之者亦以此。惟上察其至诚,任以心膂。"以此备受朱元璋礼遇,"留帷幄,预机密谋议"。刘基"以为不世之遇,知无不言,每遇急难,勇气奋发,计画立就,侪辈莫能测也。暇则敷陈王道。帝每恭己以听,常呼为老先生而不名,曰:'吾子房也。'又曰:'数以孔子之言导予。'"②

第二,陈天命之所在,斥伪主不足事。1360年5月,陈友谅引兵进攻建康(今江苏南京),朱元璋部属"或谋以城降;或以钟山有王气,宜奔据之;或欲决死一战,不胜而走"。刘基竭力主战,"奋曰:'先斩主降议及奔钟山者,乃可破贼耳。'上曰:'计将安出?'公曰:'如臣之计,莫若倾府库、开至诚以固士心。且天道后举者胜,宜伏兵伺隙击之。取胜胜敌、以成王业者,在此时也。'"朱元璋遂用刘基"诚固士心,后发制人"的正谋,大败陈友谅军。元宁宗至正二十一年(1361)岁首,众将奉小明王,以正月朔旦行礼。刘基以为"枭食梧桐之实,不可以易其性而为凤"。"诟曰:'彼牧竖尔,奉之何为!'遂不拜。"③随后见朱元璋,陈天命所在,有德者居之,劝其自成局面。

第三,图大计宜先攻强,舍安庆径拔九江。当其时,陈友谅据

---

① 刘基:《刘伯温集》,浙江古籍出版社2011年版,第9页。

② 《明史》,中华书局1974年版,第3782页。

③ 黄纪善:《诚意伯刘公行状》,载《刘伯温集》,浙江古籍出版社2011年版,第777—778页。

湖广,张士诚据浙西。众以为苏、湖地肥饶,欲先取张士诚。朱元璋"问征取计,基曰:'士诚自守虏,不足虑。友谅劫主胁下,名号不正,地据上流,其心无日忘我,宜先图之。陈氏灭,张氏势孤,一举可定。然后北向中原,王业可成也。'"刘基的谋议要点有二:一是"士诚自守虏,不足虑。友谅劫主胁下,名号不正",均不能成大事;二是从江南全局计,应先攻强后击弱,规避了腹背受敌的危险。太祖听后大悦曰:"先生有至计,勿惜尽言。"计定而后战,朱元璋出师攻安庆,"自昏达旦不拔"。刘基建议避实击虚,"舍坚城而径拔江州(今江西九江),遂平江州"。陈友谅所属洪都(今江西南昌)守将遣子约降,"请勿散其部曲。太祖有难色"。刘基自后踢朱元璋所坐胡床,示意应临机权变,顺势纳降。"太祖悟,许之。美降,江西诸郡皆下。"①

第四,平金华、括苍苗军,宣威德方氏纳贡。元宁宗至正二十二年(1362),刘基五十二岁。苗民在金华、括苍(今浙江丽水东南)一带谋反,杀守将胡大海等,浙东摇动。衢州"亦谋城应之",守将计无所出。适逢刘基回乡葬母,途经此地,入衢州城,一夕而定。随即向金、处属邑发布文告,"谕以固守所部",遂与当地官兵平复叛乱,苗帅就擒。声势所及,盘踞在浙东的方国珍深感畏惧,数次遣人向刘基示好。刘基开始不假以辞色,后奉朱元璋之命,宣示威德,方氏遂纳土入贡。其间,朱元璋"数以书及家,访军国事",刘基则"条答悉中机宜"。②

第五,守建德追击张士诚,从征鄱阳灭陈友谅。元宁宗至正二十三年(1363),刘基五十三岁,奉诏回京途经建德(今浙江建德),适逢张士诚军来犯。守将"欲奋击之,公乃使勿击,曰:'不出三日,贼当自走,追而击之,此成擒也。'比三日黎明,公登城望之,曰:'贼走矣。'众见其壁叠旗帜皆如故,且闻严鼓声,疑莫敢轻动。公趣使疾进兵,至则皆空矣;击鼓者,乃所掠老弱耳。遂穷追贼,

① 《明史》,中华书局 1974 年版,第 3778 页。
② 《明史》,中华书局 1974 年版,第 3779 页。

逃走至东阳(今浙江东阳),悉擒之以还"。二月,张士诚军围安丰(今江苏南京东),小明王来请救兵。刘基认为,如果"汉(陈友谅军)、吴(张士诚军)伺隙",直攻应天(今江苏南京),那么朱元璋将处于东西夹攻、进退失据的不利处境。故试图谏止,曰:"不宜轻出。"朱元璋不听,亲援安丰。陈友谅乘间围洪都,太祖曰:"不听君言几失计。"遂自帅将救洪都。朱元璋军与陈友谅军大战鄱阳湖。"一日数十接,太祖坐胡床督战,基侍侧。忽跃起大呼,趣太祖更舟,太祖仓卒徙别舸,坐未定,正炮击旧所御舟,立碎。友谅乘高见之,大喜。而太祖舟更进,汉军皆失色,时湖中相持三日未决。"①经过一个多月的对峙,陈友谅被困湖中,军粮殆尽,计穷力竭,于是孤注一掷,冒死突围。刘基等人请移重兵扼守住湖口(今江西湖口),以金木相犯日决胜。陈友谅军遭受舟师、火筏四面猛攻,无法前进。在退走途中,又遭伏兵阻击,左冲右突,打不开生路。陈友谅中箭而死,军队溃败。

第六,谋定中原拓土西北,立法定制图治天下。元宁宗至正二十四年(1364),刘基五十四岁。朱元璋即吴王位。《行状》载:"上还京,定计取张士诚,因定中原,拓土西北,公密谋居多。上或时至公所,屏人语,移时乃去,虽至亲密,莫知其由。"②元宁宗至正二十五年(1365),五十五岁,在建康仍参与军机。七月,为太史令。元宁宗至正二十七年(1367),刘基五十七岁,为御史中丞,奏请立法定制,与李善长等一起定律令。十一月,上《戊申大统历》。十二月,《律令》成。刘基深知立法定制对于治国理政的重要性:"治天下者其犹医乎?""是故知证知脉而不善为方,非医也,虽有扁鹊之识,徒哓哓而无用;不知证不知脉,道听途说以为方,而语人曰我能医,是贼天下者也。故治乱证也,纪纲脉也,道德、政刑方与法也,人才药也。""其方与证对,其用药也无舛,天下之病有

---

① 《明史》,中华书局 1974 年版,第 3779 页。
② 黄纪善:《诚意伯刘公行状》,载《刘伯温集》,浙江古籍出版社 2011 年版,第 779 页。

不瘳者鲜矣。"①明太祖洪武元年(1368),刘基五十八岁,任太史院使、御史中丞;复兼太子率更令,奏立军卫法。三月,改太子赞善大夫。明太祖朱元璋特许青田粮税按宋制起科,较处州其他县低,意在"让伯温乡里世世为美谈也!"②。

四

刘基终助朱元璋得天下而牧之。明太祖洪武元年(1368)四月,朱元璋临幸汴梁,刘基与左丞相李善长留守京师。刘基实律法之人,深知"行法有道,本之以德政,辅之以威刑,使天下信畏",③指出"宋、元宽纵失天下,今宜肃纪纲"。他督促御史加强纠劾,无所回避,即便宿卫宦侍中有过错者,也要上报皇太子,并绳之以法,朝廷上下均畏惧其执法严明。"中书省都事李彬坐贪纵抵罪",平素与他过从甚密的李善长要求缓办此案。刘基不愿枉法,差人驰奏皇上,得到批复许可后,随即处斩李彬。从此,与李善长结怨。朱元璋回京后,李善长告发刘基在祭祀的坛壝下行刑,对天地不敬。许多怨恨刘基的人也乘机交相潜毁。

由于天旱成灾,朱元璋向大臣征询建言和对策。刘基以挽救苍生为念,上奏:"士卒物故者,其妻悉处别营,凡数万人,阴气郁结。工匠死,胔骸暴露,吴将吏降者皆编军户,足干和气。"朱元璋听取刘基的意见,然天不从人愿,"旬日仍不雨,帝怒"。这个时候,刘基的妻子不幸去世,其便向朝廷申请告归治丧。当时,新晋皇帝朱元璋面对两大难题:一是在家乡(今安徽凤阳西北)营建方营中都,工程浩大,旷日持久;二是元朝残余势力王保保(扩廓帖木儿)部在西北盘踞,觊觎中原,亟待清剿。刘基临行前,仍不忘

---

① 刘基:《刘伯温集》,浙江古籍出版社 2011 年版,第 7 页。
② 《明史》,中华书局 1974 年版,第 3780 页。
③ 刘基:《刘伯温集》,浙江古籍出版社 2011 年版,第 78 页。

为大明的江山稳固运筹谋划,奏曰:"凤阳虽帝乡,非建都地。王保保未可轻也。"朱元璋对刘基的劝谏无动于衷,而此后发生的一切都在证实刘基的远见。明太祖洪武三年(1370),"扩廓(王保保)竟走沙漠,迄为边患"。洪武五年(1372)大破明军于漠北。洪武八年(1375),参与营建中都的工匠不堪其苦,在凤阳宫殿下诅咒,朱元璋将工匠杀得仅存千余人。当年四月不得不以"劳费"为由,放弃了建都凤阳的计划。

洪武元年(1368)冬,朱元璋"手诏叙基勋伐,召赴京,赐赉甚厚,追赠基祖、父皆永嘉郡公"。又数次欲为刘基晋爵,刘基固辞不受。朱元璋准备责黜宰相李善长,知刘基有识人之明,曾征询他的意见。刘基表示反对:"'善长勋旧,能调和诸将。'基顿首曰:'是如易柱,须得大木。若束小木为之,且立覆。'及善长罢,帝欲相杨宪。宪素善基,基力言不可,曰:'宪有相才无相器。夫宰相者,持心如水,以义理为权衡,而已无与者也,宪则不然。'帝问汪广洋,曰:'此褊浅殆甚于宪。'又问胡惟庸,曰:'譬之驾,惧其偾辕也。'帝曰:'吾之相,诚无逾先生。'基曰:'臣疾恶太甚,又不耐繁剧,为之且孤上恩。天下何患无才,唯明主悉心求之,目前诸人诚未见其可也。'"[1]此次君臣间的问对之后,李善长罢相,杨宪、汪广洋及胡惟庸先后拜相,但又相继被朱元璋诛除。中国历史上的宰相制度,至朱元璋时废止,是否起于刘基的"相才相器"之论,亦未可知。

明洪武三年(1370)十一月大封功臣,刘基被封诚意伯。第二年,"赐归老于乡"。史载,刘基"至是还隐山中,惟饮酒弈棋,口不言功"[2]。虽韬晦如此,仍难免遭受诬谮,这或许是刘基的宿命。关于用智的窘境,刘基曾有高论:"人有智而能愚者,天下鲜哉。夫天下鲜不自智之人也,而不知我能,人亦能也。人用智而偶获,遂以为我独,于是乎无所不用。及其久也,虽实以诚行之,人亦以为用智也,能无穷乎?故智而能愚,则天下之智莫加焉。""故智不

① 《明史》,中华书局1974年版,第3780页。
② 《明史》,中华书局1974年版,第3781页。

自智,而后人莫与争智。辞其名,受其实,天下之大智哉!"(《郁离子·羹藿》)①"虽实以诚行之,人亦以为用智也!"《郁离子》中的一句话竟成了谶言! 归老之后,刘基不忘报效大明的初心,令长子刘琏上奏朝廷,请求在瓯、括之间有盐盗聚集的隙地——谈洋设巡检司。"胡惟庸方以左丞掌省事,挟前憾,使吏讦基,谓谈洋地有王气,基图为墓,民弗与,则请立巡检逐民。"这引起朱元璋的格外猜忌,"虽不罪基,然颇为所动,遂夺基禄"②。明洪武六年(1373)七月,刘基满怀恐惧入朝谢罪。滞留在京城,不敢归。直到明洪武八年(1375)正月,宰相胡惟庸"以医来视疾,饮其药二服,有物积腹中如卷石"③。刘基将病情呈报,朱元璋"亦未之省也"。三月,刘基病笃归乡。四月十六日,卒。"其后中丞涂节首惟庸逆谋,并谓其毒基致死云。"④

刘基之死,死于专制皇权的加害,死于"料事如神""人莫能测"引起了朱元璋的戒惧之心,诚所谓其始成于用智,亦终毁于智。关于用智的窘境,刘基曾自言:"人有智而能愚者,天下鲜哉。夫天下鲜不自智之人也,而不知我能,人亦能也。人用智而偶获,遂以为我独,于是乎无所不用。及其久也,虽实以诚行之,人亦以为用智也。"⑤刘基之死,亦死于"性刚嫉恶""与物多忤"。蝇营狗苟之事,非不知也,实不能为也。刘氏后人告别了近祖刘光世,也就远离了怯懦和迎合。这不是书生意气,这是一种精神、一种人格、一种品德,更是浙东文化、浙江文化,乃至中国文化的最紧要处。

"天地四方曰宇,往古来今曰宙。"⑥天地四方是三维世界,往古来今是第四维。刘基得益于前贤和他者的经验,恪守着内心崇高的道德法则。同时,他思想的触角能够探入多维之境,神游物外,心骛八极,以某些来自天启的体验,引导我们仰望星空。

① 刘基:《刘伯温集》,浙江古籍出版社 2011 年版,第 77 页。
② 刘基:《刘伯温集》,浙江古籍出版社 2011 年版,第 799 页。
③ 《明史》,中华书局 1974 年版,第 3781 页。
④ 《明史》,中华书局 1974 年版,第 3781 页。
⑤ 刘基:《刘伯温集》,浙江古籍出版社 2011 年版,第 77 页。
⑥ 尸佼:《尸子》,华东师范大学出版社 2009 年版,第 37 页。

五

　　刘基本传有两句定性之语。其一是："西蜀赵天泽论江左人物，首称基，以为诸葛孔明侪也。"其二是："暇则敷陈王道。帝每恭己以听，常呼为老先生而不名，曰：'吾子房也。'"时至清代，有论者举证刘基与诸葛亮、张良二人的异与同，在对比中辨识出刘基独擅胜场之处在于"引君当道"，给出的评语是："三代而下人才卓荦者莫若子房、孔明……尚论明刘文成，具择主之哲与子房同，怀拨乱之志与孔明同。每遇急难，勇气奋发，计画立就，亦与子房、孔明无异。然愚以为如先生者，人但知其有过人之才与智，不知其有过人之学；但疑其为诞、为神，而不知其皆本乎道也。常闻高皇帝之称先生也。""嗟乎！先生之引君当道，勤勤恳恳如此，此子房、孔明之所未有也。"

　　关于张良的治军用兵之道，太史公曰："学者多言无鬼神，然言有物，至如留侯所见老父予书，亦可怪矣。高祖离困者数矣，而留侯常有功力焉，岂可谓非天乎？上曰：'夫运筹帷幄之中，决胜千里之外，吾不如子房。'余以为其人魁梧奇伟，至见其图，状貌如妇人好女。盖孔子曰：'以貌取人，失之子羽。'留侯亦云。"观张良以太公兵法助刘邦的事迹，甚感智谋不正不能得天下。再看刘基为人："虬髯，貌修伟，慷慨有大节，论天下安危，义形于色。""以纯粹之学，王佐之才"，殚谋戮力，奉翊明太祖。论者所谓"先生之引君当道，勤勤恳恳如此，此子房、孔明之所未有也"之语，分明要将二人判个高下。其实，"引君当道"之事，张良又何尝不竭力为之，只不过，太史公见"所与上从容言天下事甚众，非天下所以存亡，故不录"而已。诚意伯刘基与留侯张良所学深邃，各有所长。同为正道中人，不必厚此而薄彼。

　　关于诸葛亮的治军用兵之道，深谙军事的李靖堪称解人："诸葛亮七擒孟获，无他道也，正兵而已矣。"何谓正兵？李靖认为:"臣按兵法,自黄帝以来,先正而后奇,先仁义而后权谲。""师以义举者,正也。"有论者解释为"采用正常战法进行军事行动的军队",未必道尽唐太宗、李靖君臣所言的全部含义。既然用"正兵"的要旨在于"先仁义而后权谲";具体言之,就是因仁义而得民心,因得民心而气壮,因气壮而计出无穷。那么,"正兵"更应是伐侵凌、制暴虐、和百姓、安天下的正义之兵。善用"正兵"近于古人所重的高远境界。若以刘基军事思想与之对比,大致相类。

刘基的历史定位,生前已大致明确。明太祖《洪武三年七月诚意伯诰》曰:"于戏! 尔乃能识朕于初年,秉心坚贞,怀才助阵,屡献忠谋,驱驰多难,其先见之明,比之古人,不过如此。"①尘埃落定之时,自有更为公允的评价基调。明正德九年(1514),朝廷追赠刘基为太师,谥文成,其诰书曰:"慷慨有志,刚毅多谋,学为帝师,才成王佐。""渡江策士无双,开国文臣第一。"②嘉靖十年(1531)的《礼部会议》又给予刘基莫高的褒扬:"则太祖之于基,固以伊、吕视之。"③至此,刘基之名和他的卓越事功注定永照汗青!令人遗憾的是,除去来历可疑的《百战奇略》外,这位"王佐之才"亲手撰写的军事文献,诸如《时事十八策》《军卫法》《条答明太祖所问天象事》《临终遗表》,已难睹其真貌。但根据现有的史料,仍可将刘基军事思想的基本特征概括为"忠谋"和"正略"。

(一)忠谋系于天下苍生

《汉书·艺文志·兵书略》胪列"兵书五十三家,七百九十篇,图四十三卷"。再分为四家:"权谋者,以正守国,以奇用兵,先计而后战,兼形势,包阴阳,用技巧者也。""形势者,雷动风举,后发而先至,离合背乡,变化无常,以轻疾制敌者也。""阴阳者,顺时而

---

① 《洪武三年七月诚意伯诰》,载《刘伯温集》,浙江古籍出版社 2011 年版,第 818 页。
② 《资善大夫、都察院左都御使、兼吏部尚书臣詹徽宣奉赠谥太师文成诰》,载《刘伯温集》,浙江古籍出版社 2011 年版,第 818 页。
③ 《礼部会议》,载《刘伯温集》,浙江古籍出版社 2011 年版,第 822 页。

发,推刑德,随斗击,因五胜,假鬼神而为助也。""技巧者,习手足,便器械,积机关,以立攻守之胜者也。"①比照刘基的一生事迹,可归为兵权谋之属。然世间喜谈星象经纬之学、阴阳风角之说、观云望气之术者,又推刘基为兵阴阳家。史籍中有关的记载颇多,择其要者胪列如下:

《明史·刘基传》载:"(刘)基博通经史,于书无不窥,尤精象纬之学。"

《行状》载:"年十四,入郡庠,从师受《春秋经》,人未尝见其执经读诵,而默识无遗。习举业,为文有奇气,决疑义皆出人意表。凡天文、兵法诸书,过目洞识其要。讲理性于复初郑先生,闻濂洛心法,即得其旨归。"

《碑铭》载:"尝游燕京,间阅书肆天文书,翊日背诵如流,其人大惊,欲以书授公,公曰:'此已在我胸中矣。'"

《行状》载:刘基"尝游西湖,有异云起西北,光映湖水中。时鲁道原、宇文公谅诸同游者皆以为庆云,将分韵赋诗,公独纵饮不顾,乃大言曰:'此天子气也,应在金陵,十年后,有王者起其下,我当辅之。'时杭城犹全盛,诸老大骇,以为狂,且曰:'欲累我族灭乎?'悉去之。"②

《明史·刘基传》载:"基请移军湖口扼之,以金木相犯日决胜,友谅走死。"

《行状》载:"公为太史令,一日见日中有黑子,奏曰:'东南当失一大将。'时参军胡深伐福建,果败没。"

《明史·刘基传》载:"吴元年,以基为太史令,上《戊申大统历》。荧惑守心请下诏罪己。大旱,请决滞狱。即命基平反,雨随注。因请立法定制,以止滥杀。太祖方欲刑人,基请其故,太祖语之以梦。基曰:'此得土得众之象,宜停刑以待。'后三日,海宁降。太祖喜,悉以囚付基纵之。"

① 班固:《汉书》,中华书局 1962 年版,第 1758—1762 页。
② 刘基:《刘伯温集》,浙江古籍出版社 2011 年版,第 776 页。

《洪武三年七月诚意伯诰》载:"朕提师江左,兵至括苍,尔基挺身来谒于金陵,归谓人曰:'天星数验,真可附也,愿委身事之。'于是乡里顺化。基累从征伐,睹列曜垂象,每言有准,多效劳力,人称忠洁,朕资广闻。"

《行状》载:洪武三年八月,"上使克期以手书问天象事,公悉条答。书奏,上悉以付史馆。其书稿并已前奏请诸稿,公皆焚之,莫能得其详也"。

《明史·刘基传》载:"顾帷幄语秘莫能详,而世所传为神奇,多阴阳风角之说,非其至也。"

《行状》载:刘基归乡后,"每天象有大变,则累日不乐。凡公以天下苍生休戚为忧喜者,即此可知矣"。

《行状》载:"公未薨前数日,乃以天文书授琏,使伺服阙进,且戒之曰:'勿令后人习也。'"

阅读以上文字,平添了几分神秘印象。然刘基确乎深谙天人相应之道,曾云:"天地之呼吸,吾于潮汐见之;祸福之素定,吾于梦寐之先兆见之;同声之相应,吾于琴之弦见之;同气之相求,吾于铁与磁石见之;鬼神之变化,吾于雷电见之;阴阳五行之消息,人命系其吉凶,吾于介鳞之于月见之;祭祀之非虚文,吾于豺獭见之;天枢之中,吾于子午之针见之;巫祝之理不无,吾于吹蛊见之;三辰六气之变有占而必验,吾于人之脉色见之,观其著以知微,察其显而见隐,此格物、致知之要道也。不研其情,不索其故,梏于耳目而止,非知天人者矣。"①如果深究起来,其中还埋藏有发人思考的信息。刘基一生所有涉及"兵阴阳"的"枝枝叶叶",总与世间的疾苦关情。其解释的方向唯有宽济天下百姓,"凡公以天下苍生休戚为忧喜者,即此可知矣"②。刘基曾云:"夫智人出也,善用之。犹山之出云也;不善用之,犹火之出烟也。"③心之所系若不在

---

① 刘基:《刘伯温集》,浙江古籍出版社 2011 年版,第 75—76 页。
② 黄纪善:《诚意伯刘公行状》,载《刘伯温集》,浙江古籍出版社 2011 年版,第 783 页。
③ 刘基:《刘伯温集》,浙江古籍出版社 2011 年版,第 9 页。

于天下苍生,知天象,通阴阳,又有何用? 刘基"以儒者有用之学,辅翊治平,而好事者多以谶纬术数妄为傅会。其语甚诞,非深知基者"。[①] 他唯恐后世居心不良善之辈得其所学,有意曲解,用作他途。又怕无慧根之人,无意之中迷信迷解,误入歧路。每每将条奏天象的手稿,付之一炬。临终之际,还将天文书付与乃子,并告诫:"勿令后人习也。"他反对任何超越人事和脱离人心的问卜:"天道何亲,惟德之亲;鬼神何灵,因人而灵。夫蓍枯草也,龟枯骨也,物也,人灵于物者也,何不自听而听于物乎?"[②] "人事有代谢,往来成古今。"征伐大计应该问天地鬼神,还是问古今人事? 唐太宗回答是:"朕思,凶器无甚于兵者,行兵苟便于人事,岂以趋避为疑? 今后诸将有以阴阳拘忌失于事宜者,卿当叮咛戒之。"[③]

(二)正略本乎道德仁义

中国历史上不乏此类王佐之才,唐初李卫公靖尝将其分为三等。一等是知"道"之才,"至微至深,《易》所谓聪明睿智神武而不杀者是也"。二等是知"天地"之才,"能以阴夺阳,以险守易,孟子所谓天时地利者是也"。第三等是知"将法"之才,"在乎任人利器,《三略》所谓得士者昌,管仲所谓器必坚利者是也"。前二者可视为"王佐之才":"若张良、范蠡、孙武脱然高引,不知所往,此非知道,安能尔乎? 若乐毅、管仲、诸葛亮,战必胜,守必固,此非察天时地利,安能尔乎?"[④] "王佐之"才的境界有别,而其共性在于发谋定计皆本乎道德仁义。

若寻绎其根系本源。军事斗争是人类最早的实践活动,也是最重要的实践活动之一。人类智力初开时,便启动军事认识的历程,至今不绝。战争带来的思考是:如果打败对方的同时,己方也有损失,杀敌一千自损八百,难道不是灾难? 有一批高明的人出

① 《明史》,中华书局 1974 年版,第 3792 页。
② 刘基:《刘伯温集》,浙江古籍出版社 2011 年版,第 53 页。
③ 吴如嵩、王显臣:《李卫公问对校注》,中华书局 2016 年版,第 72 页。
④ 吴如嵩、王显臣:《李卫公问对校注》,中华书局 2016 年版,第 93—94 页。

来了。以传说时代的大禹为代表,"禹合诸侯于涂山,执玉帛者万国"(《左传·哀公七年》)。在流血中提高认识,悟出兵学的高阶智慧:不流血让敌对力量臣服。这种智慧薪尽火传,生生不息,催生兵学智慧逐渐向高阶迈进。在漫长时间里,军事经验的积累将军事认识推进到人类认识的最顶端。先贤们逐渐认识到军事关乎至高至上的生命权,必须用最高智慧来应对。军事认识的最高境界解决的是"为谁而战的问题",不是"不战屈人之兵",更不是"以战止战",而是为生存而战,为正义而战,为天道人心而战!至此,军事认识可归结为四个层次:第一,天地之道(回归人性);第二,全胜之道(上兵伐谋);第三,战胜之道(战胜方法);第四,诡诈之道(阴谋诈术)。[1] 自 1360 年刘基以知天命之年投奔金陵始,至 1368 年朱元璋称帝止。八年间,"太祖敬而信之,用其宏谋,西平江汉(指陈友谅),东定吴会(指张士诚),天下大势固定矣。于是席卷中原(指元朝),群雄归命,混一四海,大抵皆先生之策也"。惟忠谋正略方得民心,惟得民心者能安天下,正如《郁离子》所言:"民犹沙也,有天下者惟能抟而聚之耳。尧、舜之民,犹以漆抟沙,无时而解。故尧崩,百姓如丧考妣,三载,四海遏密八音,非威驱而令肃之也。三代之民,犹以胶抟沙,虽有时而融,不释然离也。故以子孙传数百年,必有无道之君而后衰,又继而得贤焉则复兴。必有大无道如桀与纣,而又有贤圣诸侯如商汤、周武王者间之而后亡。其无道未如桀、纣者不亡;无道如桀、纣,而无贤圣诸侯适丁其时而间之者亦不亡。霸世之民,犹以水抟沙,其合也若不可开。犹水之冰然,一旦消释,则涣然离矣。其下者以力聚之,犹以手抟沙,拳则合,放则散。不求其聚之之道,而以责于民曰是顽而好叛。呜呼,何其不思之甚也!"[2]检索史乘所载,刘基志在抟聚民心,一生所献无一策可流为阴谋诈术。

若推究其思维原理,《易大传》云:"天下一致而百虑,同归而

① 王珏:《试论兵家智慧的四层境界》,《孙子研究》2016 年第 6 期。
② 刘基:《刘伯温集》,浙江古籍出版社 2011 年版,第 8 页。

殊途。"人类的智慧是相通的,没有一个单纯的军事领域,凡涉及人类社会实践、科学实验、思维活动方方面面的智慧,皆有可能成为制胜的法宝,从春秋时代为爱情缒城逃命的妇人,[①]到三国时代深冬时节"借来"的东风,再到戚家军手中所握克制倭寇长刀的竹枝。[②]"远取诸物,近取诸身",天地之间的万物,一切皆备于我,时时处处滋养这颗"不动的心"。一切为我所用,方为军事认识的真境界。兵道更在兵书外,军事认识高阶境界是一种精神,是灵动的魂,不是"文人谈论于口耳之间的学问"。在胜利将领的精神世界里,无法分割出具有纯粹军事属性的认识。有"会通百家"的为学风格与理论旨趣,[③]汲取众家之长之后再涉足军事实践,稍经历练,便对军事认识的本质把握得当,并很快成长为最可怕的军事家。所谓"大道近人",军事认识也是人间大道,具有贯通人心的普及价值,可以由每一个有良知的心灵来验证,刘基的军事事功指向这个意义。

---

① 杨伯峻《春秋左传注·昭公十九年》载:"初,莒有妇人,莒子杀其夫,已为嫠妇。及老,托于纪鄣,纺焉以度而去之。及师至,则投诸外。或献诸子占,子占使师夜缒以登。"

② 戚继光《练兵实记·杂集·军器解·步军器具·狼筅解》载:"狼筅乃用大毛竹上截,连四旁附枝,节节枒杈,视之粗克两尺长一丈五六尺,人用手势遮蔽全身,刀鎗丛刺,必不能入,故人胆自大,用为前列,乃南方杀倭利器。"

③ 张宏敏:《诸子学视域下〈天说〉哲学思想》,《管子学刊》2017 年第 4 期。

刘基与朱元璋的大手笔

——以"龙湾之战"为中心

温州市刘基文化研究会副会长　陈胜华

一、没有龙湾之战，中国历史可能会改写

元至正二十年（此年刘基五十岁）三月，吴国公朱元璋征召"浙东四先生"刘基、章溢、叶琛、宋濂到建康（今江苏南京）。他们晋见时，吴国公很是高兴，赐座，慰劳说："我为天下而委屈四先生了。现在天下纷争，何时能定呢？"章溢回答说："天道无常，惟德是辅，不喜欢杀人的，才会统一天下呢。"吴国公称赞他讲得好。而刘基，除了陈述"时务十八策"，又对吴国公说了这么一番话：

明公因天下大乱，崛起于草莽之间，土是一尺土，人是一个人，本没什么资本可凭借的，但现在却是名号很是光明正大，做事很能应顺民心。这正是王者之师啊！现在，我们有两大敌人，陈友谅处在我们的西边，张士诚处在我们的东边。陈友谅占据饶州、信州，跨有荆州、襄州，几乎占了天下的一半。而张士诚仅有边海之地，南不过绍兴，北不过淮扬，首鼠两端，窜伏那里，内心叛元，表面归附，是个保守窝囊废，没什么大作为的。陈友谅却不同，他挟制他的主子而胁迫他的部下，部下都是心里抵触很不欢欣。他这人生性凶悍，玩起来不要命，是

不难倾其国而与人争锋的。但他频繁兴兵，民众疲敝。这样，就部下抵触而心不满，民众疲敝而不拥护了。可见，这家伙也还是容易对付的。猎兽应先取猛兽，擒贼应先擒强贼。当今之计，不如先讨伐陈友谅的汉。汉地广大，取得了汉地，天下的大格局也就形成咯！

这一番话，就很像是当年诸葛亮的"隆中对"（我们就把刘基的称为"建康对"吧），难怪吴国公听了非常高兴，说："先生凡有妙计，都不要顾忌，都要畅所欲言哟！"于是设"礼贤馆"来招待刘基等，待遇非常优厚。①

又据《太祖实录》载："其后，上（朱元璋）决策取士诚，北收中原，以定天下，基密谋居多。上或时至基所，屏人语，移时乃去。"②

刘基的"建康对"，规划的是东西关系问题，而这里的则是南北关系问题了。刘基的先西后东、再先南后北的策划，用朱元璋的话说，就是"用兵后先"③。

而本文要赏析的"龙湾之战"，正是实施"用兵后先"这个大战略的非常关键的第一步。没了这第一步，也就不可能有后面的鄱阳湖大战，也就不可能有后来的朱明天下了。正像刘基所说："以成王业，在此举也。"没有此举，中国历史可能会改写！

二、一场由刘基"创造"、朱元璋"打造"而成的战役

"龙湾之战"，史书多有记载。④ 其中，《明史纪事本末》与《续资治通鉴》的记载最为全面。比了比，我觉得也还是《续资治通

---

① 原文见《续资治通鉴》卷第二百十五，岳麓书社 1999 年版，第 1014 页。以上内容，《明史纪事本末》《明史·刘基传》《刘公行状》等亦有载。

② 转引自《刘基事迹考述》，北京图书馆出版社 2004 年版，第 208 页。《刘公行状》《明史》等亦有载。

③ 朱元璋《御史中丞诰》："经邦纲目，用兵后先，卿能言之，朕能审而用之，式克至于今日。"

④ 如《刘公行状》《太祖实录》《国初群雄事略》《明史纪事本末》《续资治通鉴》《明史》等。

鉴》的更好：内容翔实，符合实际，写法巧妙，可读性也较强。为表现"龙湾之战"的更原汁原味，我就把这原文引录在下①（为节省部分读者查字典的时间，对一些词语做了注释；为加深对这部分文字的了解，在相关地方，会做提示）。

【至正二十年闰五月】庚申（初五），陈友谅遣人约张士诚同侵建康，士诚未报（答复），友谅自采石（地名）引舟师东下，建康大震。

献计者或谋以城降，或以钟山有王气，欲奔据之，或言决死一战，战不胜，走未晚也。独刘基张目不言。吴国公心非诸将议，召基入内问计，基曰："先斩主降及奔钟山者！"公曰："先生计安出？"基曰："天道后举者胜（天意是后发者能取胜）。吾以逸待劳，何患不克！明公若倾府库，以开至诚，以固人心，伏兵伺隙击之，取威制胜，以成王业，在此举也！"公意益决。②

① 《续资治通鉴》卷第二百十五，岳麓书社1999年版，第1016—1017页。

② 还需说明的是，对刘基的历史比较熟悉的读者，可能还会提出这么一个问题：《太祖实录》之《刘基传》载："是时，陈友谅将入寇，诸将议欲上自将御之，纷纷莫能定。上曰：'今天道后举者胜，若伏兵江岸，俟其至而击之，可以成功。'基适从外至，因赞曰：'上言是也。'"从这段话看，龙湾之战的想法似乎首先是由朱元璋自己提出，而得到了刘基支持的。这又是怎么一回事呢？

我们认为，《太祖实录》的"基适从外至"的情况描述当然是真实的，但这是朱元璋和刘基的事先约定。先是朱元璋"召基入内问计"，而后由朱元璋当众宣布，刘基又从旁赞同强调。不作如此解释，就会难以讲通。因为，后来的《国初群雄事略》《明史》《明史纪事本末》，当然包括《续资治通鉴》等，都是确认是朱元璋"召基入内问计"的事实。他们对史料的如此处理，特别是《国初群雄史略》《明史》等，是历代史家的集体智慧的判断。而《太祖实录》那样的记载，是个特殊情况。我们又知道，《刘公行状》的记载内容，跟《国初群雄史略》《续资治通鉴》《明史纪事本末》《明史》等也是相同的，而《刘公行状》的写成是在朱元璋在世时。若是龙湾之战的主张真的是由朱元璋自己定出的，作者黄伯生和刘基的儿子刘璟他们就根本不敢移花接木，把朱元璋的功劳归到刘基的身上去。那是会有灭门之祸的！

《刘公行状》通行版本均署作者为黄伯生，撰写时间为洪武十六年。但杨讷先生却有怀疑，先是认为这作者与时间都是假的："可以推想，《行状》写于建文初年"，"推想署名黄柏生撰的《行状》应是刘璟、刘廌等所为"。但随后又说："或许有人会说，《行状》原来可能是黄柏生于洪武十六年撰写的，只是其中若干段落为建文初刘廌等添入。我以为，此说亦可考虑。但看《行状》叙事凌乱，议论偏颇，实难与黄柏生的文名称称，而且只要确定《行状》最终成于洪武以后，以前为谁所撰已不重要。"这就等于又否决了自己先前的观点。即使《行状》作于建文初年，刘璟、刘廌叔侄也是绝不敢夺朱元璋之功归于刘基身上的，那时朱元璋也是刚死不久，况且还有他的孙子建文帝盯着呢。

提示：

吴国公虽是"心非诸将议"，但到底具体该怎么办，他还是心中没底，所以"召基入内问计"，问"先生计安出"。这里，虽然对"先生之计"的记载较为简略，但事实上刘基已该是胸有成竹，对后面的龙湾之战已有个大体的盘算。接着，具体的操作当然是朱元璋了。他是吴的统帅，是总指挥，具有实施计划的强权力。而刘基只能做个幕后人了。

　　或议先复太平（地名，在安徽，原为朱元璋地，时被陈友谅攻取）以牵制之，公曰："不可，太平吾新筑垒，壕堑深固，陆攻必不破，彼以巨舰乘城，故陷。今彼据上游，舟师十倍于我，猝（突然，马上）难复也。"或劝自将（带兵）迎击，公曰："不可，敌知我出，以偏师（指主力军以外的部分军队）缀（牵制）我，而以舟师顺流趋建康，半日可达，吾步骑亟引还，已穷日（一整日）矣。百里趋战，兵法所忌，非良策也。"

　　乃驰谕（派人奔驰通知）胡大海（朱元璋名将），以兵捣信州以牵其后，而召指挥康茂才谕之曰："有事命汝，能之乎？"茂才曰："惟命。"公曰："汝旧与友谅游，今友谅入寇，吾欲速其来，非汝不可。汝今作书伪降，约为内应，且招之速来，绐（蒙骗）告以虚实，使分兵三道以弱其势。"茂才曰："诺。家有老阍（看门人），旧尝事（侍候）友谅，使赍书（送信）往，必信。"公以语（告诉）李善长，善长曰："方忧寇来，何更速之？"公曰："二寇合，吾何以支？惟速其来而先破之，则士诚胆落矣。"

提示：

《续资治通鉴》的文字剪裁能力是很强的，通过对比的手法，将刘基加以突出。有三个对比：其一，是其他"献计者"与刘基之比。这从朱元璋的态度可以看出，朱元璋对"献计者"是"心非诸将议", 而听了刘基献计后是"公意益决"。其二, 对"或议"的种种, 朱元璋都加以否决:"不可","非良策也"。对"或议"的否决, 就是对刘基的肯定。当时参加这场讨论的, 必都是朱元璋的高参, 其中会有陶安、朱升、胡深等, 当然还包括浙东四先生的另外三位: 章溢、叶琛和宋濂。我们虽不清楚"献计者"和"或议"者里有没有他们之一, 但可以肯定, 他们都没有提供好的建议。在军事谋略方面, 他们和刘基还是相差一个档次的。

最有意思的是第三个对比: 刘基和李善长的对比。当朱元璋将诱敌深入的事告诉李善长后, 李善长竟然说:"正愁陈友谅侵入, 为什么还要更快地把他招引过来啊?"是百思不得其解。这就看出了李善长在军事方面的低能, 跟刘基根本就不是一个档次的。朱元璋说李善长"虽无汗马劳, 然事朕久, 给军食, 功甚大", 这当然是客观公允的。一个好的"办公室主任"也是需天赋的。但军事天才, 五百年名世, 是可遇而不可求的, 更是难得的。朱元璋没李善长, 较容易再找一个, 但没了刘基, 就没有第二个了。

> 阇者至友谅军, 友谅得书, 甚喜, 问:"康公今何在?"阇者曰:"见(现)守江东桥。"又问:"桥何如?"曰:"木桥也。"乃与酒食遣还, 谓曰:"归语康公, 吾即(立即, 很快)至, 至则呼老康为验(作信号)。"阇者诺。归, 具以告。公喜曰:"贼入吾彀(圈套, 牢笼)中矣!"乃命善长夜撤江东桥, 易以铁石。比旦(及天亮), 桥成。
>
> 有富民自友谅军中逸(奔逃)归者, 言友谅问新河口道路。即令张德胜跨新河, 筑虎口城以守之;命冯国胜、常遇春率帐前五翼军三万人伏石灰山侧, 徐达等陈兵南门外, 杨璟驻兵大胜港, 张德胜、朱虎率舟师出龙江关外。公(吴国公)总大军屯卢龙山, 令持帜者偃(放倒)黄帜于山之左, 偃赤帜于山之右, 戒曰:"寇至则举赤帜, 举黄帜则伏兵皆起。"各严师(严阵)以待。

乙丑（初十），友谅舟师至大胜港，杨璟整兵御之。港狭，仅容二舟入，友谅以舟不得并进，遽（急）引退，出大江，径冲江东桥，见桥皆铁石，乃惊疑，连呼老康，无应者，知见绐，即与其弟友仁率舟千余向龙湾，先遣万人登岸立栅（战时设置用以防御的栅栏），势甚锐。时酷暑，公（吴国公）衣紫茸甲，张盖（伞子）督兵，见士卒流汗，命去盖。众欲战，公曰："天将雨，诸军且就食，当乘雨击之。"时天无云，人莫之信。忽云起东北，须史，雨大注。赤帜举，下令拔栅，诸军竞前拔栅，友谅麾（挥）其军来争。战方合而雨止。

提示：

"时酷暑，公衣紫茸甲，张盖督兵，见士卒流汗，命去盖。众欲战，公曰：'天将雨，诸军且就食，当乘雨击之。'时天无云，人莫之信。忽云起东北，须臾，雨大注。"若这件事是真的，那么，能预测"天将雨"的人会是谁呢？最有可能的，当然是刘基而不是朱元璋了。只不过是将刘基的预测，通过朱元璋的口说出来罢了。朱元璋自己就说过："及将临敌境，尔（刘基）乃昼夜仰观乾象，慎候风云，使三军避凶趋吉，数有贞利。"（朱元璋《弘文馆学士诰》）又说：刘基"居则每匡治道，动则仰观乾象，察列宿之经纬，验日月之休光，发踪指示，三军往无不克"（朱元璋《御宝诏书》）。

命发鼓，鼓大震，黄帜举，国胜、遇春伏兵起，达兵亦至，德胜、虎舟师并集，内外合击，友谅军披靡（大败），不能支，遂大溃。兵走（奔跑）登舟，值潮退，舟胶浅，猝不能动，杀、溺死无算（无数），俘其卒二万余，其将张志雄、梁铉、喻兴、刘世衍等皆降，获巨舰百余艘。友谅乘别舸脱走。得茂才书（书信）于其所弃舟卧席下，公笑曰："彼愚至此，可嗤也！"

大家读过上面的文字后,就会意识到:"龙湾之战"完全是由刘基"创造"出来,再由朱元璋"打造"而成的。这是他们的大手笔。这就应了《孙子兵法》里的一句话:"故善战者,致人而不致于人。""致人",即调动敌人,也即"能使敌人自至者"。①

三、五个"为什么",解读这场神奇的战役

为对"龙湾之战"做更深度的解读,我想用五个"为什么"来进行。我觉得,若是将这几个"为什么"搞清楚了,也就会明白为什么"龙湾之战"是刘基与朱元璋的"大手笔",也就会明白为什么稍后的"鄱阳湖大战"是谁败谁胜,也就会明白为什么最终的天下是鹿死谁手了。龙湾之战,是一场神奇的战役!那么,神奇体现在哪里呢?我们就来逐个剖析。

(一)第一个为什么

"方忧寇来,何更速之?"正愁陈友谅来犯呢,为什么还希望他早点来?这是李善长提出的问题。

朱元璋的回答是:"二寇合,吾何以支?惟速其来而先破之,则士诚胆落矣。"朱元璋、刘基他们的"速其来",就是怕"二寇合,吾何以支"。朱元璋的解答精要而正确。

而《明史纪事本末》却说:"友谅既僭大号,遣使约张士诚同入寇。士诚龌龊(器量局促,狭小)自固,不敢应。"若真是这样,朱元璋、刘基他们那就没必要急于"速其来"了。所以《续资治通鉴》这样的记载是准确的:"陈友谅遣人约张士诚同侵建康,士诚未报。"《明史纪事本末》和《续资治通鉴》对龙湾之战的记录内容基本相同,但我之所以选定《续资治通鉴》的,这也是原因之一。

有人说,"友谅自采石引舟师东下",就已是"建康大震"了,这

---

① 《孙子兵法》之《虚实》第六。

跟"二寇"的"合"与不"合"又有什么关系呢？其实,事情并没这么简单。从兵力上看,虽是陈友谅占上风,但朱元璋也不是软柿子一个,还是可以抵抗的。但问题是,当朱元璋跟陈友谅正面对抗时,张士诚不可能一直会在苏州睡大觉。张士诚虽是性缓的,但也会醒悟过来,从东面配合陈友谅两面夹攻会是迟早的事。这正是朱元璋、刘基他们最为担心的,所以朱元璋说,"二寇合,吾何以支?"夜长梦多,兵贵神速啊。

(二)第二个为什么

朱元璋对康茂才说:"汝今作书伪降,约为内应,且招之速来,绐告以虚实,使分兵三道以弱其势。"为什么要用"作书伪降"的"间谍计"? 这除了要把陈友谅尽快骗过来,还有没有更深的奥秘?

通过"作书伪降","且招之速来",速战速决,张士诚就不可能来得及在东面跟陈友谅一起左右夹攻朱元璋,这样就把张士诚的这一"道"兵力暂时分离了出去;而这次陈友谅的进攻,主要目的是想通过江东桥来偷袭应天,既然是偷袭,就不会大张旗鼓、倾国而来了,这样就又分去了陈友谅的另一半兵力。总之,这样起到了分解敌方兵力、实行各个击破的作用。

朱元璋说的"使分兵三道以弱其势",到底是什么概念呢? 从上面的记载看,陈友谅进攻应天,都是一路过来,并没有"分兵三道"的。依我的理解,这"兵"是指敌方的总兵力,也即陈友谅和张士诚的总兵力。从实力上讲,其中陈友谅的是占两份,张士诚的占一份,共三份。这就是"使分兵三道以弱其势"的意思了。

(三)第三个和第四个为什么

这两个为什么都跟朱元璋说的"贼入吾彀中矣"有关。朱元璋和刘基的"圈套"(彀)设在哪里? 就设在龙湾一带。那又是怎么让"贼""入吾彀中"的呢?

先看第三个为什么:"有富民自友谅军中逸归者,言友谅问新河口道路。即令张德胜跨新河,筑虎口城以守之",又让"杨璟驻兵大胜港"。这是为什么?大胜港是通往新河口的入口,"杨璟驻兵大胜港",是给陈友谅设置了通往新河口的障碍,起到了把陈友谅驱赶到江东桥去的作用。所以,"友谅舟师至大胜港,杨璟整兵御之。港狭,仅容二舟入,友谅以舟不得并进,遂引退,出大江,径冲江东桥"了。至于陈友谅本是已跟康茂才约好是要到江东桥来的,怎么又想到新河口去的,这原因还需作进一步的探讨。也许是通过大胜港,亦能到达江东桥?(参见文末所附地图)

再看第四个为什么:"乃命善长夜撤江东桥,易以铁石。"为什么要"易以铁石"?"易"与不"易"有什么不一样?当然大不一样。"易"了就能搅乱陈友谅的心思,制造陈友谅恐慌的心理。所以,"径冲江东桥,见桥皆铁石,乃惊疑"了。再加上"连呼老康,无应者","知见绐,即与其弟友仁率舟千余向龙湾"。

这样,就一步一步地将陈友谅引入了朱元璋、刘基选定和设置的包围圈里。然后,"命发鼓,鼓大震,黄帜举,国胜、遇春伏兵起,达兵亦至,德胜、虎舟师并集,内外合击,友谅军披靡,不能支,遂大溃"。

(四)第五个为什么

"公曰:'天将雨,诸军且就食,当乘雨击之。'时天无云,人莫之信。忽云起东北,须臾,雨大注。"这个插曲,对士兵们的心理会起到什么作用?我们又该怎样理解刘基的"术士"身份?

上面的那个插曲,就是中国古代所谓的"兵阴阳"之一种。所谓"兵阴阳"是讲阴阳占卜、慎候风云之类的,诚多诡谲迷信之谈,但在军事上也是能起到一些积极作用的。如难度不是很大的气象预测,利用气象为武器作战等,就还是很有可为的。上面的气象描写,我们也不可完全排除它的可能。最令人不解的是,为什么朱元璋要把它讲得这么神秘呢?其实,这是为了对士兵进行心理的暗示和强化:三军统帅是多么厉害啊,他们神机妙算呢!有了他们,我们这一仗还会打不赢?这就能起到提振士气、增强信心的作用。当时民众（士兵）的认知，毕竟是那个水准。

有学者过分贬低刘基"术士"的身份，这是未懂吾国传统兵学的表现。古代统帅或军中"术士"，不少是用"兵阴阳"来"以惑众心"，是宣传给别人听，而自己是从来不信的，这叫"智者不法，愚者拘之"（传姜太公语）。刘基正是如此，你只要去读一读他《郁离子》里的《东陵侯》就清楚了。故《六韬》之《龙韬》云："术士二人，主为谲诈，依托鬼神，以惑众心。"正是此意。

也就是说，利用迷信手段，也是能达到"科学"之效果的。"军盲"学者，又何知哉！

四、杨讷先生，您可能错了

本小文临近结束，我熬不住又想到了杨讷先生的《刘基事迹考述》，想到了里面的一节话。这节话，是说刘基是军事凡才，根本算不上军事家。他说：

> 《行状》（关于刘基军事）的记载虽然不少，但是剔除了那些杜撰的故事之后，剩下的一两件事还能说明刘基是军事家吗？如果那一两件事能说明刘基是军事家，那么章溢、胡深就都是军事家。[1]

杨先生说的刘基仅有的那"一两件事"，到底是指哪"一两件"，他也没明讲。而本小文所叙述和剖析的"用兵后先"（特别是"建康对"）与龙湾之战，算不算是刘基军事方面的两件大事呢？就凭这两件吧，可否已能确定刘基杰出的军事家地位呢？这两件事都是在刘基投靠朱元璋的第一年里（三月到闰五月间）做出的，而刘基跟朱元璋共事十余年，是不是此后刘基就突然"休克"，再

---

[1] 《刘基事迹考述》，北京图书馆出版社 2004 年版，第 110 页。

没半点的军事参与和贡献了呢？刘基的军事能力是不是跟章溢、胡深他们是同一个档次？更何况，章溢、胡深他们还都算不上军事家呢！

所有这些，都无须由我来回答，还是让明眼的读者诸君去判断吧！

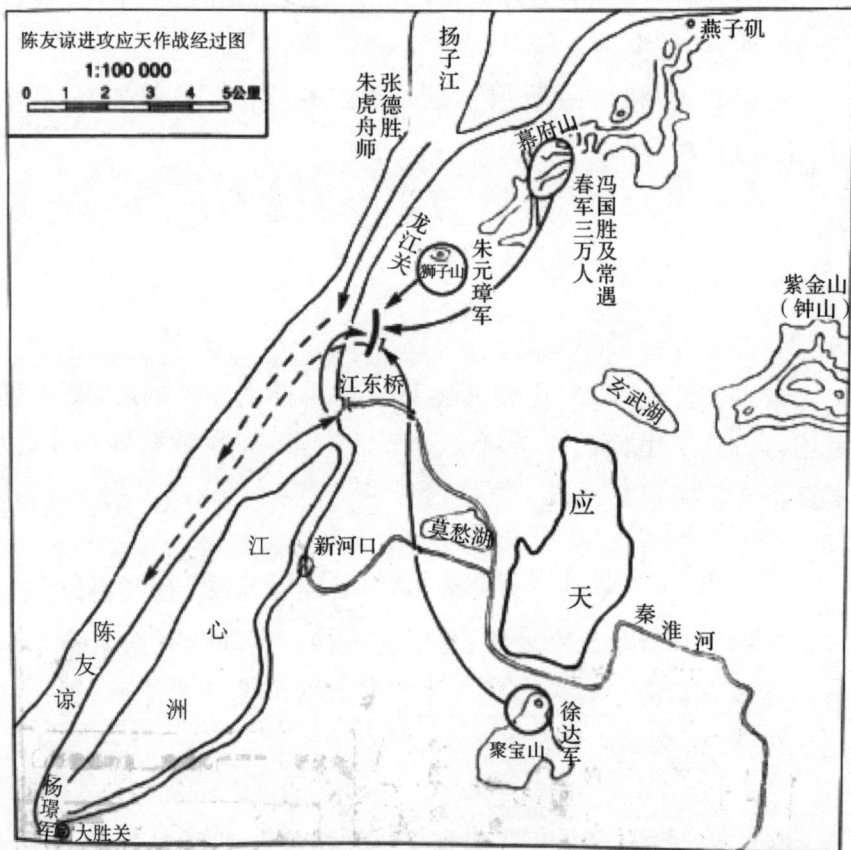

陈友谅进攻应天作战经过图

（《中国历代战争史》，台湾三军大学编著，"地图册"，第14册，明，附图14—509至附图14—590）

浅谈刘基的军事成就

青田县刘基文化研究会副会长　孙红华

　　杨讷教授于 2004 年在北京国家图书馆出版社出版了研究刘基的大作《刘基事迹考述》(以下简称《考述》)。该书"前言"开宗明义指出："(刘基)在明代有'开国文臣第一'的尊称,在近代有政治家、军事家、文学家、思想家和哲学家的美誉。然而,迄至上世纪末,人们对刘基的了解大多远离真实。"杨教授认为,究其原因,就是"一篇署名黄伯生撰写的《故诚意伯刘公行状》(以下简称《行状》)杜撰了许多刘基故事,掩盖了刘基的一些真实事迹"。而且《行状》一直被人们认定为信史,不断引用。像《明实录·刘基传》《诚意伯刘公神道碑铭》(以下简称《碑铭》)《明史·刘基传》中的许多内容都直接参照《行状》写成。

　　为了正本清源,还原史实,杨教授自言"采取了考证与述事相辅"的手法,写成此书,主要对《行状》(兼顾其他相关文献)的不实之词加以驳诘,并依据实际重新评价刘基。当然,杨教授自谦"于文学、哲学均为外行",故相关"考述"没有涉及刘基的文学思想成就。有读者在看过《考述》后评论："把印象'前知五百年,后知五百年'的刘伯温拉下神坛""刘伯温原来是个吹出来的水货",等等。

　　如果杨教授的《考述》没有多大疏漏与谬误的话,刘基"开国文臣第一"的尊称及"军事家"等美誉恐将不保,其良好的历史形象也将大受"损害"。比如,杨教授在《考述》第七部分"建功立业"

里讲道:"《行状》(关于刘基军事)的记载虽然不少,但是剔除了那些杜撰的故事之后,剩下的一两件事还能说明刘基是军事家吗?如果那一两件事能说明刘基是军事家,那么章溢、胡深就都是军事家。感兴趣的读者不妨把他们三人的小传拿来比较。"杨教授的这个论述有极大的杀伤力,刘基最为人们熟知的功业就是辅佐朱元璋建立大明王朝,而这又主要体现了刘基军事方面的才能与成就。如果真的连军事家都排不上,那么"刘基还能是刘基吗"?那样的话刘基一直以来备受世人尊崇的基础就将崩塌。不过,杨教授的这个结论似乎也不是那么的充分有据,无懈可击。下面就杨教授的这个结论,也就是刘基到底是不是军事家的问题,谈点不同的意见与看法。

一

何谓军事家?杨教授在书中没有具体指出。可能这个定义比较难下,著名辞书《辞海》(1989年版)就没有"军事家"的条目。"百度百科"倒是有相关解释:"军事家,就是指对军事活动实施正确指引或是擅长具体负责军事行动实施的人等。按此定义可以将军事家分为两类:战略军事家和战术军事家。一般被称为军事家者多为军队最高统帅或高级将领。宏观地概括,战略家、战术家和军事理论家都可称为军事家。"为了有个参照的依据,在此就以"百度百科"的解释为标准。个人认为,这里的"军事活动"可以理解为"影响历史进程的军事活动"或"有重要影响的军事活动"。

二

为了探讨刘基到底是不是军事家,首先就按照杨教授的提示,把刘基与章溢、胡深做个比较。先来看一看章溢、胡深的军事成就。

《明史·章溢传》中与军事有关的内容如下：

> 章溢,字三益,龙泉人。……蕲、黄寇犯龙泉……集里民为义兵,击破贼。……宜孙然其言。檄止兵,留溢幕下。从平庆元、浦城盗。授龙泉主簿,不受归。宜孙守台州,为贼所围。溢以乡兵赴援,却贼。已而贼陷龙泉,监县宝忽丁遁去,溢与其师王毅帅壮士击走贼。宝忽丁还。内惭,杀毅以反。溢时在宜孙幕府,闻之驰归,偕胡孙执戮首恶,因引兵平松阳、丽水诸寇。论功,累授浙东都元帅府佥事……
>
> 明兵克处州,避入闽。太祖聘之……胡深出师温州,令溢守处州,馈饷供亿,民不知劳。山贼来寇,败走之。迁湖广按察佥事。时荆、襄初平,多废地,议分兵屯田。且以控制北方。……会胡深入闽陷没,处州动摇,命溢为浙东按察副使往镇之……既至。宣布诏旨,诛首叛者,余党悉定。召旧部义兵分布要害。贼寇庆元、龙泉,溢列木栅为屯,贼不敢犯……温州茗洋贼为患,溢命子存道捕斩之……太祖谕群臣曰："溢虽儒臣,父子宣力一方,寇盗尽平。功不在诸将后。"复问溢征闽诸将如何。对曰："汤和由海道,胡美由江西,必胜。然闽中犹服李文忠威信。若令文忠从蒲城取建宁,此万全计也。"太祖立诏文忠出师如溢策。

诚如朱元璋所称,章溢是"儒臣",读书出身,但也知兵有勇略。居乡能够组织乡民击退贼寇;在元时被处州守将石抹宜孙延请参与军事,平定山寇;入明后,在胡深攻打温州和胡深在福建兵败的紧要时刻,他被委以重任,镇守处州,提供后勤支持,御寇平乱;他曾建议"分兵屯田,以控北方",并在朱元璋咨询"征闽"意见时他提出合适人选,显示出相当的军事眼光和识人之明。不过章溢发挥军事指挥才能所在的地方仅限于处州及周边地区；所要平定对付的对象也只是"盗寇土匪"之类的非正规武装；所进行的战斗也只是属于中低规模、中低强度的。但是，这也显示出章溢不错的军事谋略，如主张"分兵屯田""提出征闽人选"等，但这些主意很难说有战略或全局性的影响。故以这样的军事业绩显然还不能认为是"对重要军事活动实施正确指引或是擅长具体负责军事行动实施"。

《明史·胡深传》中与军事有关的内容如下：

胡深，字仲渊，处州龙泉人，颖异有智略，通经史百家之学。元末兵乱，叹曰："浙东地气尽白，祸将及矣。"乃集里中子弟自保。石抹宜孙以万户镇处州，辟参军事，募兵数千，收捕诸山寇……宜孙时已进行省参政，承制命深为元帅。戊戌十二月，太祖亲征婺州，深帅兵车数百辆往援，至松溪不能救，败去，婺遂下。明年，耿再成侵处州，宜孙分遣元帅叶琛、参谋林彬祖、镇抚陈中真及深帅兵拒战。会胡大海兵至，与再成合，大破之，进抵城下，宜孙战败，与叶琛、章溢走建宁，处州遂下。深以龙泉、庆元、松阳、遂昌四县降。

太祖素知深名，召见，授左司员外郎，遣还处州。召集部曲，从征江西。既定，命以亲军指挥守吉安。处州苗军叛，杀守将耿再成，深从平章邵荣讨诛之。会改中书分省为浙东行中书省，遂以深为行省左右司郎中，总制处州军民事。时山寇窃发，人情未固，深募兵万余人，捕诛渠帅。沿海军素骁，诛其尤横者数人，患遂息。癸卯九月，诸全叛将谢再兴以张士诚兵犯东阳。左丞李文忠令深引兵为前锋，再兴败走。深建议以诸全为浙东藩屏，乃度地去诸全五十里并五指山筑新城，分兵戍守。太祖初闻再兴叛，急驰使诣文忠，别为城守计。至则工已竣。后士诚将李伯升大举来侵，顿新城下，不能拔，败去。太祖嘉深功,赐以名马。

太祖称吴王,以深为王府参军,仍守处州。温州豪周宗道聚众据平阳。数为方国珍从子明善所逼,以城来归。明善怒,攻之。深遣兵击走明善,遂下瑞安,进兵温州。方氏惧,请岁输银三万充军实。乃命深班师,复还镇。陈友定兵至,破之,追至浦城,又败其守兵,城遂下。进拔松溪,获其守将张子玉。因请发广信、抚州、建昌三路兵,规取八闽。太祖喜曰:"子玉骁将,擒之则友定破胆。乘势攻之,理无不克。"因命广信指挥朱亮祖由铅山、建昌,左丞王溥由杉关,会深齐进。已,亮祖等克崇安,进攻建宁。友定将阮德柔固守。深视氛祲不利,欲缓之。亮祖曰:"师已至此,庸可缓乎?且天道幽远,山泽之气变态无常,何足征也。"时德柔兵屯锦江,逼深阵后。亮祖督战益急。深引兵还击,破其二栅。德柔军力战,友定自以锐师夹击。日已暮,深突围走,马蹶被执,遂遇害,年五十二。

胡深的初始经历与章溢有些雷同,都是龙泉人,读书出身,盗寇威胁乡里时,能够组织义兵自保;石抹宜孙在处州平山寇,出山相助;后两人以不同方式投靠朱元璋。但不论是在元还是入明,胡深都直接参与军事,担任军职,领兵作战。在元之际,除清剿山寇之外,最主要的军事活动还是与明军作战,但结果是数战皆败,最终投降,军事作为乏善可陈。降明之后,胡深颇受朱元璋信任,从征江西,镇守吉安;跟随邵荣平定处州苗军叛乱;协助李文忠击破谢再兴,建议筑城(离诸全五十里)御敌;镇守处州,率部攻克瑞安、温州,击败陈友定来犯,显现出一定的军事才能,但没有非常出彩的表现。这些军事活动仅限于局部,最多也就属于战役层次,无关战略全局。

胡深在击败陈友定后乘胜追击,进而攻占浦城、松溪,擒获陈友定部将张子玉,因而请求发动广信、抚州、建昌三路的部队,攻取福建。这是很好的建议,获朱元璋采纳。不过在三路部队会攻福建的时候,胡深谋略不足,战前犹豫,最终在建宁兵败被俘被杀。纵观其军事表现,胡深可称为战将,但是没有"对重要军事活动实施正确指引"的出色表现,也不"擅长具体负责军事行动实施"。

读过章溢、胡深的传记,感觉到两位确实还难以称为军事家。如果刘基的军事成就与他俩相仿或属于同等层次,那自然也算不得军事家。

三

根据《行状》等相关记载,刘基在入明前的军事经历与章溢、胡深两位相类似,协助石抹宜孙镇守处州,清剿山寇,组织义兵保乡里平安等。不同的是,方国珍叛乱,刘基被任命为浙东元帅府都事参与平叛,谋筑庆元等城,有效控制形势。后又辟为行省都事,建议抓捕惩办方国珍,坚决反对招安。杨教授认为,刘基反对诏安方国珍之事属于虚构,还对刘基在元时期的军事表现有一个基本评价:"但五十岁以前的刘基实在没有表现出多深的军事修养。在处州三年,只是助石抹宜孙镇压境内的小股民变;及至朱元璋发兵来攻,未见结果就辞官而去。"一句话,杨教授认为在此阶段刘基的军事表现一般。

刘基主要的军事活动发生在受聘出山辅助朱元璋之后。在此先将《行状》等史籍文献记载的,关于刘基入明之后发生的,杨教授有异议或不予认可的内容罗列出来。

(1)《行状》记述陈友谅来犯,朱元璋问计于刘基:

> 会陈氏入寇,献计者或谋以城降;或以钟山有王气,欲奔据之;或欲决死一战,不胜而走未晚也。公独张目不言。上召公入内,公奋曰:"先斩主降议及奔钟山者,

乃可破贼尔。"上曰："先生计将安出?"公曰："如臣之计,
莫若倾府库、开至诚以固士心。且天道后举者胜。宜伏
兵,伺隙击之。取威制敌,以成王业者,在此时也。"上遂
用公策,乘东风,发伏击之,斩获凡若干万。上以克敌之
赏赏公,公悉辞不受。

对此记载,杨教授有异议,认为当时刘基不可能有这样的表
现。但同时以为,《明太祖实录》(以下简称《实录》)的相关记录:
时陈友谅将入寇,诸将议欲上自将御之,纷纷莫能定。上曰："今
天道后举者胜,若伏兵江岸俟其至而击之,可以成功。"基适从外
至,因赞曰："上言是也。"可信一些。

(2)《行状》记载:

〔朱元璋〕乃定征伐之计。遂攻皖城(安庆),自昏达
旦不拔。公以为宜径拔江州,上遂悉军西上。陈氏率其
属走湖广,江州平。

对此,杨教授考之《实录》等其他材料认为,当时是"先拔皖
城,后取江州"。所谓"朱元璋听了刘基的意见,皖城未下就径取
江州"是在编造故事。当然,刘基随从朱元璋攻打皖城、江州是
史实。

(3)《行状》云:

公至家,营葬事……方氏素畏公名,时遣人致书奉
礼,公不敢受,使人白于上。上因令公与通问,公因宣国
家威德,方氏遂纳土入贡。

杨教授认为,刘基回乡葬母期间,使方国珍归降朱元璋之事
纯属虚构。

(4)《明史·刘基传》关于鄱阳湖之战有如下记载:

> 太祖坐胡床督战,基侍侧,忽跃起大呼,趣太祖更舟。太祖仓卒徙别舸,坐未定,飞炮击旧所御舟立碎。友谅乘高见之,大喜。而太祖舟更进,汉军皆失色。

这事的确有点神奇,杨教授当然予以否定。

(5)《行状》中有刘基预言胡深之死的记录:

> 一日,公见日中有黑子,奏曰:"东南当失一大将。"时参军胡深伐福建,果败没。

此事离奇,杨教授也持否定态度。

(6)《行状》记载:

> 上使都督冯胜将兵攻某城,命公授方略,公书纸授之,使夜半出兵,云:"至某所,见某方青云起,即伏兵,顷有黑云起者,是贼伏也,慎勿妄动;日中后黑云渐薄,回与青云接者,此贼归也,即衔枚蹑其后击之,可尽擒也。"众初莫肯信,至夜半,诣所指地,果有云起如公言,众以为神,莫敢违,竟拔城擒贼而还。

此事更是神秘,杨教授不予认可。

根据"疑事从无"的原则,姑且就当上述杨教授持有异议的记载均为"不实之词",不予采信。下面再将杨教授应该看到过的,但没有予以否定的、刘基入明之后与军事相关的主要活动列举出来,就以这些"剩余"的资料记载,来看刘基的军事表现到底如何。

(1)受聘赴金陵,"陈时务策一十八款"(《行状》),"留帷幄预谋议"(《明史·选举志》)。

至正二十年(1360),刘基受聘到金陵是有备而去的,给朱元璋献上了精心撰写的《时务十八策》。非常遗憾,《时务十八策》已经佚失,我们已经不知其具体内容。根据合理的推测,《时务十八策》应该是类似于诸葛亮《隆中对》这样的指导如何谋取天下的方略。朱元璋看过后,应该对刘基就天下形势所做的分析判断及所提出的应对措施很是认可,也对刘基所表现出来的出众的军事素养和谋略能力非常满意。因为只有这样才可能把刘基留于帷幄中枢,参与军国大事。

要知道,早在至正十三年(1353),朱元璋就已经独立掌握武装;至正十五年(1355)已率部攻占集庆路,改名应天,作为大本营;而到了至正二十年(1360),明朝的开国将相已基本齐聚于朱元璋的麾下。可以说当时朱元璋手下已是人才济济,并不缺文臣谋士。再说与刘基同时受聘而来的"浙东四先生"也都不是等闲之辈,除宋濂是纯粹的儒生学者,章溢、叶琛也都懂军事,有谋略。(《明史·叶琛传》云:"叶琛,字景渊,丽水人。博学有文才。元末跟随石抹宜孙驻守处州,出谋划策,捕杀山寇,授为行省元帅。")而根据《明史·选举志》记载,朱元璋给"浙东四先生"安排的工作是,"濂为江南等处儒学提举,溢、琛为营田佥事",也就只有刘基"佐军中谋议"(《明史·宋濂传》)。这样的安排足见朱元璋对刘基军事谋略能力的看好与倚重。如若杨教授所说的"但五十岁以前的刘基实在没有表现出多深的军事修养",那就没有办法解释,朱元璋在手下人才济济的情况下,还会把初来乍到的刘基留于帷幄,"参与军国要谋"了。

另外,根据杨教授考证,从至正二十年(1360)刘基抵金陵,到至正二十五年(1365)七月"以刘基为太史令",这五年间刘基没有任何官方职务。对此杨教授有其他解读,这里不做介绍。个人认为,刘基辅佐朱元璋最初五年没有官职,完全可以理解为这是朱元璋和刘基君臣之间的一种默契,以便使刘基可以不受任何杂事干扰,全身心思考军国大事。

(2)母亲病故,因公迟归。居乡守制,操心军国事。

《行状》记载："初,公闻母富氏丧,悲恸欲即归。上以书慰留之,期以成功。公不得已,遂从征伐。至是辞归,上遣礼官伴送,累使吊祭……上时使人以书访军国事,公即条答,悉合机宜。"而且在刘基在家守制期间,朱元璋还致信刘基,希望刘基"以生民为念、德教为心,早赐来临,是所愿也"(《御名书》)。古人特别讲究孝道和礼教。父母亡故,子女需即归营葬守制,朱元璋也是深知这一切的。但是,朱元璋在刘基母亲亡故时,违反人伦礼教,不让刘基即归营葬;而在刘基回乡守制之际,又数度派人持信询问军国大事;还特别致书敦请刘基早日返回。这些事情只能说明,朱元璋太需要刘基留在身边出谋划策;刘基是朱元璋最倚重的谋臣策士,其作用不可替代。

由于朱元璋的"慰留",推迟回乡的刘基在途中遇上了突发事件,顺带显示了一把军事功力。《行状》曰:

> 时苗军反金华、括苍,杀守将胡大海、耿某、孙炎等,衢州或谋翻城应之,守将夏毅惧,无所措。会(刘基)公至,即迎入城,一夕定之。公即发书金、处属县,谕以固守所部。遂同邵平章诸军克复处城,擒苗帅贺某、李某,处州平。

在因私回乡的途中,遇上地方发生叛乱的险情,所要处置的都是急难之事,所将遇到的都是非常具体的操作层面上的问题。而刘基能够从容应对,给予守将正确有效的指导。此足以说明,刘基思维敏捷,处事果断,处变不惊,有胆有谋,具备作为军事家的良好素质。

(3)支持守金陵,提醒顺"美"意,反对救安丰。

就在刘基受聘到金陵不久就发生了"龙江之役"。《实录》记载:是时陈友谅将入寇,诸将议欲上自将御之,纷纷莫能定。上曰:"今天道后举者胜,若伏兵江岸俟其至而击之,可以成功。"基适从外至,因赞曰:"上言是也。"对于朱元璋的正确主张,刘基能够支持鼓励,增强其信心。

对于朱元璋的临事不决,刘基能够以合适的方式予以提醒,以达到最佳的效果。《行状》记载:陈氏洪都守将胡均美使其子约降,请禁止若干事。上初有难色,公自后蹴所坐胡床,上意悟,许之,均美遂以城降。关于此事,《明史·刘基传》的说法为:"其龙兴守将胡美遣子通款,请勿散其部曲。太祖有难色。基从后蹴胡床。太祖悟,许之。"《明史·胡美传》的记载则是:"美遣使郑仁杰诣九江请降,且请无散部曲。太祖初难之,刘基蹴所坐胡床。太祖悟。"三者的记载内容大意一样,只是龙兴守将的名字有称均美、有称美;所遣使者有称是其子、有称是郑仁杰。

《国初事迹》曰:"张士诚围安丰,刘福通请兵救援,太祖亲援。初发时,太史刘基谏曰:'不宜轻出。假使救出来,当发何处?太祖不听。'"当时"小明王"韩林儿在安丰,是朱元璋名义上的"君主"。对于有志自取天下的朱元璋来说,救出韩林儿将如何处置是件麻烦事。所以刘基反对去救安丰。当然,这还仅仅是出于政治上的考虑。其实刘基的劝谏,还有军事战略上的考虑,此事后面再讲。通过"支持、提醒、反对"这三件事情,能够反映出刘基作为朱元璋的主要谋臣全面负起责任,尽职尽责而为。

(4)从征鄱阳湖。

鄱阳湖之战,是中国历史上最著名的战役之一,也是朱元璋夺取天下、创建大明王朝的最关键一战。为了与陈友谅决战,朱元璋亲自出征,精锐尽出,刘基也随军行动,临阵出谋划策。《明史·夏煜传》记载:太祖征陈友谅,儒臣惟刘基与煜侍。鄱阳战胜,太祖所与草檄赋诗者,煜其一也。这就是说,鄱阳湖之战这么重要的、决定命运的关键战役,朱元璋只带了两位文臣,其中夏煜的主要工作是"草檄赋诗"。而军事谋划的职责,应该就由刘基独自承担,如此也足见朱元璋对刘基军事谋略能力的信任。当然,刘基也没有辜负朱元璋的期望,为鄱阳湖之战的胜利做出了杰出贡献。《行状》记载:会陈氏复攻洪都,上遂伐陈氏,因大战于彭蠡湖,胜负未决。公密言于上,移军湖口,期以金木相犯日决胜,上

皆从之。陈氏遂平。鄱阳湖之战胜利后,朱元璋就有底气口出豪言:"友谅亡,天下不难定也。"(《明史·太祖本记》)

(5)先汉后周,北定中原,助建大明。

《明史·刘基传》云:其后太祖取士诚,北伐中原,遂成帝业,略如基谋。先击败陈友谅,再攻取张士诚。人们普遍认为,提出先汉后周战略是刘基为大明开国建立的最主要军事成就,也最能体现刘基军事谋略的高超。公元1368年,朱元璋建立了新王朝,国号大明,年号洪武。此离至正二十年(1360)刘基受聘赴金陵,还不足八年时间。因为大局已定,而此后刘基似乎也就没怎么参与军事谋划了。

需要说明的是,对于刘基是否提出过先汉后周、北定中原的战略,杨教授也是想要否定的。但是相关论述并不清晰,而且前后矛盾,逻辑混乱。在《考述》的最后一个章节"身后之誉"里有一段论述:"朱元璋给刘基的《御史中丞诰》,其中提到'经邦纲目、用兵先后,卿能言之,朕能审而用之'。诰中这句话到了《行状》中便转为'陈氏遂平,上还京,定计取张士诚,因定中原,拓西北,公密谋居多';在王景《翊运录序》,进为'大抵先生之策也';至张时彻《道碑》,再去'大抵'二字,成为'歼友谅,次取张士诚,次定中原,荡群雄,逐胡狄,再造区夏,凡皆公之密谋也'。几经哄抬,刘基的身后之誉已到了无以复加的程度。"这段话按照正常理解就是,所谓刘基提出先汉后周北定中原的战略是从"经邦纲目、用兵先后,卿能言之"这句话中演化出来的,而且还被不断夸大。而凭什么说《行状》里的相关描述就是来自《御史中丞诰》中的那几句话,杨教授并没有讲清楚。杨教授接着又说:"清人修《明史》,于《刘基传》中改作'其后太祖取士诚,北伐中原,遂成帝业,略如基谋';分量虽然打了点折扣,但因《明史》是正史,遂使一些专业的历史研究者深信不疑。"这意思很明显,等于是直接指出《明史》的这段记载是不可信的。

其实,对于这段记载是否可信,杨教授自己也是吃不准的。就在《考述》的第七章"建功立业"中,杨教授说过"(刘基)关于先取张还是先灭陈的议论，或许确有其事"。可见朱元璋夺取天下最关键之策"先汉后周"是出自刘基之谋，杨教授并没有敢直接否认。那么，刘基又有没有提出"北伐中原"的主张呢？也是有的。在杨教授还算比较信任的《实录》里就有相关内容，而且，在《考述》中也被引用：

> （吴元年九月）上谓太史令刘基、学士陶安曰："张士诚既灭，南方已平，宜致力中原，平一天下。"基对曰："土宇日广，人民日众，天下可以席卷矣。"上曰："土不可以恃广，人不可以恃众。吾起兵以来，与诸豪杰相逐，每临小敌亦若大敌，故致胜。今王业垂就，中原虽板荡，岂可易视之，苟或不戒，成败系焉。"基曰："近灭张氏，彼闻而胆落，乘胜长驱，中原孰吾御者，所谓迅雷不及掩耳。"上曰："深究事情，方知变通。彼方犄角，相为声援，岂得遽云长驱，必凭一战之功，乃乘破竹之势。若谓天下可以径取，他人先得之矣。且尝观之，彼有可亡之机，而吾执可胜之道，必加持重，为万全之举，岂可骄忽以取不虞也。"

这段记载表明，为了"北伐中原"，朱元璋是与刘基、陶安进行过商讨。陶安有没有高见，不得而知。但刘基能够审时度势，提出乘胜追击、席卷中原的建议。不过当时朱元璋不知是故作矜持还是谨慎过度，直接否定了刘基的意见。然而，后来还是用了刘基之谋。杨教授在《考述》中也承认："他（刘基）还向朱元璋建议及时北伐中原，虽然朱元璋当天说是要'持重'，次月中旬就做出了北取中原的决定，实际上接受了刘基的意见。"由此可见，《明史》所谓"其后太祖取士诚，北伐中原，遂成帝业，略如基谋"应该基本属实。当然，诚如杨教授所考证的那样，同一件事情，在《行状》《翊运录序》《神道碑》《明史·刘基传》中有不同口气的表述，似有夸张之嫌，但非空穴来风。

可能杨教授也知道没有办法否定刘基提出过先汉后周的战略，于是就有意无意地想降低这个战略的重要性。比如，在评论刘基对鄱阳湖之战的贡献时，杨教授这样说："关于先取张还是先灭陈的议论，或许确有其事，但必须看到鄱阳湖之战是陈友谅围攻洪都挑起的，由不得朱元璋另作选择。控湖口之计也许出自刘基，由于是'密言于上'《实录》未载，今人也无法确知。"据此可知，杨教授在没有办法否认是刘基提出"先汉后周"也即先灭陈后灭张夺取天下的战略之后，就强调朱元璋先灭陈是陈自找上门，而非朱元璋主动选择的结果，从而降低刘基提出"先汉后周"的意义与作用。其实，杨教授是知其一不知其二。陈友谅是自己找上门的，这由不得朱元璋另作选择。但是，如果把朱元璋去救安丰与鄱阳湖之战联系起来看，就可以知道刘基提出"先汉后周"战略的正确性和高妙之处。

众所周知，张士诚所占据之地富裕，兵力相对较弱；陈友谅居上游而兵力较强。按照一般的军事原则，要打有把握之战，自然是先弱后强，朱元璋阵营的主流意见当然是主张先张后陈。刘基的厉害之处就是能识破人心。刘基认为：张士诚自守虏耳。陈友谅居上流，且名号不正，宜先伐之。陈氏既灭，取张氏如囊中物耳。（《行状》）简单来说，就是认为张士诚是"自守虏"，先打陈友谅，张士诚不会有动作；而先打张士诚，陈友谅会来找麻烦，容易陷入战略被动。这是刘基提出先汉后周战略的理论依据。事实也是如此，张士诚打安丰，刘基劝谏朱元璋不救，就有防备陈友谅乘虚来袭的意思。但是朱元璋当时没有听，不过在鄱阳湖之战获胜后才真正感悟到了刘基劝谏的正确性。《明史·太祖本记》记载：至正二十三年（1363）九月，还应天，论功行赏。先是，太祖救安丰，刘基谏不听。至是谓基曰："我不当有安丰之行。使友谅乘虚直捣应天，大事去矣。乃顿兵南昌，不亡何待。友谅亡，天下不难定也。"也就是朱元璋去救安丰与张士诚作战，陈友谅果然来犯。要不是朱文正坚守南昌城，顶住了陈友谅八十五天的疯狂进攻，为朱元璋调动主力与陈友谅决战争取了宝贵的时间，否则后果不堪设想。而当朱元璋率主力去解南昌之围,爆发鄱阳湖大战时,张士诚真的是按兵不动,没有来添乱。这就显示出刘基超乎寻常的预见力和洞察力,也证明制定先汉后周战略的合理性和正确性。所以,不管是陈友谅自找上门,还是朱元璋主动去攻击陈友谅,刘基的战略都没错。

四、结语

杨教授以《行状》为重点,对刘基事迹的真实性进行考述,认为刘基的军事才能也就类似于章溢、胡深,还算不上军事家。剔除杨教授有异议的事迹之后,我们把刘基入明后至明朝建立前与军事有关联的活动情况进行了梳理。刘基虽然加入朱元璋的阵营比较迟,后来也没有直接领兵作战的经历,但一来到金陵,他就因为所献的《时务十八策》及与朱元璋交谈过程中所展现出来的政治眼光、军事素养、谋略能力,深深折服了朱元璋,故得以留帷幄,参与谋议军国大事,等于是直接进入朱元璋集团的最高决策层。根据《明史·刘基传》的记载,朱元璋"每召基,辄屏人密语移时"。可见,很多军国大事就是朱元璋与刘基两个人商量着决定的,只可惜"帷幄语密莫能详",刘基的许多密谋高见没有被记录下来,这样也就为有人质疑刘基的谋略能力和开国贡献留下了一定的操作空间。但从"刘基回乡葬母途中能够帮助地方守将镇乱平叛;跟从朱元璋征战,特别是协助朱元璋取得鄱阳湖之战的胜利,能够审时度势建议朱元璋乘势北伐中原;为朱元璋制定先汉后周战略"等情况来看,刘基具有杰出的宏观战略谋划能力,又有出色的战役战术层面的临阵制变能力。而且在朱元璋夺取天下的关键阶段和关键战役中,刘基都起到了关键的作用(主要在谋划决策方面)。可以认为,刘基"对直接影响大明王朝建立的重要军事活动实施正确指引"是无可置疑的。

一个统一的王朝的建立,其夺取天下过程中军事战略的主要谋划者是不是称得上军事家(或军事谋略家),或许根本就不是需要讨论的问题。作为明朝的开国元勋刘基,所要比较的对象也绝对不会是杨教授所认为的章溢、胡深之辈。刘基的门生徐一夔有一段话说得非常到位:"(刘基)卓然立于天地之间,不知自视与古之豪杰何如也!"可能刘基要与之相比的,就是张良、诸葛亮这样的古之豪杰!

《百战奇法》漫谈

苍南县江南实验中学　刘日良

　　《百战奇法》，又名《百战奇略》，现在多见于书肆网络，全书约三万字，共分十卷，每卷各收有十战法，合计一百战法，书名"百战"即由此而来。全书以"战法"为纲目，之下列有引用的"事典"，并辅之以阐述，类似详尽的兵法辞典，言简意赅。该书无论是战例还是论证都闪耀着辩证的军事思想，它与中国《孙子兵法》等兵书一脉相承，在历史上占据着重要的位置。但该书的传承因历史问题又被蒙上一层面纱，其与刘基及刘氏家族有着不可分割的关系，又成为刘基军事研究中不可回避的话题。笔者就自己的阅读所得漫谈如下，敬祈方家斧正。

一、《百战奇法》的作者

　　《百战奇法》的作者究竟是谁，自明清以来观点各异，至今仍无定论。其典型的说法有以下三类。

　　（1）无名氏，不著撰者。

　　明初杨士奇编辑的《文渊阁书目》首次出现《百战奇法》，但不著撰者。其余如《宝文堂书目》《千顷堂书目》等明代书目均不著撰者，更无朝代信息。

　　（2）署名刘伯温。

清道光年间,《百战奇法》流行世上,更名《刘伯温百战奇略》,刘伯温即刘基。据说是雍正年间澼跣道人收集编辑而成。后代出版的以《百战奇略》为书名的,大都署名刘伯温。

(3)明确作者就是刘基。

这个观点一直为刘基嫡系后裔所主张。刘基二十世裔孙刘祝群(字耀东,浙东名儒)在《南田山志》中特别注明该书系家族自明代传抄至今,更名《百战奇略》。根据刘基二十二世孙刘理颉(今为欧洲刘基文化研究会会长)回忆,1952年《百战奇略》手抄本在政治运动中被抄走,而且该手抄本是"大房太公的手笔",即刘基长子刘琏的手抄本。书籍遗训由大房长子代代相传。

以上三种,研究者各持己见,因为相关史料缺失,难以相互佐证。从当下情况来看,刘氏的先祖遗训尤其值得关注。倒不是说《百战奇略》就是刘基的著作,但是刘基作为编者或者传承者倒有很大的可能。

至于明代余泗泉萃庆堂收录全本《百战奇法》而易名《决胜纲目》,并冠以叶梦熊著。这个说法,已被专家及刘基后裔一致否决,不值一提。

二、《百战奇法》的内容、形式

作者探究无果,不妨从《百战奇法》的内容来研判,或许会有新的发现。

经过与《孙子兵法十一家注》《十七史百将传》对照阅读,《百战奇法》隐含的内容信息逐渐显现出来,有以下几点值得注意。

其一,百种战法均与《孙子兵法》相关,可以确定《百战奇法》是对《孙子兵法》的演绎和诠释。其中有六十则以上直接引用《孙子兵法》原句,作为战法阐释的依据。其余三十几则虽引用《问对》《六韬》《吴子》等兵书的语句,但阐述还是围绕《孙子兵法》的战法战术。《百战奇法》的具体出处汇总见表1。

表 1 《百战奇法》出处汇总

序号	兵法出处	数量
1	《孙子兵法》(含注 1)	60
2	《司马法》	10
3	《唐太宗李卫公问对》	6
4	《吴子》	6
5	《左传》	6
6	《三略》	2
7	《六韬》	2
8	《尉缭子》	2
9	《尚书》	1
10	《论语》	1
11	《旧唐书》	1
12	《〈通典〉李靖语》	1
13	《诸葛便宜十六策》	1
14	不详	1
合计		100

其二,百种战法所用"事典",主要采撷自宋前史书。该用典手法与南宋张预所编选的《十七史百将传》十分相似。张本是在各将军传记之后,结合《孙子兵法》解析。《百战奇法》则是先结合《孙子兵法》阐述战法,再引述史例,具体见表2。

表 2 《百战奇法》引用史例汇总

序号	史例出处	数量
1	《三国志》	19
2	《晋书》	16
3	《史记》	14
4	《旧唐书》《新唐书》	12
5	《左传》	10
6	《后汉书》	8

序号	史例出处	数量
7	《北史》	6
8	《新五代史》《旧五代史》	4
9	《汉书》	3
10	《隋书》	2
11	《周书》	1
12	《晏子春秋》	1
13	《吴子兵法》	1
14	《孙子兵法》	1
15	《南史》	1
16	《陈书》	1
17		100

其三,《百战奇法》的战例选用,有五则与《孙子兵法》杜牧注中选用的战例一致,不过《百战奇法》引用交代的时间更加明确。据此可以明确推断二者有必然联系。如"谋战""形战""虚战""归战""易战"等用例与杜牧引例相同,只是引述详略不同而已。

其四,《百战奇法》的战法阐述有二十多则,其大意与《孙子兵法》张预注语相近,甚至有部分阐述句子完全相同。应是《百战奇法》参考并借鉴了张预的解读,为便于表达,个别地方直接引用原句。如,"知战""利战""远战""必战"等战例引用与张预相同,语言相近。而"选战""谷战""致战"则连阐述的句子也相同。"知战""争战""重战""劳战""败战"等阐述的句子也高度相仿。

综上所述,我们可以明确推断:《百战奇法》系编辑本,非原创本;《孙子兵法》张预注本是其直接源头。而作者刘基,应当可以排除。若要推测其写作时间,大约有两种可能:一是《武经七书》出版之后的南北宋之交;二是元明朝代更替之际。而第二种的可能性最大。《孙子兵法》张预注出版之后,如果广为人知,《百战奇法》不会如此神秘。因为从注本的内容看,《百战奇法》更像是《孙子兵法》张预注的通俗解读本或者叫《孙子兵法》演绎普及本。

三、刘家兵法继承与实践

那么现在要探讨的就是刘基是不是编者？

《太祖实录》《明史·刘基传》等关于刘基形象的亮点，是善观天象、未卜先知。如："仰观俯察，独断无疑"，"百无不当"。兵法在刘基相关的文字资料中也多有提及，但后人评价刘基多用"韬略""谋略"，而少说"兵法"。"刘文成，则子房也"（《国榷》），"刘文成谋臣之首"（《池北偶谈》）。

如果说"上兵伐谋"，那么刘基运筹帷幄，他的层次应在"上兵"之上。毕竟刘基不是武将，而是谋士。比如，与刘基同事的郎中陶安就说："臣谋略不如（刘）基。"（《续资治通鉴》）所以研究刘基要多从"韬略"入手，以它为主，而"兵法"仅算其次。"韬略""谋略"，指战争中所采取的政策、计谋、策略、手段，它含义比"兵法"阐述的内容要丰富。

当然，刘基在兵法运用上是十分熟练的。比如对于书籍，"凡天文、兵法诸书，过目洞识其要"。用兵则讲究方略，如朱元璋派遣都督冯胜带兵攻城：

> 公（刘基）书纸授之，使夜半出兵。云："至某所，见某方青云起，即伏兵；顷有黑云起者，是贼伏也，慎勿妄动；日中后黑云渐薄，回与青云接着，此贼归也，即衔枚蹑其后击之，可尽擒也。"众初莫肯信，至夜半，诣所指地，果有云起如公言，众以为神，莫敢违，竟拔城擒贼而还。"

刘基制伏敌人，好比囊中取物，厉害无比。

至如对孙子兵法的了解，刘基说："吾尝读《孙子》十三篇，而知古人制敌之术。"他在《赠弈棋相子先序》一文中，更是借用兵之道大谈棋道，可知其对兵法娴熟于心。

> 盖棋,末伎也,而有用兵之道,可以通人之智,知缓急、存亡、进退、取舍,有乘机、应变、攻守之法。避实击虚、投间抵隙、兼弱取乱之道,无所不备。

再说刘基的次子刘璟,《明史·刘璟传》中说他"喜谈兵","究极韬略、握奇诸说"(《易斋集》)。燕王朱棣称兵后,"令参李景隆军事"。他为军事高参。这点倒是继承了刘基的优点。

由此可见,刘基自南宋先祖以来到他儿子这代,其实都没有离开过军事兵法,这是确定无疑的。只是刘基研究的层次更高,他并非停留在所谓"兵"的层面。"夫兵,圣人之所恶。"(《春秋明经》)刘基对于"兵"的认识是遵从圣人之道,即以"天道""王道"为上。"兵法"只是实现"天道"、成就"王道"的利器而已。

由此看来,《百战奇法》并非刘基终生守之并奉为经典的不传之秘。如果换成刘璟,或许是可能的,毕竟两人的学养修为不同。而且宋代出版的《孙子兵法·张预注》以及《百将传》(张预著),类似的兵法传播已比较成熟。所以要在《百战奇法》与刘基之间找到必然的传承关系,只能把时间定位在元末或明初的一段时间。刘基在元末归隐山林,为孩子授经,其为乱世的教本;或者明初担任太子赞善大夫时,刘基将它作为皇子的学习读本。这两种都有可能。刘颉珵宗亲认为,该书是在洪武八年刘基病故之前的几年(1371—1375),受皇命嘱托而编撰的。这个时间逻辑上也说得通。但上述几点,都是推测,至今都还没有令人信服的证据。如果家族遗训除了人证,还有物证,那么这个问题就可以迎刃而解了。

四、《百战奇法》最早的刊印本

为此我们把研究方向切换到《百战奇法》最早出版的旧本。如果从那里能发现一些端倪,未尝不是一件好事。

但是,实际情况是令人费解的。弘治十七年(1504)左参政李赞作序的《百战奇法》本,"书亡其作者姓氏",即不见作者姓氏。至于其中来历倒是书写详细:

> 西安守马君思进,为南御史台时,尝于所知得《百战奇法》一书,比治西安,值三边多事,谓是书不宜秘也,乃命工镂板以传,而谒余以序之。

弘治十七年(1504)距刘基去世(1375)年,过去百多年。该书作者湮灭,无论如何是不应该的。所以我们在明初杨士奇编辑的《文渊阁书目》中虽见到《百战奇法》书目,但不著撰者。可见在明初乃至到了弘治年间该书出版,都没有见到作者署名。他与刘基是否有关系,是无法说得清楚的。

从当前可以看到的史料记载,马思进曾就任于御史台,后出任西安守臣。他从好友那里得到秘本,而后再公之于世。至于文中提及的"所知"到底是谁,序言则已隐去。这种避讳,可见秘本来历不凡。考察马思进的好友,这是个很艰巨的任务,因为史料毕竟很少。我们只能从可能性的角度做个推测。

李承芳是马思进的好友,其弘治年间中进士,官大理寺评事。他有首题为《怀侍御马君思进》的诗作,写作时间应是马思进赴任西安之后。读其诗,可见两人情谊深厚。

> 蜀道通天上,长安近日边。夫君在何处,魂梦苦相连。诗句人传道,恩私骨拟镌。湖南多旧迹,春草自年年。

"嘉鱼二李"(李承芳、李承箕)在明代弘治年间以文学而闻名于世。考察其学问的师承关系(李承芳、李承箕—陈师章—吴与弼—吴溥),可以溯源到明初的吴溥(1367—1426)。他与杨士奇同朝为官,杨士奇是《永乐大典》总裁官,而吴溥为副总裁。另外他还参与了《太祖实录》的编纂工作。所以对于明初旧事知道得

十分详细。如果说,《百战奇法》从吴溥手中传抄,再数代流传,
"亡其作者姓氏"也是情理之中。

虽然关于《百战奇法》的作者探索还没有明确的结论,但无论
如何,至少《百战奇法》的秘本是传承下来了。今天我们依然能看
到这本著作,并时时感叹其分科之巧妙、选例之精当、表达之晓
畅,这得感谢即将在历史中隐去姓名的马思进和李赞。

"天机"·"天意"·"天道"

——刘基谋略中的"天人之策"

苍南县江南实验中学　刘日良

"三分天下诸葛亮，一统江山刘伯温"，历史上刘基（字伯温）以佐命明朝建鼎而功垂千秋，其参赞军机、策划谋猷之能，被后人视为传奇。其所陈《时务十八策》，切中肯綮，为朱元璋所叹服，倚为臂膀，媲美张良。所惜策论没有传本，但从记载的史籍资料来看，刘基确有"通天地人"的本领，后人尊其为"帝师""王佐"，实至而名归。笔者在研读之中，发现刘基确有诸多过人之处，尤其是"谋略中的'天人之策'"，值得挖掘整理并加以弘扬。透天机、借天意、循天道，笔者认为这是其"天人之策"的三个核心要素。现结合相关史料及诗文著作阐述如下，以期抛砖引玉。

一、透天机

"天机"是什么？可以指先天赋予的灵机，也可以指上天的机密。本文所论即以第二种意思为准。凡人常人如何看透上天的机密，这就需要天赋异禀，能知人所未知、发人之所未发。古人喜欢说"未卜先知"或者说"预测"。以当下流行的词语来说，就是"形势预判"。天气可以预报，天下形势亦可以洞察预判。诸葛亮未出隆中，已知天下三分，这是诸葛孔明的智慧，他准确预估了天下形势的发展。元末天下纷乱,谁可逐鹿中原,国家未来形势如何发展,古人喜欢借助天象变化,或是占筮预测等来表达看法。"观天文以察时变,观人文以化天下",这是《周易》的文化传统。刘基继承理学之脉络,仰观俯察是其必修之课。格物致知,本就是儒生之常态,不能简单地冠之以"封建迷信"而不去考究。

(一)识先主于未发

刘基元末任江浙儒学副提举时,与好友鲁渊、宇文公谅等游西湖,大家吟诗作对,议论时局,是很平常不过的事。据《明太祖实录》所载,刘基大胆敢言,风格与众不同:

> (刘基)尝与鲁渊、宇文公谅等游西湖,适有异云起西北,光照湖中,渊等以为庆云,将赋诗纪之,基独纵饮不顾,徐言曰:"此天子气也,应在金陵,十年后当有王者起其下。"时杭城犹全盛,渊等大骇,以为狂,人亦无能知者。

刘基说,十年后当有王者起于金陵之下,时人以为张狂。从《实录》的本义来说,故事有渲染"受命于天"的意思。可是为什么是刘基而非其他人?因为刘基确有观察星相、预判时局的本事。

其一,根据四库本《江西通志》(卷一百六十)记载,刘基曾从曾义山、刘俤、邓详甫等人习得秘术。如邓详甫:"高安隐士也。尝遇异人授象纬韬矜之秘,避世不仕。""刘基来丞高安,详甫见而奇之。基与游,尽得其蕴,论者比之圯上老人云。"[①]

其二,与朱元璋共事间,朱元璋也知其术数之授受来历,曾多次对刘基的善占善谋点赞,"任以心膂",后曾授刘基为"太史令",主管历法天象。《诚意伯诰》赞他"能识主于未发之先,愿效劳于多难之际,终于成功,可谓贤智者也"。《弘文诰》赞说:"当是时,

---

① 《江西通志》卷一百六十,转引自周松芳《刘基与谶纬术数关系平议》,《浙江社会科学》2008 年第 2 期。

括苍之民尚未深信,尔老卿一至,山越清宁。……及将临敌境,尔乃昼夜仰观天象、慎候风云,使三军避凶趋吉,数有贞利。"

其三,据《明史·刘基传》记载,刘基告病还乡后,"疾笃,以天文书授予琏曰:'亟上之,毋令后人习也。'"凡此种种,可见刘基之善观天象,善察时局。"参透天机",确是他能帷幄其谋、襄赞其君的本事之一。

洪武癸亥(1383)孟春,黄伯生撰写的《诚意伯刘公行状》和隆庆元年(1567)张时彻撰写的《诚意伯刘公神道碑铭》均载有说客游说刘基称王的史事。刘基对于他人的劝进丝毫不动心,且告知来客"天命有归,子姑待焉",又于朱元璋"下金华,定括苍"之时,指天象说"此非向所云天命者乎!"①都印证了刘基"识先主于未发",透天机于未成。所以元末刘基与好友纵论天下形势,并"识先主于未发",符合当时的实情。

(二)条答悉中机宜

自刘基辅佐朱元璋之后,刘基就成为朱元璋身边最重要的谋臣。刘基即使丁忧在家,朱元璋也常以书即家,咨以天象,访以军国要事。《翊运录》《太祖实录》等史料记载,至正二十二年(1362)二月,刘基回乡葬母,至正二十三年(1363)春丁忧毕。其间,朱元璋曾多次派人写信咨询,刘基"随问条答,悉中机宜"。

下封《御名书》,可以侧面看出刘基谋事非常有前瞻性。如别后"屡有不祥,皆应先生前教之言",朱元璋盼望刘基"发踪指示"之心极为恳切,甚至要求刘基将"年月、吉日、时辰、方向、门户择定"一一密奏,以决心中之疑。原信摘引如下:

> 顿首奉书伯温老先生阁下:愚与先生自江西别后,屡有不祥,皆应先生前教之言。幸获殄灭奸党,疆域少

---

① 《明开国翊运守正文臣资善大夫赠太师谥文成护军诚意伯刘公神道碑铭》,载张时彻《芝园定集》卷四一。

安。收兵避暑,遣人专诣先生前,虔求一来。望先生发
踪指示耳,日夜悬悬。六月二十二日克期回得教墨,谕
以六月、七月间举兵用事,不利先动,当候土木顺行金星
出见,则可。使愚一见教音,身心踊跃,足不敢前,如此
者何?盖以先生一二年间以天道发愚,所向无敌,今不
敢违教。然择在七月二十一日甲子,未得吉时,是以再
差人星夜诣前,望先生以生民为念,德教为心,早赐来
临,是所愿也。如或未可即来,可将年月、吉日、时辰、方
向、门户择定,密封发来,实为眷顾。惟先生亮察,不备。①

再如朱元璋《又御名书》,对刘基的预测也是佩服得五体投
地。信中说:"去岁先生行,曾言及湖广之事,一去便得。然得不
得,直候正月尽间,二月内可得。果然初至湖广,贼人诈降,后又
坚壁不出,至今未下,实应先生之言矣。"②

刘基之所以在朱元璋的幕僚之中脱颖而出,并被倚重,确实
是因为他能言人之所未言、发人之所未发,且切中机宜,时有应
验。这就瞬息万变的天下形势而言,即是决胜的王牌。

(三)观象以决胜负

《明太祖实录》记载,辛丑(1361)年,朱元璋征讨陈友谅,陈兵
九江。朱元璋以军事咨询刘基,刘基回答说:"今天象金星在前,
火星在后,此天命也。"朱元璋听完十分高兴,即刻命令出师征讨。
初战皖城,"自旦至昏不拔",刘基献计径取江州,最后陈友谅率众
向湖广逃窜,江州投降。

关于刘基参赞军机的记述中,常常伴有"天象"的分析。从今
人看来仿佛故弄玄虚,可是中国古人深受"天人感应"之说的影
响,这已经成为一种特殊的文化,诸如行军打仗无不择吉而动。

---

① 《诚意伯文集·翊运录·御名书》。
② 《诚意伯文集·翊运录·又御名书》。

《孙膑兵法》说："天时、地利、人和，三者不得，虽胜有殃。"大凡"天时"是决策者必要考虑的重要因素之一。《明太祖实录》《明史》均有关于这类的事件记载，又不得不让人相信其有内在的逻辑关系。

《明史》载有"鄱阳湖大战"，刘基择于"金木相犯"之日决战，事件过程颇为详细，兹引如下：

> 寻赴京，太祖方亲援安丰。基曰："汉、吴伺隙，未可动也。"不听。友谅闻之，乘间围洪都。太祖曰："不听君言，几失计。"遂自将救洪都，与友谅大战鄱阳湖，一日数十接。太祖坐胡床督战，基侍侧，忽跃起大呼，趣太祖更舟。太祖仓卒徙别舸，坐未定，飞炮击旧所御舟立碎。友谅乘高见之，大喜。而太祖舟更进，汉军皆失色。时湖中相持，三日未决，基请移军湖口扼之，以金木相犯日决胜，友谅走死。其后太祖取士诚，北伐中原，遂成帝业，略如基谋。[①]

同时，在鄱阳湖大战中，刘基还有救驾于危难的神奇故事。这看似巧合，却也从侧面证实了刘基在决战中确实精于天象观察，并有未卜先知的本事。如明代尹守衡《皇明史窃 • 诚意伯世家》记录："战方酣，基忽起跃大呼手捧太祖急更舟，太祖急如基语更舟，而前舟敌炮碎矣。"[②]

再如《明太祖实录》记录有另外两件应验神奇的战事：

> 一日，基见日中有黑子，言于上曰："东南当失一大将。"已而参军胡深攻福建，果败没。
>
> 他日上谓基曰："吾昨梦三人头上有血，以土傅之，

---

① 《明史 • 刘基传》。
② 《诚意伯世家第七》，载尹守衡《皇明史窃》卷二一，明崇祯刻本。

此何应也?"基曰:"三人头上有血,众之象也,以土傅之,乃得众得土之兆,后三日当有报至。"越三日,海宁果以城降。①

"失将""得城",刘基距离战场千里之遥,如何下此决断呢?"天象""梦境"确为其占卜的外象,而实际则是刘基对整个战局极为细微的观察与分析,不得不令人佩服。我们当下回看这段历史,也不能仅用巧合来解释。

二、借天意

古时的"天意",直译为"上天的意思",这是古人在认识上的表述,刮风下雨,自然现象与社会人事活动关联起来,就有诸多占卜预测的术数之学。古人接受自然的安排,也把对不可改变的事实当作"天意",看似有唯心的趋向。如果我们把天地自然运行与社会形势发展联系起来看,"天意"所包含的内涵就有更加积极的现实意义。从当下的视野去审视历史,也许能打开更宽广的思路。刘基元末追随朱元璋,这是经过深思熟虑的,他没有选择张士诚、陈友谅,就是对天下大势做了深刻分析的。而在为朱元璋出谋划策的十多年时间里,刘基借助"天命""天象"纵论军事、政治,常常出其不意而又效果显著,这就是刘基"天人之策"的重要内容,也是他运筹帷幄的典型特点之一。

(一)定决策以成大业

朱元璋平定天下最重要的一项抉择:是先取张士诚还是陈友谅。从《明史》等资料留下来的记载来看,刘基为朱元璋所献的计策是"先陈后张"。

―――――――――

① 《明太祖实录·刘基传》。

太祖问征取计，基曰："士诚自守虏，不足虑。友谅劫主胁下，名号不正，地据上流，其心无日忘我，宜先图之。陈氏灭，张氏势孤，一举可定。然后北向中原，王业可成也。"

这是刘基对当时元末几支反元军队的总体评价，在某种程度上堪比诸葛亮的"隆中对"。他的分析鞭辟入里，说中了朱元璋的心怀。

太祖大悦曰："先生有至计，勿惜尽言。"会陈友谅陷太平，谋东下，势张甚，诸将或议降，或议奔据钟山，基张目不言。太祖召入内，基奋曰："主降及奔者，可斩也。"太祖曰："先生计安出？"基曰："贼骄矣，待其深入，伏兵邀取之，易耳。天道后举者胜，取威制敌以成王业，在此举矣。"

"天道后举者胜"，只有深谋远虑的人才有如此的定力。刘基的天人之谋已然胸有成竹。一是"贼兵骄"，所谓骄兵必败；二是"以逸待劳"，伏兵取之；三是鼓士气，取威制敌，建功立业的时机已到；四是起用康茂才，使用诱敌反间之计；五是利用天时，刘基预测天将雨，"当乘雨击之"，是时果然大雨，"友谅兵大溃走……杀溺死者无数，生擒七千余人，收得巨舰百余艘，战舸数百"[1]。至正二十年，这一场应天战役的胜利，更加坚定了朱元璋对刘基谋略的认同，也充分奠定了刘基在谋士中的地位。至正二十三年的鄱阳湖大战更是创造了战争史上的奇迹，刘基一如诸葛亮般神机妙算，受到后人的膜拜和景仰。

---

① 《明史纪事本末》卷三。

(二)撤御座以树权威

1355 年,韩山童之子韩林儿被迎立为帝,国号宋,称为"小明王"。之后在各地混战中,小明王一直为朱元璋所挟持,直至 1366年于瓜步沉江而亡。

对于小明王,最初,太祖认为韩林儿是宋室之后,且已经称帝,只能按旧制尊奉。刘基对此的态度十分坚决。至正二十一年年初,中书省设置御座,大家就此行礼。群臣之中,唯独刘基没有行礼,说:"牧竖耳,奉之何为!"于是觐太祖,陈述"天命"所在。其间的细节留在文史中资料的不多,但从明代尹守衡撰写的《诚意伯世家》中可以窥知大略:

> "如此复当有项羽义帝之衅?"太祖乃大感悟,立撤之。①

项羽刺杀义帝(楚怀王孙子熊心),一直也为后人所诟病,最主要的原因是给当时诸侯留下大逆不道的口实。刘基以此提醒朱元璋,就是为即将鼎立的大明王朝巩固稳固的政治基础。"天与弗取,反受其咎","小明王"之存废事关王朝根基,在元末群雄逐鹿的年代,不学霸王刺杀义帝以落人口实,而是撤去御座提前树立自己的威信,刘基是有远见的。

(三)立朝纲以正人心

至正二十七年(1367)十月,刘基任御史中丞,之后主持朝中纲纪,直至告病还乡。刘基任上刚正不阿,斩杀李彬一事,是刘基入明后做的一个十分重要的决断,对其个人而言,并无好处,但"盗贼之诛,于法无宥";"刑,威令也,其法至于杀,而生人之道存

---

① 《诚意伯世家第七》,[明]尹守衡:《皇明史窃》卷二一,明崇祯刻本。

焉。"只有严肃法纪,才能确保法令之权威,"以正百官"。《明史·刘基传》载:

> 中书省都事李彬坐贪纵抵罪,善长素昵之,请缓其狱。基不听,驰奏。报可。方祈雨,即斩之。由是与善长忤。帝归,愬基僇人坛壝下,不敬。诸怨基者亦交谮之。[①]

对于李善长的求情,刘基并没有徇私枉法。李善长以天旱祈雨、不宜杀人为由阻止,刘基愤然说:"周饥克殷而年丰,卫旱伐邢而雨,杀李彬天必雨。"刘基之果断,既有利用善观天象的本事,更有整肃纲纪的决心。但这次却不如之前的巧合,李彬杀了,天并不雨,刘基便遭了罚。天象判断的失误并没有改变刘基借此推行政令,反而更加坚定他的决心,由此也更突出了他在"御史"任上一心为公的政治素养和蠲洁不党、坦荡无私的高贵品质。其不畏权贵、整肃朝纲的坚决态度反而令人肃然起敬。

刘基执掌御史台,为朝廷"正人心",是他分内该做的事。《春秋》曰:"为人君者,正心以正朝廷,正朝廷以正百官,正百官以正万民,正万民以正四方。四方正,远近莫敢不壹于正,而亡(无)有邪气奸其间者。"刘基之抉择,即代君主"承天意以从事",如后人评价的一样"秉礼义以权衡"(清代桂龄联语),果决有胆,刚正不阿。

(四)进良言以施仁德

自辅佐朱元璋以来,刘基自是兢兢业业,时常成为朱元璋的贴心谋臣。《弘文馆诰》朱元璋就曾说:"随朕征行,每于闲暇数以孔子之言,开导我心。""昼夜仰观天象、慎候风云,使三军避凶趋吉。"刘基常以天时、天意开导朱元璋,也时时进谏忠言。

吴元年(1367),刘基任太史令,《明史》记载,当时荧惑守心,

---

① 《明史·刘基传》。

刘基请皇帝下诏罪己。又遇到天气大旱,刘基又请求处理滞留下的积案。朱元璋即命令刘基平反,之后大雨倾盆而下,朱元璋十分感动。刘基借此奏请皇帝"立法定制,以止滥杀"。古人相信天人感应,"借天象"警告君王失道,并以此自勉也是常有的事情。

再如,海宁受降之前,刘基凭借自己擅长占卜之术,为朱元璋解梦,并进言救了受刑之人,也算两全其美。对此《明史》就有专门的记录:

> 太祖方欲刑人,基请其故,太祖语之以梦。基曰:"此得土得众之象,宜停刑以待。"后三日,海宁降。太祖喜,悉以囚付基纵之。①

其实刘基知道:"天道何亲?惟德之亲;鬼神何灵?因人而灵。"刘基《天道》篇就对此提出过质疑:"人灵于物者也,何不自听而听于物乎?"因此,纵观刘基的占卜立论或进谏忠言,或救人于危难,都是"以儒家正统的伦理道德为旨归"②。

三、循天道

今天我们研究刘基文化,是想从古人走过的路子上发现值得借鉴的谋略方法。从上述的史实来看,刘基成为"帝师""王佐",离不开古代"受命于天""替天行道"的政治理念。但是如何从简单迷信的信仰中解放出来,让刘基重回"士人"角色,并在我们客观地审视中挖掘有益的智慧资源,见贤而思齐,就具有重要的现实意义。刘基在《天说》,就明确说及"好善而恶恶,天之心也""人也者,天之子也,假于气以生之,则亦以理为其心""天之好生矣亦

---

① 《明史·刘基传》。
② 周松芳:《刘基与谶纬术数关系平议》,《浙江社会科学》2008 年第 2 期。

尽其力矣"等"天道"观。笔者在研读中发现,刘基的"循天道"才
是帝师真正的"天人之策",这是刘基思想最核心的智慧,归纳主
要体现在以下方面:

(一)顺天时,应民意

元末,群雄纷争,刘基隐退南田,著书立说,也许就此终老于
林泉之中。但是农民起义风起云涌,元朝大势已去,江山易主已
是必然;加之各地纷乱,百姓罹难,南田一带也未能幸免。刘基想
偏安一隅,做个遗民而不得。其心中的一团火隐隐燃烧。

> 仆愿与公子讲尧禹之道,论汤武之事,宪伊、吕,师
> 周、召,稽考先王之典,商度救时之正,明法度,肆礼乐,
> 以待王者兴。①

随着朱元璋攻城略地,逐步具备逐鹿中原的实力,刘基在征
得其母的意见后,审时度势,在隐居不到两年的时间,答应孙炎盛
邀,并于至正二十年(1360)三月到应天(今南京)向朱元璋上呈
《时务十八策》,从此辅佐朱元璋南征北战,运筹于帷幄之中,最后
一统江山。"天之将雨也,穴蚁知之;野之将霜也,草虫知之。"刘
基洞察时局,顺应天时,其抉择至今看来都是对的。这和他有"宪
伊、吕,师周、召"的伟志以及"循天道以兴王业"的大抱负和大胸
怀有关。除了顺天时,刘基还主张"顺应民意"。这点和董仲舒的
"天人之策"颇为相似:

> 王者上谨于承天意,以顺命也;下务明教化民,以成
> 性也;正法度之宜,别上下之序,以防欲也。修此三者,
> 而大本举矣。②

---

① 《诚意伯文集·郁离子·九难》。
② 《春秋繁露》。

君主受命于天,只有爱民如子,顺应民意,才能逐步臻至三王之道,教化百姓,从而立起千秋功业。刘基深研《春秋》,"循天道"的学术思想多少是受了董仲舒的启发。

(二)知恩遇,忠大道

洪武三年(1370),明沿用唐宋之制,设弘文馆。七月任命刘基为弘文馆学士。任上,刘基辅佐朱元璋恢复了科举制度,并于洪武三年八月任京师乡试主考。朱元璋对刘基十分信任,他给刘基的弘文馆诰命写得十分恳切:

> ……尔资善大夫御史中丞刘基,朕亲临浙右之初,尔基慕义。及朕归京师,即亲来赴。当是时,括苍之民尚未深信,尔老卿一至,山越清宁。节次随朕征行,每于闲暇数以孔子之言,开导我心,顾颇知古意。及将临敌境,尔乃昼夜仰观天象、慎候风云,使三军避凶趋吉,数有贞利。于戏! 苍颜皓首之年,当抚儿女于家门,何方寸之过赤,眷念不舍,与朕同游。后老甚而归,朕何时而忘也? 可御史中丞兼弘文馆学士散官如前,宜令刘基准此。洪武三年七月日。

这份信赖源自刘基不凡的韬略,更与他一贯的性格、作风有关。刘基"慷慨有大节",元时即考中进士,曾任浙江儒学副提举等职位,算是元朝高官。朱元璋打下应天后不久,刘基怀着"忧世拯民之心",出山辅佐朱元璋"拨乱世反之治,以成大一统之业"[①],其忠诚的对象不仅是一代帝王,更是他所秉持的大道。

《春秋繁露·顺命》说:"天子受命于天,诸侯受命于天子……诸所受命者,其尊皆天也,虽谓受命于天亦可。天子不能奉天之

---

① 叶蕃:《诚意伯文集·写情集序》。

命,则废而称公。"刘基的思想深受《春秋》影响,他追随的大道、公道就是他在《郁离子》中所设想的"尧禹之道",是天下大同的理想社会。因此,这样我们才能真正明白他仕途上的"四进四退"。他的儿子刘璟所写的《刘基像赞》,算是比较公允的评价:"虬髯电目,探天根兮斡地轴。扶龙兴云四方以肃。以生民休戚为忧喜,以大道晦明为荣辱。武功既成,而文治未尽其用者,盖天耶?抑人耶?"

(三)施仁爱,行仁政

"生民之道,在于宽仁",刘基的政治主张也深深影响着朱元璋的决策。《明太祖实录》记录着君臣的一段对话,可以看出他俩的共识:

> 上谓刘基曰:"昔者群雄角逐,生民涂炭,今天下次第已平,思所以生息之道,何如?"基对曰:"生民之道,在于宽仁。"上曰:"不施实惠,而概言宽仁,亦无益耳。以朕观之,宽民必当阜民之财,息民之力。……"刘基顿首曰:"此所谓以仁心行政也。"

由此来看求雨一事,刘基借天旱求雨,请求朱元璋善待士卒及家属,刘基上奏说:"士卒物故者,其妻悉处别营,凡数万人,阴气郁结。工匠死,胔骸暴露,吴将吏降者皆编军户,足干和气。帝纳其言。"这是"宽仁"方略的具体体现。只是朱元璋更在乎至高无上的统治地位,他的"宽仁"以服务皇权为基础。"旬日仍不雨,帝怒。会基有妻丧,遂请告归。"刘基牺牲个人私利而施仁心,行仁政,也是他最后虽被苛责但又得到眷顾的原因。

"屈民而伸君,屈君而伸天,《春秋》之大义也",《春秋》之政治,提倡"以人随君,以君随天"。刘基对朱元璋提出的仁政,恰是以"大义"为先,即使让皇帝心有不满,也不去避讳。为人主者,虽有生杀予夺之权,但"王者配天,乃是王道","仁"为天心,王者通天地人,受命于天,故要取仁于天而行仁政。因"仁"而成"圣"才是"三王"之道,这也是刘基主张"宽仁"的重要原因。

(四)尽人谋,致诚意

朱元璋与刘基"论相",是刘基生涯中特别值得一提的事。因为从"论相"中,既可以看出刘基有着高瞻远瞩的智慧,更可看出他忠于大道、诚于心意的品质。

> 初,太祖以事责丞相李善长,基言:"善长勋旧,能调和诸将。"太祖曰:是数欲害君,君乃为之地耶?吾行相君矣。基顿首曰:是如易柱,须得大木。若束小木为之,且立覆。及善长罢,帝欲相杨宪。宪素善基,基力言不可,曰:"宪有相才无相器。夫宰相者,持心如水,以义理为权衡,而已无与者也,宪则不然。"帝问汪广洋,曰:"此褊浅殆甚于宪。"又问胡惟庸,曰:"譬之驾,惧其偾辕也。"帝曰:"吾之相,诚无逾先生。"基曰:"臣疾恶太甚,又不耐繁剧,为之且孤上恩。天下何患无才,惟明主悉心求之,目前诸人诚未见其可也。"后宪、广洋、惟庸皆败。[①]

刘基坦诚直言,襟怀坦荡,对于李善长、杨宪等,刘基举贤不避嫌隙,任人不唯亲善,凡有决断皆从大局出发,思虑缜密,切中肯綮。最后杨宪、汪广洋、胡惟庸的失败,确也看到了刘基谋划之远、判断之准。

洪武七年(1374),刘基告老还乡。临别之前,虽然君臣之间已有罅隙,仍不忘谏言天子:"凤阳虽帝乡,然非天子所都之地,虽已置中都,不宜居。扩廓帖木儿虽可取,然未可轻。"临终前,他还告诫长子刘琏上呈密信,谏言为政当"宽猛相济",其赤胆忠心可昭日月,一生无愧"诚意"二字。

---

① 《明史·刘基传》。

(五)去爵禄,弃机巧

刘基功勋卓著,但常辞爵以养道,不贪战功,不图享乐。朱元璋曾多次想给刘基晋爵,都让刘基婉拒了:"陛下乃天授,臣何敢贪天之功。圣恩深厚,荣显先人足矣!"[①]当然,刘基作为谋臣,深谙官场进退之险。急流勇退,明哲保身,何尝不是避险以保天命的谋略。

经历过官场跌宕的刘基,洪武四年(1371)终于告老还乡。刘基归隐山林,"惟饮酒弈棋,口不言功"。邑令求见不得,乔装为山村野人拜谒刘基,刘基让孩子引入茅舍,煮饭招待县令。县令告知曰:"我是青田知县。"刘基"惊起称民,谢去,终不复见"。如此谦卑的态度,让人仿佛忘记他曾是追随朱元璋叱咤风云的谋臣刘基刘伯温。后人评价他说"功成身退""高风亮节",是十分公正的。

洪武六年(1374),因为胡惟庸的构陷,为避免谈洋事件引来大祸,刘基"入朝引咎自责",干脆就留在京城,不再谈回家之事。繁华褪尽,归于沉寂,刘基像飘落在地上的一片叶子,依偎着朱元璋这棵大树,放弃一切机巧之法,过上"无为"的留京生活。这看似十分拙笨的方法,却也保住了自己及合家大小的性命,是真正的大智谋。

洪武八年(1375)正月,刘基病危,朱元璋良心过不去,"亲制文赐之",派遣使者护送回家。刘基临终前数日,"以所藏天文书授琏,使服阙以进,且戒之曰:勿令后人习也"。又交代次子仲璟在他死后,皇上如有问他遗言,可以把"修德省刑","为政宜宽猛相济","天下诸地宜与京师形势联络"等语密奏皇帝。如此以退为进的方法,可知刘基对时局的准确把握,更是他对天道、人事的一次参悟。人生有代际,尧舜之道,大同的理想社会,也并非一代人就可以完成的。"退步原来是向前",临终前的刘基已然超脱世俗的想法,算是大彻大悟了。

---

① 黄伯生:《故诚意伯刘公行状》。

四、结论

简而言之:天机者,时也;天意者,势也;天道者,致中和而已。刘基之"天人之策",其实简单了说就是与时俱进,顺势而为,最后实施天道仁道,以求政治通畅、行业兴旺、百姓和乐。这也是一位儒者实现自己人生目标的重要法则。"得道多助,失道寡助",这是千古不易的道理。如果从这个终极目标去看历史谋臣的功过是非,你会发现他所用的手段、所展示的智慧、所完成的历史使命,都是可以理解的。刘基识先主于未发,有通天地人的本领,对元末形势了如指掌,常能发人之所未发。襄助朱元璋后,刘基常借助天意,开导圣心,谋定大业,为千古人豪。其理政思想深受董仲舒的影响,讲究顺从民意,推行仁政,忠大道,致诚意,他以自己独特的谋略察时变,透天机,借天意,成王业,循天道,致大同,给后世留下一笔极为珍贵的精神财富。因此,面对历史,我们无须一谈"天机""天意"就贴上"迷信""愚昧"的标签。追溯历史,虽然那时的智谋、那时的人物、那时的故事,已被东去的大江淘尽,但沉淀下来的不仅有伟人高贵的品质,更有天道、人生一种恒久的规律:察时变以透天机,借天意以成王业,循天道以致大同。

《处州学卫道碑》与刘基处州功业

温州市网络作家协会副主席　高明辉

明成化《处州府志》有林彬祖《处州学卫道碑》[①]。吕冠南指出，此文为《全元文》失辑篇目[②]，《丽水市莲都区志》也曾转录全文[③]，但目前尚无学者对《处州学卫道碑》进行进全面研究，而该文对于研究刘基、石抹宜孙及晚元处州历史有着特别重大的意义，甚至可以附录于《刘基集》，特抄录全文并对相关略作考证。

一、《处州学卫道碑》录文

处州学卫道碑

[元]林彬祖

治道先文而后武，古之圣人教民有弗从，不得已而用辟，又不得已而用兵。兵戎所加，必先之告辞，反复启迪以冀其并生，此尤见文教之重也。

栝州环万山，人俗雅淳。曩时学校，兴儒风为盛。自群盗入闽关，侵轶吾境，蛮社扇惑，转相攻剽，兵戈日

---

①　《成化·处州府志》，方志出版社 2020 年版，第 49 页。
②　吕冠南：《日藏明成化〈处州府志〉文献价值考述》，《史志学刊》2020 年第 2 期。
③　《丽水市莲都区志》，方志出版社 2018 年版，第 1147 页。

寻,俗用嚣悍,教授失职去,学田没入盗区,廪庾空乏,游歌之士几于削迹。

至正乙未秋,今行枢密院判官石抹公,以浙东副节分府来治。公自为万户侯,有德于民,士民大悦。时守御单弱,公一按营垒,旌旗改色,乃去苛剔蠹,均赋程役,立城墉峙,储备训士,卒申诰令。有贼犯近郊,先锋破之。恶党远遁,良民安业。

明年春,前江浙儒学副提举刘君伯温,奉相之命宣谕郡邑,开自新之路,严估恶之诛。君以桑梓习知人情,公倾心听任,军政益治。于是,浮云倡顺,三都服业,西定松阳,北平缙云,遂昌请命而息争,青田献俘以自效。

会丞相兼领行枢密知院,以便宜进公判枢。刘君以都事升经历,分治如初。乃下令曰:诸邑之人,敢树党违拒,由教道不明也。大憝克清,人思自新,郡邑长吏其务,饰教事,学产所在各输租如期,山谷小民趋风恐后,陆负舟运,学廪充溢,士皆有养。遂聘前进士齐君志冲为经师,又选乡士之有学者,分教秀子弟。暇日,公辄与刘君礼其髦士,考论德业,人知奋励,俗化复改。学正祝宝、学录柳韶造彬祖,请曰:公卫吾道,以牖斯民,不弃昏迷,又加惠吾徒,使之有造,是乌可忘?愿述明德,勒之贞石。

呜呼!三纲五常,所以植立人世,不可使一日不明。《书》云:"伯夷降典,折民惟刑。"治道之隆也,仁涵义洽,礼俗靡间,刑寝而不施,武备固虚器耳!不幸反道悖德,冠攘奸宄,纵法不得贷,又可不教而尽诛之乎?圣有徂征,逆命而诞,敷文德贤,有下马投戈而讲道论艺,诚以用武非得已,修文不宜暂缺也。公勋庸世德,兼资文武,忠信明果,动合事机。刘君名进士,练达政务,出谋发虑,侃侃相得,故指麾闲暇而有安定之功,简书从委不废讨论之益,将使礼让之习胜,强暴之意自消;忠信之道惇,祸乱之源自灭。古称止戈为武,去杀为政者,必由此其道也欤! 公名宜孙,字申之,辽东柳城人。刘君名基。彬祖既述其事,复系以诗曰:

> 维文与武,王政大端。嘉靖有民,除其凶残。载戢我戈,维迪彝教。有教克从,孰为狂暴? 猗石抹公,文武为完。开府栝邦,辑宁七县。刘君既归,克左右之。锄强立柔,以德以威。恶化为善,咸莫非德。教育乾乾,忠义为则。穆穆宥府,揆政孔宜。翼翼儒宫,维教之基。政教并修,闻于上国。作此歌诗,以示来式。

至正十有八年(1358)二月朔记。

二、《处州学卫道碑》所述晚元处州史事考

卫道碑所述"自群盗入闽关,侵轶吾境,蛮社扇惑,转相攻剽,兵戈日寻,俗用嚣悍,教授失职去,学田没入盗区,廪庾空乏,游歌之士几于削迹",是指至正十二年蕲黄红巾军深入福建后继续进攻处州,继而引发处州境内"括寇""山寇"的形势。[①]

《处州学卫道碑》所述:"至正乙未秋,今行枢密院判官石抹公,以浙东副节分府来治。公自为万户侯,有德于民,士民大悦。时守御单弱,公一按营垒,旌旗改色,乃去苛剔蠹,均赋程役,立城墉峙,储备训士,卒申诰令。有贼犯近郊,先锋破之。恶党远遁,良民安业。"

这段记载可与刘基至正十六年《处州分元帅府同知副都元帅石末公德政碑颂》对读:

---

① 至正处州民变的全面叙述,参见郭玉刚:《石抹宜孙与处州形势变迁》,《第四届刘基文化学术研究论文汇编》上册(未刊本)。

行省又檄公分府处州。时处之属县皆有贼,松阳、遂昌在上游,去郡最近。冬十月,公帅师进讨,至宝定,而黄坛贼大出,焚民居,火照山谷。公分兵守宝定,自将麾下还城,而贼已薄河津,欲渡。先是,沿海军悉发往江东,城中留者不满数百人,又大半老弱。公夜部分居民,丁壮出拒战,斩不用命者三人,众乃齐奋,贼止不敢渡。时沿海军有自江东逃归者六十余人,公召谓曰:"女辈能破贼,吾当原女罪。"皆拜曰:"诺。"即遣渡水击贼,贼败走,明日退去。①

由此可知,石抹宜孙至正十五年秋返回处州之后,首先准备解决距离松阳、遂昌的民变武力,但率兵进讨的结果却是刚进至定宝时(今丽水莲都区碧湖镇保定村),"黄坛贼"吴德祥已经兵临处州州城,石抹宜孙被迫东返,但不管是"贼败走,明日退去"还是"有贼犯近郊,先锋破之。恶党远遁,良民安业",都只能说明石抹宜孙仅仅是击退"黄坛寇",处州形势并未得到根本性的好转,故苏伯衡称"丙申春,达识铁木尔来丞相江浙,时括属县六,寇居其五,故沿海檄万户石末宜孙以浙东副元帅领郡兵,弗克"②。

《石末公德政碑》谓"十有二月,公所募义士合击松阳贼,大破之,杀其酋,余众乞降,松阳、遂昌悉平",而《处州学卫道碑》只字未提,或与松阳、遂昌降而复叛有关。

这从另一个侧面说明刘基返回处州之前,处州形势并未得到根本性的好转。事实上,处州民变在此期间愈演愈烈,甚至蔓延到今金华境内的永康、东阳境内,"冬十二月,青田群盗寇永康,侯(东阳县尹吴普颜)不忍邻邑被害,乃团结乡兵抵永康以援之"③,至正十六月四月"缙云寇"甚至攻占缙云县城,"寇果复捣县郛,焚

---

① 林家骊点校:《刘基集》,浙江古籍出版社 1999 年版,第 192 页。
② 苏伯衡:《跋刘伯温先手手帖后》,转引自蔡堂根:《〈萧山任氏家乘〉中的刘基文献考述》,《文献》2012 年第 1 期。
③ 《吴普颜去思碑》,《全元文》第 54 册,第 23 页。

庐舍入据县治"①,而元军在集庆、平路诸路的战事又全面失败,因此江浙行省不得不起复刘基,即处州学卫道碑所述:

> 明年春,前江浙儒学副提举刘君伯温,奉相之命宣谕郡邑,开自新之路,严估恶之诛。君以桑梓习知人情,公倾心听任,军政益治。于是,浮云倡顺,三都服业,西定松阳,北平缙云,遂昌请命而息争,青田献俘以自效。

刘基《石末公德政碑》叙述这段史事非常谦虚地表示:"今予以行省檄与公同议招辑事,比至,而公处置已各得其当,因悉遵公行。于是七县豪酋,相继纳款,公之力也。"把一切功劳都归功于石抹宜孙,但实际情况却是"君以桑梓习知人情,公倾心听任,军政益治。于是,浮云倡顺,三都服业,西定松阳,北平缙云,遂昌请命而息争,青田献俘以自效",处州形势的彻底改变正是石抹宜孙与刘基精诚合作的结果。

苏伯衡在叙述这段历史时也说:"丙申春,达识铁木尔来丞相江浙,时括属县六,寇居其五,故沿海檄万户石末宜孙以浙东副元帅领郡兵,弗克,丞相到省,即起先生与先左司俱往,谕以文告之命而至括。"正是因为石抹宜孙在处州无法解决问题,所以江浙行省左丞相达识铁木尔才毅然决定起复在绍兴闲居三年的刘基。

刘基返回处州之后的史料较多。在这里补充一则目前很少人注意的史料,陈谧《午溪集》有《次林彦文县尹韵送刘伯温都事抚安青田》:

> 三月江南草色新,随车零雨浥轻尘。
> 绣衣奉命安民俗,玉斧扬威出使臣。

---

① 苏伯衡:《胡嘉佑传》,《苏平仲集》卷三。

玄鹤划鸣云洞晓，青芝遍布石田春。

太平气象今重见，老我甘为击壤人。[①]

从陈溢此诗来看，刘基在招辑事务上得到了江浙行省的充分授权可以便宜行事，即《处州学卫道碑》"奉相之命宣谕郡邑，开自新之路，严估恶之诛"，也就是《石末公德政碑》中提到的"今予以行省檄与公同议招辑事"，《倡和集序》里提到的"予至正十六年以承省檄，与元帅公谋括寇"，所以才会"绣衣奉命安民俗，玉斧扬威出使臣"。

而刘基返回处州后也第一时间"抚安青田"，《谕瓯括父老文》当作于同时，因此才会有至正十六年四月"黄坛寇"吴德祥才会将"十六年四月，复椎牛豕燕（宴）侯，送还州城"，将俘虏的叶琛送还州城并于五月降元，也就是《处州学卫道碑》中提及的"青田献俘以自效"。

但是刘基虽然因"抚安青田"在三月一度返回青田县，但一直忙于招辑处州各地民兵武装，直至同年十月才第一次返回南田故里[②]。

正是依靠石抹宜孙与刘基的精诚合作，才会有"七县豪酋，相继纳款"，稳定了处州局势，虽然"以其夏寇虽降而复反侧，且二岁迄不能底定"，但是自刘基返回处州之后，元军就一直占据着处州战场的主动地位。

《处州学卫道碑》中又提道：

会丞相兼领行枢密知院，以便宜进公判枢。刘君以都事升经历，分治如初。乃下令曰：诸邑之人，敢树党违拒，由教道不明也。大燉克清，人思自新，郡邑长吏其务，饰教事，学产所在各输租如期，山谷小民趋风恐后，

---

① 陈谧：《午溪集》卷七。
② 《丙申岁十月还乡作七首》，《刘基集》，第460页。

176

陆负舟运，学廪充溢，士皆有养。遂聘前进士齐君志冲
为经师，又选乡士之有学者，分教秀子弟。暇日，公辄与
刘君礼其髦士，考论德业，人知奋励，俗化复改。学正祝
宝、学录柳韶造彬祖，请曰：公卫吾道，以牖斯民，不弃昏
迷，又加惠吾徒，使之有造，是乌可忘？愿述明德，勒之
贞石。

据元史《石抹宜孙传》，石抹宜孙升枢密院判官，刘基以行省
都事升枢密院经历，皆在至正十七年，虽然《处州学卫道碑》称"分
治如初"，但是刘基在行省都事任上"奉相之命宣谕郡邑，开自新
之路，严估恶之诛"，得到行省的充分授权可以便宜行事，而升枢
密院经历之后变成了石抹宜孙的下属，虽然名义上"分治如初"，
但行省的授权无形消失，而石抹宜孙借机独揽大权，因此才会出
现只提及"公辄与刘君礼其髦士，考论德业，人知奋励，俗化复
改"，而无一字言刘基军功的现象，宋濂所谓"石末君……好自用，
幕下士多散去，部将胡君深、章君溢亦拥兵观望……石末君多用
故人摄县，弃行省承制所用者"当即此事。

三、《处州学卫道碑》所见人物

《处州学卫道碑》的撰写者林彬祖，字彦文，至正进士，林定老
（元延祐五年进士，元统元年除中顺大夫新州知州兼劝农事，故称
新州）之子，是刘基挚友。

贡师泰《玩斋集》称"彬祖至闽，以新州门人行枢密院经历刘
基状来谒铭。师泰惟新州领甲寅乡荐，时先文靖公为考官，及彬
祖之举，师泰又忝列校文，于林氏有再世之契。且刘君之言，信而
可征，是宜铭"，可知刘基不但是林定老门人，林定老行状亦为刘
基所撰，至正十七年林彬祖"以新州门人行枢密院经历刘基状"请
求贡师泰为其父撰写墓志铭，贡师泰审阅后认为刘基撰行状"信

而可征,是宜铭"。

林彬祖与刘基也常有交游唱和,刘基有《次韵和林彦文刘山驿作诗》《次韵和林彦文在缙云见寄》^①,陈谧《午溪集》有前述《次林彦文县尹韵送刘伯温都事抚安青田》,刘基至正十年作《季氏湖山义塾之记碑》,石碑原文作"文林郎江浙等处行中书省儒学副提举刘基撰,承务郎温州路永嘉县丞林彬祖书,承事郎处州路青田县尹叶伯颜篆额"^②,可见双方确为至交。

文中提及"遂聘前进士齐君志冲为经师",据《弘治徽州府志》至正四年乡试下有"齐志冲,婺源人,易山长",《乾隆松阳县志》元统教谕条下有"齐志冲,新安人",《成化处州府志》载有齐志冲龙凤五年(至正十九年)《李侯去思碑》。

文中提及的"学正祝宝、学录柳韶",因笔者读书不多,暂时未能翻检到相应资料。

四、《处州学卫道碑》所见刘基处州功业及
刘基与石抹宜孙关系

在刘基至正十六年三月抵达处州之前,处州战局并没有得到根本性的好转,民变武力不但席卷整个处州路甚至一度波及婺州路,刘基抵达处州后很短时间内凭借"以桑梓习知人情"与石抹宜孙招抚各路民兵武装,稳定了处州路局势,虽然"以其夏寇虽降而复反侧,且二岁迄不能底定",但是元军采取各个击破的战术逐次歼灭各路民兵武装,到至正十八年初最终围歼"黄坦寇"吴德祥平定处州。

在这个过程中,正如《处州学卫道碑》中所提及的那样,"君以桑梓习知人情,公倾心听任,军政益治","公勋庸世德,兼资文武,

---

① 《刘基集》,第464、491页。
② 《青田文物图集》,第214页。

忠信明果,动合事机。刘君名进士,练达政务,出谋发虑,侃侃相得,故指麾闲暇而有安定之功","猗石抹公,文武为完。开府栝邦,辑宁七县。刘君既归,克左右之",刘基有着与石抹宜孙相提并论的处州功业,王祎在《少微倡和集序》中才会称"至是丞相乃承制以石抹公为判官,刘公为经历,即州分院莅治焉。于是石末公以元勋世家文武两全,夙负重望,而刘公起家进士,雄文直节,冠冕士林"①,同样将石抹宜孙与刘基相提并论,两者共同创造了处州路的稳固局面。

但是石抹宜孙与刘基的良好关系到撰写《处州学卫道碑》的至正十八年初已经渐渐疏远,《处州学卫道碑》只字不提刘基至正十七年后的军功,显示刘基已逐步失去兵权。

林彬祖撰写《处州学卫道碑》虽是应学正祝宝、学录柳韶之请,但是此碑之立必是出于石抹宜孙之授意,若无石抹宜孙授意,林彬祖岂敢为石抹宜孙与刘基立碑。

石抹宜孙此举自是为缓和双方略显紧张的关系,而林彬祖不但是刘基至交,而且是石抹宜孙"多用故人摄县"中的一员,明太祖实录提及"石抹宜孙遣元帅叶琛屯桃花岭,参谋林彬祖屯葛渡,镇抚陈仲真、照磨陈安屯樊岭,元帅胡深守龙泉"②,可见林彬祖极受石抹宜孙信任,自然是安抚刘基的最佳人选。

只是双方已经不可能保持当初那种精诚合作关系,而在石抹宜孙大权独揽的压力与朱元璋军东进的形势之下,裂缝自然只能越来越大,最终导致刘基弃官归隐。

刘基门人徐一夔在《郁离子》序中称"已而南北绎骚,公慨然有澄清之志。藩阃方务治兵,辟公参赞,而公锐欲以功业自见,累建大议,皆匡时之长策。而当国者乐因循而悦苟且,抑而不行。公遂弃官去,屏居青田山中,发愤著书"③,刘基的归隐标志着处州

---

① 《王祎集》卷七。
② 《明太祖实录》卷七。
③ 《刘基集》,第676页。

路人心解体，当刘基弃官隐居山中时，章溢、苏友龙等纷纷跟着刘基弃官而去，甚至到了"幕下士多散去，部将胡君深、章君溢亦拥兵观望"，而在朱元璋军的巨大军事压力之下，人心崩散的处州易手只是时间问题。

刘基佚文《庆元路总管府题名记》小考

温州市网络作家协会副主席　高明辉

《成化宁波郡志》有刘基撰《庆元路总管府题名记》①，是一篇《诚意伯文集》失收的重要佚文，今略作考论。

庆元路总管府题名记

刘　基

有元诞受天命，奄宅四海，地大人众，振古莫及。皇帝惟生民之休戚，系在司牧。乃命大臣严简守令，亲承亲问，传乘如官所。于阿殷图公由江阴监州选为庆元路总管，三年政成而课最，朝廷采舆，议进公监郡，而以前两浙都转运盐使李公思敬代为总管。同寅协恭，悉仍旧政。会新修府治告完，二公乃相谓曰："兹郡为浙东大府，跨海为治，帅阃所临，视他郡为最剧，我辈以谫薄，首膺重任，大惧弗称以辜上心。今幸与民相安，可不益思自励，以答天子之宠命乎？惟题名古有其制，非以为夸也。名之存，实必随之。官政之臧否，弗逃于民口。闾巷之声，悲乐必形焉。得其心而祝，违之而讪。一有所触，其发不可掩，天下之情然也。使为政者昭其于石，必有指而祝者。否则，必有指而讪者。祝以为吾勉，讪以

为吾戒。勉则力之,戒则改之,庶民观之,予日察之。近
足以为吾规,远足以为后人惩且劝,则是石也庸可废
乎?"其僚属咸曰:善!且非独二守然也,吾属亦当如之。
于是自监郡以下,至于提控、案牍,莫不悉镌其名,俾来
者又继于后。

　　《庆元路总管府题名记》中虽无系年,但参照刘基生平行迹及
文中材料,可知作于至正十二年(1352),当与《庆元路新城碑》作
于同时。

　　《庆元路总管府题名记》中称阿殷图"由江阴监州选为庆元路
总管,三年政成而课最,朝廷采舆,议进公监郡"。而据《庆元路重
修儒学记》载"至正九年(1349),天子以阿殷图公尝长江阴州,有
治行,擢守兹郡"[1]。庆元路至正十一年(1351)儒学刻《玉海》亦有
阿殷图序"至正九年,余来守四明",可知阿殷图三年任满转任庆
元路达鲁花赤在至元十二年(元人将达鲁花赤称为监郡),与《庆
元路重修儒学记》"公宏吉刺氏,字嗣昌,以正议大夫升郡监"的记
载相符。

　　以"以前两浙都转运盐使李公思敬代为总管"的李思敬材料
极少,翻检《至正四明续志》有"定海县县尹李思敬:承务郎,至正
二年七月二十日之任"[2],当为同一人。

　　阿殷图以庆元路总管就地升任达鲁花赤,又以曾在庆元路任
职的李思敬代任庆元路总管府主管,当与至元十二年方国珍复叛
有关,元廷希望用熟悉庆元路形势的官员来稳定局面。

　　而庆元路文武官员也在进行着战前准备,浙东都元帅纳麟哈
刺重筑庆元城[3],阿殷图与李思敬也重修庆元路总管府并将总管
府官员名录刻著于石,刘基先后作《庆元路新城碑》与《庆元路总

---

[1]　《天一阁明州碑林集录》。
[2]　《至正四明续志》卷二。
[3]　《成化宁波郡志》卷一,刘基《元新城记》,即《刘基集》所收《庆元路新城碑》。

管府题名记》，而且当有一次失载的庆元之行。

至正十二年三月方国珍复叛，从《庆元路新城碑》"凡六月而城成"的记录来看，刘基此次庆元之行当在至正十二年冬季。

《至正四明续志》收有柳贯至元六年（1340）《庆元路总管府题名记》①，元明易代之后柳贯《庆元路总管府题名记》已经不合时宜，因此《成化宁波郡志》②撤去柳文改收明朝开国功臣刘基所作的《庆元路总管府题名记》。

但刘基《庆元路总管府题名记》亦多有歌颂元朝文字，因此稍晚节录《成化宁波郡志》成书的《宁波府简要志》已经不录其文，《嘉靖宁波府志》《雍正宁波府志》亦失载，只有清代徐兆昺在《四明谈助》中根据《成化宁波郡志》转录其文。③

---

① 《至正四明志》卷一。
② 《成化宁波郡志》虽然刊刻于成化四年，但主体内容修纂于天顺年间。
③ 徐兆昺：《四明谈助》点注本，卷一一。

日藏孤本文献《盘谷唱和集》三考

文成县图书馆副馆长　雷克丑

　　洪武二十六年(1393)，坐事贬秩归里的刘腐隐居南田盘谷，与沈原昭、刘璟、郭伯载、蒋琰、吴达等师友或邀约至盘谷郊游，或来往信札，创作诗文作品，这些诗文被结集，编次成册，名之曰《盘谷唱和集》。自清中期以来，学界认为其已经遗失。近日，笔者偶然发现日本国立国会图书馆藏有明永乐年间刻本《盘谷唱和集》，为孤本，具有较高的文献价值。研读之后，发现该集前无序，后无跋，亦无结集者、编次者及刊刻时间等元素的记载，因此笔者草成拙文，以期方家指教。

一、结集者考

　　《盘谷唱和集》无序无跋，也无结集者记述，但卷末门生陈谷为恩师刘腐所作《闲闲先生传》透露出端倪，传曰："先生既获，投闲桑梓，日优游于山水之间，相其里第之西，鸡山之下，冈峦回合，创别业居焉，因名之曰'盘谷'，掇泉石之最胜者为八景，恬然不以富贵为心绰，有宋室诸老投闲洛社之趣，海内名公硕儒闻其风者，咸以诗文颂美之。"①刘腐《盘谷唱和诗序》云："闲闲子，洪武二十

---

　　①　[明]郭伯载等著、[明]刘腐结集、[明]陈谷编次：《盘谷唱和集》后集，明永乐七至八年间刻本，第 31 页。

四年，以诚意伯爵贬秩归农。二十六年，拟筑室于旧宅之西，鸡山之下居焉。其地山水盘旋，故名'盘谷'。"①可见，刘廌"以诚意伯爵贬秩归农"后，于洪武二十六年移居盘谷，学"宋室诸老投闲洛社之趣"，得到了"名公硕儒"的"诗文颂美"。

"名公硕儒"是为刘廌"投闲洛社之趣"而颂美，《盘谷唱和集》结集者应该是刘廌，在《盘谷唱和诗序》中也得到了证实，序曰："其诸友者，又皆能读古人书，以道自勉。今之居盘谷也，山水之胜若此，际遇于圣明之时，得优游于泉石者又若此，岂能不即物比兴吟咏，以自适其情哉？凡有诗词往复，皆录诸楮，故名之曰《盘谷唱和》云。"②很显然，刘廌对"名公硕儒"的唱和诗文很重视，将其"皆录诸楮"，并"名之曰《盘谷唱和》"。另外，这也证明了刘廌是《盘谷唱和集》的结集者。

刘廌（约1363—约1413），字士端，号约斋，又号闲闲子，青田县（今浙江省文成县南田镇）人，为明朝开国元勋刘基长孙，参政公刘琏长子。洪武二十三年（1390），刘廌袭封诚意伯；洪武二十四年（1391），时朝中奸臣掌权，祖父、父亲均被胡惟庸所害，刘廌无心仕途坐事，归隐故里盘谷，潜心文学，纵情山水。其著有《盘谷集》十卷，集有《盘谷唱和集》二卷等。

二、汇次者考

《南田山志》载："《盘谷唱和集》二卷，未见。刘廌撰，见《通志》。"③一般来说，刘廌会被认为是《盘谷唱和集》的编次者，实际不然。那么谁是《盘谷唱和集》的编次者呢？

首先，笔者在《盘谷集》卷七中发现刘廌为《盘谷唱和集》撰

---

① ［明］刘廌著、［明］陈谷编次：《盘谷唱和集》卷七，明永乐七至八年间刻本，第7—8页。
② ［明］刘廌著、［明］陈谷编次：《盘谷唱和集》卷七，明永乐七至八年间刻本，第7—8页。
③ 刘耀东编撰：《南田山志》卷八《经籍》，温州翰墨林1935年刊本，第19页。

写的《盘谷唱和诗序》，按理该序应编录至《盘谷唱和集》卷首，但日藏孤本《盘谷唱和集》中却没有，即该集子没有编次刘廌的《盘谷唱和诗序》。假设刘廌是《盘谷唱和集》的编次者，自然不会去除自己所作的序言。因此，笔者怀疑《盘谷唱和集》的编次者另有他人。

其次，笔者阅读日本国立国会图书馆收藏的明永乐年间的十卷五册刻本《盘谷集》时，发现该刻本的第一册、第二册、第三册、第四册、第五册扉页的左上方分别署有"盘一""盘二""盘三""盘四""盘五"等字样，其位置和字体等与《盘谷唱和集》前集、后集的扉页左上方所署的"盘六""盘七"字样基本一致，而且"盘七"字右下角署有"止"字，表示一个独立完整的部分结束的意思。再对比《盘谷集》和《盘谷唱和集》内页印刷情况，它们每页均为繁体竖排，每页十二行，每行二十四字，印刷的字体和大小完全一样。可见，该馆收藏的《盘谷集》和《盘谷唱和集》是一个完整的统一整体；也就是说，它们可能是同一人编次、同一时间刊刻出版的。

最后，虽然《盘谷唱和集》中没有明确记述编次者，但《盘谷集》的编次者是有明确记载的，陈谷在《盘谷集序》中曰："谷登先生之门，聆绪余承教诲者，于兹有年矣，辄不自揆，窃敢以先生平日所作诗文汇次成秩，厘为十卷，名之曰《盘谷集》，复僭序于首简云。"①其又落款云："门人同里甘泉生陈谷序。"②根据"谷登先生之门，聆绪余承教诲者""窃敢以先生平日所作诗文汇次成秩，厘为十卷，名之曰《盘谷集》，复僭序于首简云""门人同里甘泉生陈谷序"等语，笔者认为《盘谷集》的汇集编次者应该为门生陈谷。再按照《盘谷集》和《盘谷唱和集》可能是同一人编次这一推断，那么《盘谷唱和集》的编次者很有可能就是门生陈谷。

陈谷（生卒年不详），字宾阳，号甘泉生，又号存存斋，丽水县

---

① ［明］刘廌著、［明］陈谷编次：《盘谷唱和集》卷七，明永乐七至八年间刻本，第1—3页。
② ［明］刘廌著、［明］陈谷编次：《盘谷唱和集》卷七，明永乐七至八年间刻本，第1—3页。

（今丽水市莲都区）人，刘腐门生。少年从刘腐游，后来接受良乡县（今北京市房山区）儒学训导，后几经遭难后隐居青田县（今文成县南田），不求荣利，著有《陈宾阳文集》等。

三、刊刻时间考

《盘谷唱和集》没有刊刻时间记载。但按编次者考，《盘谷集》和《盘谷唱和集》可能是同时刊刻的，那么只要考究出《盘谷集》的刊刻时间，便可知《盘谷唱和集》的刊刻时间。

陈谷在《盘谷集序》中落款云"时岁在旃蒙作噩夏五月，门人同里甘泉生陈谷序"[①]，钱裡在《盘谷集序》中落款曰"岁旃蒙作噩夏六月上浣，同里友生简斋钱裡序"[②]。按中国古代纪年推演，"旃蒙作噩"为乙酉年，再根据刘腐、陈谷和钱裡等人的生活时代来推算，当时的乙酉年为明永乐三年（1405），那么陈序所言"旃蒙作噩夏五月"当为公元 1405 年 5 月，钱裡所说"岁旃蒙作噩夏六月上浣"则为公元 1405 年 6 月上旬。因此，一般认为《盘谷集》的刊刻时间是明永乐三年，即为公元 1405 年。但令人费解的是，《盘谷集》中还有刘腐于公元 1405 年以后创作的文学作品，比如《和雪石轩诗并序》言："永乐戊子，余过钱唐，价余侄孙士宁求余诗。"[③]查阅《中国历史年代简表》，永乐戊子为永乐六年（1408），按侄孙刘士宁永乐六年（1408）求诗于刘腐的说法，则其文创作时间为公元 1408 年，或者公元 1408 年之后。又如《送詹仲钰进课还京序》开篇云："永乐七年春二月，太学上舍生临川詹君仲钰，钦承朝命，董役处州青田银治。"[④]其中提到纪事时间为永乐七年（1409）春二月，那么本序的创作时间应为公元 1409 年 2 月，或者更靠后。再

---

① ［明］刘腐著、［明］陈谷编次：《盘谷唱和集》卷七，明永乐七至八年间刻本，第 1—3 页。
② ［明］刘腐著、［明］陈谷编次：《盘谷唱和集》卷七，明永乐七至八年间刻本，第 7 页。
③ ［明］刘腐著、［明］陈谷编次：《盘谷唱和集》卷七，明永乐七至八年间刻本，第 2 页。
④ ［明］刘腐著、［明］陈谷编次：《盘谷唱和集》卷七，明永乐七至八年间刻本，第 7 页。

如《虞氏思亲图卷序》曰:"察院书吏虞君亨,广东连州连山县人
也,少以弟子员授业泮庠,未几因事充本道宪司吏。永乐七年春,
以考满朝京师,钦补前职。"①可见,该文创作时间应为永乐七年
(1409)春天,或者更迟。对比《盘谷集》中诗、序、记、传、论、说、
跋、墓志铭、行状等诸体作品,叙事时间记载最迟的是《送詹仲钰
进课还京序》的"永乐七年春二月"和《虞氏思亲图卷序》的"永乐
七年春"。既然《盘谷集》作品中有"永乐七年春"的纪事,那么《盘
谷集》的刊刻时间在永乐七年春之后是无疑的。

　　另外,《盘谷唱和集》卷末的《闲闲先生传》,洋洋洒洒,二千余
字,传中所记事迹翔实,但却没有刘鹰的生卒年,显然是陈谷在恩
师刘鹰未卒时为其所作。古人作传,自有创作原则,但凡长篇叙
事,如在逝世后作传,卒年是必不可少的内容;如为生人作传,则
不然,因为作传人无法知晓其卒年。因此,陈谷作《闲闲先生传》
时,恩师刘鹰尚在,并未去世。假设《盘谷唱和集》是在刘鹰去世
后刊刻的话,作为《盘谷唱和集》的编次者,基于对恩师的深情厚
谊,陈谷必定会对《闲闲先生传》进行相应的调整,增补作传后的
一些重要事迹,当然也会补上卒年。因此,《盘谷唱和集》在刘鹰
有生之年就刊刻了。

　　《玉库刘氏谱牒·刘鹰本传》记载:"鹰公,行叙六,字士端。……
洪武二十三年袭封诚意伯。……公生元至正癸卯八月十六日卯
时,卒明永乐庚寅年六月十五日卯时。"②检索《中国历史年代简
表》,"明永乐庚寅年六月十五日"为明永乐八年(1410)六月十五
日。若《盘谷唱和集》在刘鹰有生之年已刊刻出版,则其时间应在
永乐八年六月十五日之前,那么,《盘谷唱和集》刊刻时间应在永
乐七年(1409)春至八年(1410)六月十五日之间。

　　综上所述,日本国立国会图书馆所藏孤本文献《盘谷唱和集》

---

　　①　[明]刘鹰著、[明]陈谷编次:《盘谷唱和集》卷七,明永乐七至八年间刻本,第8页。
　　②　福建刘氏族谱丛书古田县卷编纂委员会编:《福建刘氏族谱丛书·古田县卷》下卷《玉库
刘氏谱牒》,古田县志达彩色包装有限公司2005年版,第468页。

中的唱和诗文作品是刘廌结集,门生陈谷编次,并于永乐七年春
至八年六月十五日之间首次刊刻。

　　本文系浙江省图书馆学会 2019 年度立项资助学术研究课
题,编号为:Ztx2019A-4

明浙江勋臣刘基、王阳明关联考证

文成县社会科学界联合会　金邦一

在涉及明代文臣评价的文献中,刘基和王阳明以同谥"文成"的名世之才并举,作为明代文臣中标志性的人物,改革开放以来对二者的独立研究逐步发展,并均取得较为丰硕的成果,但对于同处明代体制下和浙江地域中的二者关联渊源不见前人阐发。本文试图从刘基与王阳明所立的功业、立功后的待遇,以及家族交往、地域连带和仕官系统的交集,对二者生平印记的类同性和渊源进行探讨。

一、被并称的两位标志性明代文臣

刘基与王阳明为明代仅有的谥号为"文成"的大臣,他们的素质和功业文武并举;刘基、王阳明和于谦被称为浙江乃至明代功勋最突出的三位文臣;由于功业的类似性,在议定王阳明后裔嗣爵时,刘基作为嗣爵的模板。

(一)明代文武双全的两"文成"

刘基与王阳明同为明代以文臣身份建立军功封爵的人物,有论者认为二者均是"立功立德立言"的三不朽伟人①，明代谥号为"文成"的仅此二者。正德八年（1513），刘基被赠为太师，谥号"文成"；隆庆元年（1567），王阳明被追赠新建侯，谥号"文成"。根据明清文臣成就和谥号的对应情况，"文"是文臣谥号的最高等级。②"文贞""文正""文忠"的谥号，在历代褒奖体系高低位置不同，根据鲍应鳌的《明臣谥考》记载，"文成"排在明代文臣谥号的最高位③，这也符合明代文臣的生平功业情况。王阳明之后的汪守昆（1525—1593）甚至评价："我国家（按：指明朝）命世之才，惟两文成并跱。"④

朝廷下发的诰书里明确了刘基和王阳明的"文成"谥号体现出文治和武功并举的样貌。洪武元年（1368），刘基被封为御史中丞，诏书中即云刘基"学贯天人，资兼文武"⑤；隆庆元年（1567），在隆庆皇帝下发的王阳明祭文中，亦明言王阳明"学达天人，才兼文武"⑥；同年的《首七等文》则云："学探洙、泗之奥，才为管、葛之侔。"⑦《下葬等文》则称"学问阂渊，谋猷敏练"⑧。刘基和王阳明在安定社稷上等同，但因为开国和承平时段不同，二者所立的文武功业到达的途径略有区别，这一点从其"谥号"的具体解释可见端倪，根据鲍应鳌的记述，刘基的"文成"谥号解释为"修治班制，安民立政"，而王阳明为"勤学好问，安民立政"⑨。刘基的"修治班制"指的是在开国时参与奠定有明典章制度，朱元璋认定为"议礼

---

① 关于刘基的"三立"，最早见申疆《立德·立功·立言——明朝"第一文臣"刘伯温的启示》，见《中国民兵》1996年第4期。王阳明的"三立"，王世贞曾云："王文成公为明第一流人物，立德、立功、立言皆踞绝顶。"见王世贞：《池北偶谈》卷九，清文渊阁四库全书本，第101页。

② 王泉根认为，"从明朝开始，谥法用字有高下之分。据《明会典》记载，谥法有一定之次级，有严格的选配方法"。他举第一字的谥号排列为"文、武、忠"。王泉根《中国谥号的文化解析》，《文化学刊》2015年第10期。在鲍应鳌《明臣谥考》中，也把第一字为"文"的谥号排在第一序列。

③ 鲍应鳌：《明臣谥考》卷上，文渊阁四库全书本。

④ 汪守昆：《太函集》卷九十九，明万历刻本。

⑤ 《诚意伯刘先生文集》，中国文史出版社2011年版，第5页。

⑥ 王阳明：《王阳明全集》，上海古籍出版社2015年版，第1227页。

⑦ 王阳明：《王阳明全集》，上海古籍出版社2015年版，第1227页。

⑧ 王阳明：《王阳明全集》，上海古籍出版社2015年版，第1227页。

⑨ 鲍应鳌：《明臣谥考》卷上，文渊阁四库全书本。

新国朝之制……功实茂焉"①,吴敬梓认为刘基"敷布兵、农、礼、乐,日不暇给"②。王阳明的"勤学好问"指其对儒学的继承和探究(虽然在王阳明逝世后,其学说一度被禁毁,但万历十二年从祀于孔庙表明朝廷对建立的学说成就的承认)。二者同有的"安民立政",是从其开国和承平时期建立的武功论述——如果我们暂时不考虑文治也可以"安民立政"——刘基以其至正二十年(1360)后在龙江大捷、攻取江州、鄱阳湖大战中的军功辅佐建立明朝,而王阳明则以正德十四年(1519)兵不血刃地平定宸濠叛乱安定社稷事。对于二人的文武兼修,万历时的汤宾尹总结道:"本朝事业,无逾两文成;终日操觚,染纸名文章家,亦竟无逾两文成者。"③

(二)明"浙江三大功文臣"之二

对于这两个在明代或中国史中标志性的谥号为"文成"的人物,后世论者在追述明代的功臣时一贯并举,将挽救危亡时局、立有军功的文臣刘基、于谦、王阳明并举。最早将三者并举的是王世贞(1526—1590),称三者为"浙江(明代)三大功文臣"④,并在书中撰写了三者的列传⑤和传赞⑥,认为开国以来,"文臣最为灼然者皆浙人"⑦。祝以豳(1551—1632)也认为:"今天下雄藩首吾浙,山川清淑之所,渟毓间生伟人,若刘文成、于忠肃、王文成,其巍伐振代。"⑧沈长卿(?—1632)进一步评述"吾浙三大功臣",认为"犹长庚之佐二曜"。⑨ 茅元仪(1594—1640)重复了王世贞、沈长卿的论

---

① 《御史中丞诰》,文成县刘基研究会:《诚意伯刘先生文集》,中国文史出版社 2011 年版,第 5 页。

② [清]吴敬梓:《儒林外史》,人民文学出版社 2018 年版,第 404 页。

③ 汤宾尹:《书文成诗册》,[明]汤宾尹:《睡庵稿》文集卷二十四,明万历刻本。

④ [明]王世贞:《弇山堂别集》卷三,文渊阁四库全书本。

⑤ 王世贞:《浙三大功臣传》,[明]王世贞:《弇州山人四部续稿》卷八十五—卷八十七文部,文渊阁四库全书本。

⑥ 王世贞:《浙三大功臣赞(有序)》,[明]王世贞:《弇州史料》前集卷二十八,明万历四十二年刻本,第 355 页。

⑦ [明]王世贞:《弇山堂别集》卷三,文渊阁四库全书本。

⑧ 祝以豳:《读浙志偶书》,[明]祝以豳:《诒美堂集》卷二十四,明天启刻本。

⑨ [明]沈长卿:《沈氏日旦》卷八,明崇祯刻本。

述,认为:"愚以为本朝之大功,大约出于文臣。若刘文成之翊运开休,适逢其时;于忠肃之再造社稷,身在中枢;王文成之芟夷篡逆,本非其敌。"①这种评述一直延续到清代,李绂(1673—1750)认为:"浙为人材奥区……有明刘文成翼兴王,推佐命元功,于忠肃扶危定倾,烈在社稷,至王文成勋业益弘伟。"②经过反复的记述和时间累积,刘基、于谦、王阳明作为明代浙江及全国三大功文臣的定位可为定评。

(三)王阳明后裔嗣爵的"刘基模板"

在隆庆元年(1567),任士凭上疏王阳明后裔嗣爵的过程中,处处以刘基的封爵说明王阳明后裔嗣爵的必要。嘉靖七年(1528),王阳明被"削世袭伯爵",隆庆元年(1567),任士凭上疏奏请复爵让后裔嗣爵,任士凭援刘基例:"本爵之勋烈,诚与开国同称。"③"开国"指的是刘基。④ 任士凭又以刘基爵位停袭又复袭事奏请爵位王阳明世袭,"昔开国文臣刘基以武功封诚意伯,停袭百余年。嘉靖初,待取其的裔世袭。本爵学贯天人,才兼文武,忠揭日月,功维社稷,恩庇生民,拟之刘诚意,不相伯仲。傥蒙覆奏,准其世袭,扶植崇德报功之公道,兴起忠臣义士之世教等因。"⑤以刘基后裔在嘉靖初年的重新嗣爵,来论证王阳明后裔嗣爵的合理性。同年圣旨认同了这个观点:"你每既说王守仁有擒逆之功,着遵先帝原封伯爵与世袭。"⑥最终批准王阳明后裔嗣爵。

---

① [明]茅元仪:《石民四十集》卷七十八书,明崇祯刻本。

② [清]李绂:《穆堂类稿》初稿卷三十四,清道光十一年奉国堂刻本,第382页。

③ 杨博:《再议世袭大典》,[明]王阳明:《王阳明全集》,上海古籍出版社2015年版,第1229页。杨博也延续了任士凭的观点,"较之开国佐命,时虽不同,拟之靖远、成宁,其功尤伟"。见本书1236页。

④ 按明代非军功不封爵,明初文臣封爵为李善长、汪广洋、刘基三位,前二者以事被朱元璋处死。因此,后续文臣追封爵位,只有刘基的先例可供参考。

⑤ 任士凭:《江西奏复封爵咨》,[明]王阳明:《王阳明全集》,上海古籍出版社2015年版,第1229页。

⑥ 杨博:《会议复爵疏》,[明]王阳明:《王阳明全集》,上海古籍出版社2015年版,第1237页。

二、王阳明与刘基军功及生平的类似性

如果我们追寻刘基、王阳明的立功轨迹,无疑可以找到更多的类似点。

(一)军功

首先,在立功地点上,刘基和王阳明在江西立下了关键性的军功。刘基以"鄱阳湖之战"的决策奠定其封爵,这在《明史》本传及刘基的其余传记①中不断被重复,朱元璋的诏书论及刘基军功,除武昌、平处州事与江西没有关联外,其余"攻皖城,拔九江,抚饶郡,降洪都"均发生在江西。王阳明平定宸濠叛乱亦发生在江西。

其次,在江西战局中,二人立下关键的战功。正如刘基所分析的②,元末江西的战局决定了政权的归属。关于刘基江西所立之功,朱元璋云"(刘基)发踪指示,无征弗克""尔多力焉"。③ 由于朱元璋与刘基在奠定天下的时候,朱元璋"时至基所,屏人语,移时乃去,人莫之知",因此无法对"屏人语"时做出的军事决策做出判定,同样的还有刘基在鄱阳湖战役中的军功。我们根据《明史》朱元璋本纪和刘基本传的记载,则为不救安丰的预测,决战时机、地点和指挥朱元璋换船的三决策。④ 另外,我们从文献的蛛丝马迹中可以探讨刘基在鄱阳湖战争中可能起的作用。朱元璋用文学性的语言提及了其参与决战的过程:"彭蠡鏖战,炮声如雷,鬼神悲号,星日晦冥,自旦至暮,如是者四,尔时在舟中,备尝患难。"

---

① [明]王阳明:《王阳明全集》,上海古籍出版社2015年版,第1237页。
② 《罪惟录》:"(刘基)⋯⋯因曰:'江南两敌耳。周士诚地南不过会稽,北不过淮阳,首鼠窜伏,阴阳于元,此其志不在大。汉友谅包饶、信,跨荆、襄,劫君而胁其下,下皆乖怨,惟剽悍轻死,然数战民疲。乖则不欢,疲则不传,故汉易取也。今日之计,莫若先汉,汉蹶而周从之。'"[清]查继佐:《罪惟录》列传卷之八中,《四部丛刊三编》景手稿本。
③ 《诚意伯刘先生文集》,中国文史出版社2011年版,第5页。
④ [清]万斯同:《明史》卷一,清钞本。

在此描述中，朱元璋并没有明言刘基所作的具体决策军功，刘基"时在舟中"，作为朱元璋的主要谋士，与朱元璋休戚与共并经历了战争胜负难料的过程。刘辰《国初事迹》记述鄱阳湖大战中："太祖颇惧，问刘基：气色如何？基曰：'我兵必胜之气，当力战。'"刘基起到了帮助稳定主将斗志的作用。正德时期的江西人夏良胜(1480—1538)则认为鄱阳湖大战中的"元功（按：首功）犹自说刘基"①。夏良胜作为江西本地人，其评价鄱阳湖大战中的刘基为首功应有其朝野文书、舆论的依据。而王阳明平定宸濠叛乱亦体现了卓越的军事才能。"夫逆濠，一大变也。"宸濠公然谎称接太后密旨，"起兵入朝监国"，并且杀害朝廷使者和监禁不肯顺从其叛逆的军政官员，号称举兵十万，攻陷九江、南康诸城镇宸濠以六月十四日起事，江西处境危机。王阳明一方面采用反间计迷惑宸濠，使之不敢轻易进兵；另一方面，运用提督四省军务得以便宜从事的权力，迅速行文赣州等府，调集军队，招募四方义勇，起兵勤王伐叛，又假造"机密文书"，称四方勤王之兵将到江西夹击叛军，以吓阻宁王北上，同时实施反间计挑拨宁王与部属互相疑惧，收到了不战而折人之兵的效果，致使宁王军心动摇、进兵迟缓。最终"兵不血刃，民不易市"②，四十三天平定宸濠叛乱。

再次，刘基和王阳明的江西军功体现出以弱胜强的特点。至正二十三年(1363)，"陈友谅忿其疆场日蹙，大作舟舰，高数丈，饰以丹漆，上下三级，级置走马，棚下设板房为蔽，置橹数十其中，上下人语不相闻，橹箱皆裹以铁。……空国而来，兵号六十万，攻南昌"。陈友谅携愤"空国而来"，舰队精良，人数占据压倒性优势。时朱元璋主力在解安丰(约今江苏省东台市安丰镇)之围，至是，方回师。《国初事迹》云："友谅闻援至……与太祖大战。太祖颇惧，问刘基：'气色如何？'"朱元璋的反应显示出陈、朱双方实力悬殊。宸濠起兵时，"从其护卫姻族，连其党与朋私，驱胁商旅军民，

---

① [明]夏良胜：《东洲初稿》卷八，文渊阁四库全书本。
② [明]王阳明：《王阳明全集》，上海古籍出版社2015年版，第1228—1229页。

分遣其官属亲,使各募兵从行,多者数千,少者数百,帆樯蔽江,众号一十八万",其从之东下者实亦不下八九万",其兵力约为八九万。由于事起仓促("起事于颠沛危疑之中"),王阳明的守军先为平福建山寇的"以行旅百数之卒",最终"旬月之间……以万余乌合之兵而破强寇十万之众"①。

最后,在具体的战争步骤上,两次战争还体现出坚守待援的特点。元末,朱元璋部将李文忠坚守洪都(今南昌),从四月坚守至六月,内外阻绝,文正遣千户张子明赴建康告急,朱文正遣士兵"舍命王"诈降,②为朱元璋军的集结决战赢得了时间,"七月癸酉,太祖自将救洪都,徐达、常遇春亦自庐州还,太祖亲督诸将会师,祸藁于龙江,舟师凡二十万"③。在宁王起兵之处,宁王"畜养死士二万余人,招诱四方盗贼渠魁亦以万数。……复驱其护卫党与并胁从之徒又六七万人,虐焰张炽"④。王阳明"以百数疲弱之卒……退保吉安"⑤,此时"四方之援尚未有一人至"⑥,后"约会"诸多前任、现任官员,"相与激发忠义,譬谕祸福,移檄远近,布朝廷之深仁,暴宁王之罪恶。于是豪杰响应,人始思奋",并用疑兵计缓宁王的攻击。⑦ 后四方之兵云集,才取得对宸濠作战的胜利。

(二)谦退保身的仕官选择

在皇权的阴影下,功高盖主、过于张扬并不是一个普遍的选择,刘基和王阳明都选择了主动或被动的谦退。洪武元年,朱元璋"手诏叙基勋伐,且召赴京师,同盟勋册。比至京师,上赉赐甚厚,追赠祖、父爵阶永嘉郡公,累欲进基爵。基曰:'陛下乃天授,

---

① [明]王阳明:《擒获宸濠捷音疏擒濠报捷》,上海古籍出版社 2015 年版,第 342 页。
② [清]谢旻等:《雍正江西通志》卷三十一,文渊阁四库全书本。
③ [清]谢旻等:《雍正江西通志》卷三十一,文渊阁四库全书本。
④ [明]王阳明:《王阳明全集》,上海古籍出版社 2015 年版,第 335 页。
⑤ [明]王阳明:《王阳明全集》,上海古籍出版社 2015 年版,第 335—336 页。
⑥ [明]王阳明:《王阳明全集》,上海古籍出版社 2015 年版,第 339 页。
⑦ [明]王阳明:《王阳明全集》,上海古籍出版社 2015 年版,第 336 页。

臣何敢贪天之功。'"①正德十五年（1520）七月，王阳明上《重上江西捷音疏》，将擒宸濠的首尾重新复述一遍，云自己能旬月之间"俘擒元恶，是皆钦差总督威德、指示、方略之所致也"②。闰八月，《四乞省葬疏》云："宁王逆党皆已仰赖皇上神武，庙堂神算，悉就擒获。"③在嘉靖元年（1566），两次上疏请辞封爵。④ 刘基和王阳明的谦退有其洪武年间和正德、嘉靖年间具体政治环境的因素，但亦应为其平素人格操守的反映。

（三）仕官系统和仕官风格的重合

刘基和王阳明都在明代监察系统仕官。吴元年（1367）十月，朱元璋置御史台，刘基、章溢为御史中丞，正二品⑤，为御史台的次官。由于御史大夫汤和、邓愈重心在战争，刘基和章溢实际负责御史台。⑥ 刘基以正二品理从一品事。御史台后更置都察院为都察院。王阳明在正德十一年（1516）、正德十三年（1518）、嘉靖六年（1527）分别任都察院左佥都御史（正四品）、右副都御史（正三品）、左都御史（正二品）。王阳明"左都御史"与刘基"御史中丞"俱为正二品。

二人在行司法监察时的工作风格也显示出重合，尽管目前所看到的只是二者在下级官员时的司法材料。刘基在初任江西新安县丞时，"尝反新昌故狱"，⑦王阳明在任"刑部主事（南京）"时，"录囚多所平反"。⑧ 这种对案件真相的追查以及此过程中不顾前任判案官员等的压力，体现出对司法公正的追求，以及二者以民为本的理念。

---

① ［明］过庭训：《本朝分省人物考》，明天启刻本。

② ［明］王阳明：《王阳明全集》，上海古籍出版社2015年版，第369页。

③ ［明］王阳明：《王阳明全集》，上海古籍出版社2015年版，第366—369页。

④ ［明］王阳明：《辞封爵普恩赏以彰国典疏》《再辞封爵普恩赏以彰国典疏》，《王阳明全集》，上海古籍出版社2015年版，第383—389页。

⑤ ［明］何乔远：《名山藏》，明崇祯刻本，第15页。

⑥ ［明］王世贞：《弇山堂别集》，文渊阁四库全书本，第565页。

⑦ ［清］查继佐：《明书》卷一百四十三列传九，清《畿辅丛书》本。

⑧ ［明］王阳明：《王阳明全集》，上海古籍出版社2015年版，第1004页。

综上所述,刘基与王阳明的主要军功都发生在江西,二人在战争中起到了关键作用,并体现出以弱胜强的战役性质和坚守待援的战争策略。在功成之后,二人都选择了谦退保身的策略;二人都在明监察系统任职并体现出风格的类似性。这些生平经历的类似性,可能也是二人经常被并提的原因。

三、刘基对王阳明家族仕官的带动

刘基与王阳明六世祖王纲为好友,刘基对王纲的荐举奠定了王阳明家族明代的仕官基调;浙江在明代称为首藩,刘基等浙东集团在洪武四年的开国首科中推动了浙江科举的成功,科举之胜带动了官员数量和网络的构建,为王阳明家族明中期的出仕奠定了良好的外部环境。

(一)刘基荐举王纲入仕

在政治场中,先祖积累的政治遗产,往往为后世的发展奠定基础。王阳明家族在明代最早的仕官者为六世祖王纲,而王纲的出仕,刘基为他起了关键性作用。

刘基与王纲在元末为好友。"王纲……少与永嘉高则诚(按:即高明)、族人元章(按:即王冕)相友善……诚意伯刘伯温微时常造焉,性常谓之曰:'子真王佐才,然貌微不称其心,宜厚施而薄受之。老夫性在丘壑,异时得志,幸勿以世缘见累,则善矣。'后伯温竟荐性常(按:即王纲)于朝。洪武四年(1371)……拜兵部郎中。未几,潮民弗靖,遂擢广东参议。"[①]此文云"刘伯温微时常造焉",虽然在传世文献中不见刘基与王纲的诗文交往,但刘基在至正十二年冬到至正十五年春夏间被朝廷羁管于绍兴,"往来云门诸

---

① [明]王阳明:《王阳明全集》,上海古籍出版社2015年版,第1139页。

山"①,与王纲友善的高明、王冕有密切来往,②因此此记载颇为可信。另外,王纲对刘基做出"王佐材"的评价,并认为刘基"宜厚施而薄受之"(这与刘基在明初的辞封赏行为构成一致性),可见其对刘基的性格颇为了解。在刘基被封为诚意伯后,"荐性常(按:即王纲)于朝","拜兵部郎中""擢广东参议"。按明制,行省参议为从四品,王氏家族在明代政治舞台上的亮相起点不低,王纲的出仕为王氏家族在明代的政治表现打下良好的基础。其中,作为开国元勋的诚意伯刘基的荐举起了关键作用。

王纲的出仕为王阳明家族奠定了卓越的官声。王纲到广东后,"至则单舸往谕潮民,感悦,咸叩首服罪,威信大张",兵不血刃安定潮州乱民。后到广东增城遇害,"回至增城,遇海寇曹真,窃发鼓噪,突至截舟罗拜,愿得性常为帅。性常谕以逆顺祸福,不从,则厉声叱骂之,遂共扶舁之,而去贼为坛坐性常,日罗拜,请不已,性常亦骂不绝声,遂遇害",显示出忠于所事的气节。其子王彦达体现出孝节:"时彦达亦随入贼中,从旁哭骂求死,贼欲并杀之,其酋曰:'父忠而子孝,杀之不祥。'与之食,不顾。贼悯其诚孝容,令缀羊革裹尸,负之而出得归……"王氏"父忠子孝"的行为让海盗首领都折服,并得到朝廷的认可,"洪武二十四年(1391),御史郭纯始备上其事,得立庙死所。录用彦达"③。在增城立庙祭祀。朝廷并"录用彦达"(虽然王彦达终身不出仕),表明了朝廷对王氏家族仕官的认可和接纳态度。虽然在王纲死后,王阳明的祖先三世未出仕,然而到第五世王华(王阳明的父亲),在成化十六

① [明]何乔远:《名山藏》卷五十七,明崇祯刻本。

② 关于刘基与高明的交往,蔡克骄梳理了至正七年(1347)到至正十六年(1356)刘基与高明在处州、杭州、绍兴(以及可能的庆元、台州、温州)的交往,并提及双方往来诗歌三组九首[蔡克骄:《刘基与高明关系考》,《温州大学学报》(社会科学版)2012年第6期]。另外,根据蔡堂根收录萧山《任氏家乘》中文献,刘基与高明从至正八年(1348)到至正十年(1350)蒙萧山任家款留三载,在高明有《陪青田(刘基)诸公宴萧然山堂》诗[蔡堂根:《〈萧山任氏家乘〉中的刘基文献考述》,《文献》2012年第1期]。关于刘基与王冕的交往,《青田侨报》整理出刘基与王冕从至正十四年(1354)春夏到至正十八年(1358)往来酬唱的五言诗歌,以及刘基在王冕死后《王元章诗序》,二人相知相慰。(《刘基与王冕的诗文交往》,《青田侨报》2011年9月21日)

③ [明]王阳明:《王阳明全集》,上海古籍出版社2015年版,第1139页。

年(1480)得中举人后,次年举进士第一(状元),①王家在科举上骤然起势让人惊异,虽然这是王氏累世"隐居力学"的学行积累结果,但王华科举如此顺利,特别是在皇帝亲自主持廷试并定三甲人员的背景下,王华得中科名等第之高,王纲的官声积累也应为其中因素之一。

根据另外的材料,王纲家族和刘基还形成较为紧密的联系,由此可能有对刘基政治遗产的借用。首先是刘基规定王纲家族(即"姚江王氏",下称)的行弟字辈命名。在民间,与族谱相关的撰写者普遍受到尊重,刘基为姚江王氏的行弟字辈命名,王阳明云:"昔文成公作五言律诗一首,以为行第,使后命名以蝉联而下,我姚王氏罔弗遵而循之。"②根据五言律诗的字数,则刘基为王纲家族规定了四十世的行字,以民间的子孙繁衍情况,这种印记对姚江王氏的影响有数百年之久。刘基的开国元勋身份,无疑为其与姚江王氏族谱或家族的牵连增添上殊荣和可能的政治遗产借用。前已叙述王阳明的祖先三世未出仕,而王华在成化十七年(1481)骤夺状元,而王氏家族的这种隐、仕痕迹,与刘基家族的沉浮命运形成时间线上的符合。天顺二年(1358),朝廷下令在处州府、青田县和南田乡同建诚意伯祠(庙),是朝廷"副太祖锡报元功之诚,下协天下臣民之论"③,对刘基功劳重新承认的标志事件。王华的骤夺状元在此后二十三年,如果刘基地位的提升是王华考中状元的环境因素之一,在事件的发生和影响的发酵上是合理的。

(二)刘基等浙东集团人员对浙江科举的带动

根据科举史上的实例,皇权和士大夫集团通过政策的制定、人脉牵引等手段对进士的中举和夺魁具有操作的惯例或空间。明代浙江科举兴盛,虽然目前尚没有对明代浙江进士人数以及在

---

① 傅振照、邵九华:《王阳明先世与后裔考略》,《浙江学刊》1990年第4期,第57—59页。
② 王阳明:《姚江开元王氏宗谱》,析自诸焕灿:《王阳明世系考索》,《浙江万里学院学报》2001年第4期,第55页。
③ 〔清〕李卫等:《雍正浙江通志》卷二百五十九,文渊阁四库全书本,第6324页。

全国占比的统计,但明时浙江"人物甲于天下"①,在以进士为主要出身途径的背景下,科举兴盛是其中的重要原因。明初以刘基为主将的浙东集团为浙江科举的兴盛奠定了基础,而进士人数以及由此形成的浙江官员人数和官员网络,为王氏家族在明中期的重新入仕提供了良好的政治便利。

洪武年间,与淮西集团作为武官的主力类似,浙东集团成为文官系统的主力。黄佐《翰林记》云:"国初学士宋濂、太史令刘基、待制王祎,皆以文章冠天下,三人者浙产也。同时者有胡翰、苏伯衡、张孟兼之属。"提及的一代儒宗宋濂、诚意伯刘基、翰林待制王祎、翰林编修苏伯衡均为明初文臣之选,浙东文臣在明初的文官中有数量和官职上的优势地位。这种优势在洪武四年(1371)明开国首科科举中得到体现,时刘基为京畿应天主考官,浙江临海人陶凯为会试主考官,在本科考试中浙江人获得了压倒性的优势:"列中试者一百二十名,而吾浙得三十一人,盖居四分之一,而会元俞友仁,复为仁和人。"对于开国首科中浙江人数的占优和会元的夺取,沈德符认为:"是时,刘基、宋濂、章溢、王祎辈俱浙人,一时同为开创名臣,宜其声气之相感也。"②"声气之相感"很难不被人认为有朝中文臣的地域因素。随着承平时代的到来,文官在官僚系统中地位上升,占据主流,浙江籍文官形成地域网络和科举人脉,显示出越来越大的优势。普遍认为,明代的浙江被称为天下"首藩",并形成序列强大的人才储备,王世贞(1526—1590)在《浙江乡试录后序》中列举浙江出产的孙燧、胡世宁、王守仁、于谦、刘基等明代浙江人物勉励浙江举子。③ 黄克缵(? —1628)认为:"两浙(按:浙江与江苏)天下首藩……人物甲于天下。"④在浙籍人物通过科举进入官僚系统的背景下,王氏家族虽然从王彦达开始四代普遍隐居,而第五代王华骤然高中状元,很难说没有浙

---

① [明]黄克缵:《数马集》卷三五,清刻本。
② [明]沈德符:《万历野获编》卷十五,清道光七年姚氏刻同治八年补修本。
③ [明]王世贞:《弇州四部稿》,明万历刻本。
④ [明]黄克缵:《数马集》,清刻本。

江籍文官地域网络的影响与帮助。而浙江科举格局的形成,离不开以刘基为标志性人物的浙东集团的明初科举奠定之功。王华官至南京礼部尚书(正二品),为王阳明的仕官打下了基础。

综上所述,刘基荐举王纲(王阳明六世祖),为王氏家族的明代仕官打下了良好的基础。刘基作为明初浙东集团的代表性人物,浙东集团奠定的明代浙江科举的格局,为王华(以及王阳明)科举奠定了良好的外部环境。可以说,无论是明初还是刘基逝世一百多年后的明中期,其奠定的政治格局还在产生影响。刘基对王氏家族有荐举和影响之功。

四、结　语

刘基和王阳明作为明代两位"命世之才",在论述明代文臣代表性人物的典籍中经常并举。二人谥号均为"文成",生平功业文武并举,他们和于谦一起,并称为明代"浙江三大功文臣";二人的封诰评价显示出极大的类似性,王阳明的后裔袭爵过程,上疏者和朝廷以刘基及其家族的袭爵为模本认定。刘基和王阳明生平印记显示出极大的重叠,他们都在江西行省通过运筹谋划,立下不朽的军功;在建立功业后,又表现出谦退保身的态度;他们都在明监察系统担任主官并在监察实践中体现出风格类似性。

刘基对王阳明家族的仕进有带动之功。明初,刘基荐举王阳明的六世祖王纲入朝,王纲最终官及从四品,王纲、王彦达父子的"父忠子孝"的事迹为王阳明家族奠定了良好的官声,有助于家族的进一步发展。刘基等浙东集团在明初对浙江科举的带动,为王氏家族四代后的重新入仕奠定了良好的外部环境。

因此,虽然刘基和王阳明出生相隔一百六十余年,但二人的功业、生平印记具有极大的相似性。刘基推动了王阳明家族的入仕,王氏家族最终诞生了王阳明这位军事家和命世大儒,并在王阳明后裔嗣爵的过程中起到模板的作用。

非物质文化遗产的社区属性
与地方性的内在联系

文成县非物质文化遗产保护中心主任　郑文清

一般而言,任何非物质文化遗产都必须有明确的社区来源,这种来源可以是一个或者多个。即使是全国性的项目,也必须落实到具体的社区,比如中国篆刻。《非物质文化遗产公约》将社区要素列为非遗的必要组成部分。地方文化与社区概念又是自然地联系在一起的,因此"非物质文化遗产"和"地方文化"尽管在名称指向性上存在不同,但有着深刻的联系。分析可得知,所有的非物质文化遗产必然都是地方文化,但并不是所有的地方文化都属于非物质文化遗产,地方文化概念涵盖非物质文化遗产。那么,什么是非物质文化遗产的社区概念?地方文化进入物质文化遗产名录之后,它会起哪些变化?地方性是得到保持、增强还是减弱了?地方民众和政府的参与是否会发生改变?应该如何协调?本文以温州市文成县太公祭为个案,对这些问题展开探讨。

一、从非遗项目的社区属性看太公祭的地方性

太公祭是存续在浙江省文成县南田镇,以明代开国元勋刘伯温为对象的祭祀习俗。刘伯温,名基,文成民间习称刘国师,元末明初政治家、文学家,辅佐朱元璋建立大明王朝,功封诚意伯,正

德九年追赠太师,谥号"文成"。太公祭的演化大致可分为明代、清代和民国、中华人民共和国成立后三个阶段。

在明代,因刘伯温的功臣身份,官方祭祀是刘伯温祭祀活动的主要方式。根据明代礼制,只有品官方能建庙主祭其先人,因此即使是家祭也具有奉旨祭祀的特点,实际上是官方祭祀活动。洪武二十三年(1390)朱元璋在封赏刘伯温长子刘璟时说:"我如今与尔叔侄两个都回家去走一遭,把尔老子祭一祭,祖公都祭一祭,便来。"①这是有关刘伯温家祭的最早记录,也同样是奉上谕的祭祀活动。景泰三年(1452)刘伯温七世孙刘禄方被授予世袭翰林院五经博士,着"仍回原籍以奉祭祀"②,成为钦定主祭,使官方祭祀与家族祭祀开始合二为一。天顺二年(1458)敕建南田刘基庙,次年落成,成为太公祭的祭祀场所,延续至今。正德年间,据明武宗《钦赐祭文》"维正德岁次某年某月日,浙江处州府知府某,钦承上命致祭于开国翊运守正文臣诚意伯赠太师……"③等语,可知在正德九年之后的几年里刘伯温祭祀由处州知府主持。嘉靖十二年(1533),刘伯温九世孙刘瑜世袭诚意伯爵位之后,诚意伯成为当然的主祭人和组织者,一直延续至明代终结。

清代,官方祭祀稀少,主要以家族祭祀为主,家族的经济状况成为影响太公祭存续的主要因素。这一时期,经明末战乱重创,刘氏宗族人才衰微不复有人再为官食禄。也正是在这一时期,太公祭逐渐摆脱了严肃刻板的官方礼仪,与当地民间文化融合,形成了极具地方性的祭祀习俗。林亦修认为这种地方性主要表现在三方面:一是刘伯温从刘氏的"太公"走向了"太公神",刘基庙逐渐具有了温州地区一个神庙的基本元素,刘伯温供奉俗神化;二是在祭法上超出了浙南地区一般的祭祖仪式,产生了地方神祭祀才有的绕境巡游环节,被赋予了保境安民的功能。此外,春秋

---

① [明]刘基著、林家骊点校:《刘伯温集》,浙江古籍出版社 2011 年版,第 833 页。
② 刘宝环等:《(南田)刘氏宗谱》卷首二,瑞安市平阳坑镇王超亮梓辑 1993 年版,第 57 页。
③ 徐世槐:《刘基庙楹联评注》,线装书局 2015 年版,第 196 页。

二祭的祭期固定为农历正月初一和刘伯温的诞辰日六月十五日，诞辰祭受到重视并最终取代秋祭，与浙南祭神以神诞祭最盛的习俗密切相关；三是信众，刘伯温在当地有大量的信众，其传说故事流传广泛，特别是学子考前到庙许愿祈求几乎成为当地惯例。此外刘伯温还是香菇种植和糖人担的行业神。[①]

清末民国，南田刘氏宗族复振，官宦宿儒辈出，一时人才济济，为重振刘氏家族、传承太公祭起到了重要作用。特别是刘伯温第二十世裔孙刘耀东，是太公祭承前启后的关键人物。

刘耀东，字祝群，早年留学日本东京政治大学，与汪兆铭、沈钧儒等系同学，归国后历任松阳、宜兴知事等地方官，后辞官归里，致力于家族事务。先后集资修葺诚意伯庙，单独出资兴建追远祠，重立先祖墓碑；经累年诉讼索回被徐氏垦为耕地的夏山刘基墓等。民国十九年十月，他根据既往成例编写了《刘氏大宗祭祀须知》，详细整理编定太公祭的祭祀流程、供品种类数量、仪礼、祝词等，对太公祭的传承产生了深远的影响。

中华人民共和国成立后祭祀一度中断，1985年恢复，1986年夏历六月十五日文成县人民政府举行首次官方祭祀，2011年太公祭被列入第三批国家级非遗名录，太公祭活动重新受到重视。

(一)"社区"要素是非物质文化遗产概念的必要组成部分

非物质文化遗产作为一种生活方式，它无法脱离赖以存在的社区背景单独存续。2006年正式生效的《保护非物质文化遗产国际公约》(下称《公约》)，给非物质文化遗产定义如下："非物质文化遗产，指被各社区、群体，有时是个人，视为其文化遗产组成部分的各种社会实践、观念表述、表现形式、知识、技能以及相关的工具、实物、手工艺品和文化场所。这种非物质文化遗产世代相传，在各社区和群体适应周围环境以及与自然和历史的互动中，被不断地再创造，为这些社区和群体提供认同感和持续感，从而

[①] 林亦修、林小文：《浙江省非物质文化遗产丛书·文成太公祭》，浙江摄影出版社2015年版。

增强对文化多样性和人类创造力的尊重。"按定义,非物质文化遗产包含三层意思:一是指"被各社区、群体,有时是个人,视为其文化遗产的组成部分"的各项文化创作;二是它的产生、发展都与社区和群体密不可分,都是"各社区和群体适应环境及与自然和历史的互动中,被不停地再创造";三是它必须为"社区和群体提供认同感和持续感",这就决定了它必须获得社区和群体的认同。由此可知,社区背景对非物质文化遗产认定的重要性。回溯非遗保护的发展史,社区背景一直是相关公约、宣言强调的一个基本要素。教科文组织于 1989 年通过的《保护民间创作建议案》将"民间创作"定义为:"民间创作(或口头创作)是指来自某一文化社区的全部创作。这些创作以传统为依据、由某一群体或一些个体所表达并被认为是符合社区期望的作为其文化和社会特性的表达形式。"此定义将社区背景作为"民间创作"认定的必要条件,简单明了地强调了社区背景的必要性。此定义被教科文组织1998 年通过的《宣布人类口头和非物质遗产代表条例》所继承,成为"口头和非物质遗产"的定义。在《人类非物质文化遗产代表作名录》确立之后,所有的《人类口头和非物质遗产代表作名录》都自动列入《人类非物质文化遗产代表作名录》。因此,可以判断这个定义与《公约》的定义基本理念是一致的。

基于这样的理念,教科文组织确定的《人类口头和非物质遗产代表作申报书编写指南》,把"该项目根植于相关社区的文化传统或文化历史之中"作为基本条件之一;在具体操作上规定"必须提供相关社区或个人同意的证明(书面文件、录像带、录音带或其他任何无可辩驳的证据)"。我国 2005 年公布的《国家级非物质文化遗产代表作申报评定暂行办法》第六条第二款,要求所申报的项目必须"扎根于相关社区的文化传统,世代相传,具有鲜明的地方特色"。与教科文组织一样强调了"扎根于相关社区"的必要性。在实践中,申报国家、省、市级非物质文化遗产名录,必须填报"属地",并注明"流传地"或"分布区域",也体现了在非物质文化遗产项目认定中社区背景的必要性。

综上所述,不管是在非遗保护的理念上,还是在非遗认定的实践中,社区要素都是非物质文化遗产概念的必要组成部分。对于太公祭而言,南田镇及该镇所处的文成县即是它赖以存在的社区。

(二)作为非遗项目的太公祭的社区:县、镇

1946年国民政府以"民俗强悍,向为盗匪渊薮之区,离城窵远,于行政管理上殊感不便"[①]为由,析青田、瑞安、泰顺三县边区设立文成县,为纪念刘伯温取名"文成"。位于浙南山区,温州市西南部,飞云江中上游,总面积1293平方千米。全县户籍人口约38万,其中刘姓人口约3万人,占全县人口的7.9%。境内山脉分两支,以飞云江为界,江南属南雁山脉分支,江北是洞宫山脉南部分支,当地人称之为南田山,山顶平坦开阔土地肥沃,冬无严寒夏无酷暑,旱涝不至,有福地之称。刘伯温的故乡南田镇即位于此间。该镇平均海拔650米左右,原属青田县,因该地良田千顷相连成片而得名,自古以来就是相对富裕之地。刘氏先祖刘集于宋末自丽水竹州迁至今南田镇武阳,五世而有刘伯温,刘伯温故后其子刘璟又从武阳迁至南田镇泉谷,即现南田镇刘基庙西侧。南田镇现有总人口3.22万人,其中刘姓人口1.05万人,占全部人口的32.6%。

刘伯温对文成县有着深刻而广泛的影响,形成了独特的刘伯温文化现象。政府和知识分子将历史人物刘基作为杰出历史人物、地方先贤、道德楷模加以宣传,将刘伯温文化当作本地最重要的文化加以弘扬,希望以此提升当地官员、民众的道德水平,增加当地旅游业的文化内涵和影响力,促进当地的社会经济发展。太公祭是承载这些目标的理想载体,因此得到了政府的支持,2011年和2013年县主要领导参加太公祭活动,2014年县主要领导陪同台湾学者曾仕强致祭。此外,政府还先后建设了刘伯温文化广场、刘伯温廉政纪念馆、名廉壁,重建了刘伯温故居、武阳书院;整

---

① 朱礼:《文成县志》,中华书局1996年版,第981页。

理出版刘基著述及相关文献,召开刘伯温文化的研究学术研讨会;申报刘基庙、墓列入国家文保单位,刘伯温传说、太公祭列入国家级名录;打造刘伯温故里 5A 级景区等。

普通民众则更熟悉传说中神机妙算"前知五百年、后知五百载"的刘国师,他们中的许多人相信刘伯温是一个得到"天佑"的神异人物,刘基庙供奉的刘伯温是会"显圣"的神灵。这种观念的形成既有朱明王朝及后世文人不断神化刘伯温的因素,也与文成县本地供奉有神迹的历史人物为神的习俗相关,如唐代李泌、宋代杨文广、景宁的汤氏、本县徐氏先祖徐三公等在文成都有专门供奉之庙宇。对于刘国师的"灵验"民众自是深信不疑,当地流传着许多刘伯温"显圣"的传说,人们在讲述这些故事的时候并不仅仅是消遣,而是真切地相信这些故事是真实的,并希望向他人传达含教化意义的信息,而且这样的故事在今天仍然不断地产生。正因为如此,使太公祭超越了刘氏宗族祭祀的范畴,融入了地方神明祭祀所拥有祈求神灵保佑的内容,得到了社区民众广泛的认同和参与。1985 年太公祭恢复以来,每年主祭实行轮值制,即不分姓氏,只要符合"父母双全、夫妇双全、儿女成双"三个条件的均可报名,然后由祭典管理机构安排轮值年份。至 2016 年,共有主祭 47 人,其中刘姓 37 人,金姓 3 人,林、周、徐、朱、越、杨、魏各 1 人,异姓共 10 人,占 21.3%。这是青田、瑞安、平阳、苍南等刘氏后裔迁居地刘基庙祭祀不能具备的。这些地方只有宗族祭祀,没有形成刘伯温的神明信仰。对于当地民众来讲,刘伯温还只是刘氏的"太公",而不是社区民众的"太公神"。也就是说,只有文成县南田镇的刘伯温祭祀活动是"太公祭"。

综上,文成的太公祭是有三个维度的,在地方官员、知识分子看来,它是弘扬刘伯温文化,宣传刘伯温精神的理想载体;在刘氏宗亲看来,是祭祀祖先"太公"刘伯温;在社区其他民众看来,则是祭祀神明"太公神"祈求保佑。正是这三个维度的相互融合,构成了太公祭的地方性特征。由此也可以看出,地方性是建立在特定的社区之上的,从影响太公祭地方性特征的诸因素来看,每一个因素都不是太公祭所特有的,如自然环境,文成较周边景宁、青田、泰顺等县并无太大的区别;就地方官员、知识分子打造名人文化来看,青田也在做和文成一样的工作;就宗族祭祀而言,浙南地区几乎所有的宗祠都有开展;就历史人物信仰而言,文成县本地就屡见不鲜。但这些因素在文成综合到刘伯温身上时,就形成了极具地方性的非遗项目太公祭。

尽管在非物质文化遗产保护实践中,"社区"并不是简单的地域表述,更多的是指向人。杨利慧在梳理了《公约》等一系列国际文件之后认为:"社区"指的是直接或者间接地参与某一个或某一系列非遗项目的施行和传承,并认同该(系列)非遗项目是其文化遗产的一部分人。① 但不管从哪个角度来看,南田镇及其所在的文成县都是非遗项目太公祭的"社区"。非遗项目太公祭是地域环境和文成的官员、知识分子、刘氏宗亲、社区其他民众相互作用而形成的标志性地方文化;并且一直以来都是文成最盛大的民间节庆活动之一,深刻影响了当地人的生活方式,当地舞龙、游车灯、舞渔灯及元宵节、过年的习俗都与太公祭有着紧密的联系。人们通过太公祭建立自豪感、认同感和归属感,树立学习榜样,传承刘伯温精神。它与刘伯温传说相互影响,一起构筑了属于民间的刘伯温形象,这个形象甚至在一定程度上掩盖了历史人物刘基的形象。

二、太公祭进入国家级非遗名录之后所发生的变化

2011年太公祭被列入国家级非物质文化遗产名录,时值刘伯温诞辰700周年,温州市委、市政府开展了一系列纪念活动。太公祭作为一个重要的纪念环节,省文化厅副厅长、文成县四套班

---

① 杨利慧:《以社区为中心——联合国教科文组织非遗保护政策中社区的地位及其界定》,《西北民族研究》2016年第4期,第70页。

子的主要领导出席了相关活动。同年县政府出台了《国家级非物质文化遗产项目·太公祭保护方案》，将每年必要的保护资金列入财政预算。2013年县政府邀请了国内知名人士和县四套班子主要领导一同出席太公祭活动，县电视台全程直播，温州市电视台录播。2014年县主要领导陪同台湾学者曾仕强致祭刘伯温。2015年《浙江省非物质文化遗产丛书太公祭》出版，并召开"刘伯温文化遗产高峰论坛"。2016年《刘伯温文化遗产研究论文集》出版。2017年召开了"第三届刘伯温文化国际学术研讨会"，太公祭研究成为新的研究重点。政府的行动是前所未有的，显示了政府对此的重视。发生变化来自三个直接原因：一是出于政府的保护职责，太公祭成为国家级非物质文化遗产之后，对它的保护工作受到了当地政府和民众的普遍关注；二是出于当地社会经济发展的考量，政府认为扩大公祭活动的影响力和规模，可以带动当地的旅游业发展及弘扬刘伯温精神；三是被列入国家级非物质文化遗产名录之后，对太公祭是否封建迷信的疑虑消失了，方便官员参与。

从太公祭活动本身来看，被列入国家级非遗名录之后，除获得荣耀和经济支持外，传承方式和活动组织、仪程等没有大的变化，这符合《公约》的精神和非物质文化遗产保护的要求。然而由荣耀和政府经费支持带来的影响又是无处不在的。随着太公祭影响力的扩大，认刘基为祖宗的刘氏支派已从2011年的16个祠堂增加到现在的21个，最远包括江西省赣州南康一个支派。各个支派每年都派代表来参加太公祭活动，并以此为豪，使得太公祭的活动影响力又进一步扩大，形成了良性互动。现在太公祭已经成为文成最重要的民间节庆活动。此外，由于政府的经费支持，主事人员不必焦虑于原最难解决的经费问题，可以专注于祭仪、祭具的规范以及传承人培养，并通过挑选在校大学生陪祭官等方式，发挥太公祭的传统教化作用。这些都为太公祭活动带来了积极影响，有效缓解了它的濒危状况。

三、社区管理者与社区民众的关系

社区内部的管理者虽然大多数都是生于斯长于斯的当地人，但在非物质文化遗产保护实践中，却须排除在"社区民众"之外。因为他们在行为上是政府的代表、国家政策的执行者，观念上是国家意识形态的践行者、国家意志的代表，社区文化对其群体行为影响甚少。确切地说，社区内部管理者是社区外干预力量在本社区的代表。因此，社区内部政府管理者主导非遗保护实践，必然与"在各社区和群体适应周围环境以及与自然和历史的互动中，被不断地再创造"的定义相冲突。而这种因环境、历史和人群的"不断地再创造"是非遗项目具有地方性的根本原因，而地方性又是多样性的基础。

但政府又是非物质文化遗产保护实践不可或缺的力量。如何处理二者关系是关乎非遗保护成败的关键。政府有强大的行政资源，在各项事务上都拥有很大的主动权，事实上处于支配地位。因此，这个问题事实上可以概括为：在非遗保护实践中，政府如何处理与社区民众的关系，是关乎非物质文化遗产保护的关键。按《公约》精神和《保护非物质文化遗产伦理原则》的要求，保护实践应建立以社区为中心的保护体系。而以社区为中心，首要确保各参与方之间及非遗项目之间的平等关系。事实上，平等也为《公约》等国际文件所强调。

《保护和促进文化表现形式多样性公约》第二条第三款规定："保护与促进文化表现形式多样性的前提是承认所有文化，包括少数民族和原住民的文化在内，具有同等的尊严，并应受到同等的尊重。"《伦理原则》第二条规定："相互尊重以对非物质文化遗产的尊重和相互欣赏，应在缔约国之间，社区、群体和个人之间的互动中蔚成风气。"第六条规定："每一个社区、群体或个人应评定其所持有的非物质文化遗产价值，而这种遗产不应受制于外部的价值或意义判断。"第十条规定:"文化多样性及社区、群体和个人的认同应得到充分的尊重。"这些条款都强调一个显而易见的道理:非物质文化遗产的不同表现形式之间应保持平等,应受到同等的尊重。

不仅要求文化不同表现形式之间的平等,同样也要求各参与方之间的平等。《伦理原则》要求:"与创造、保护、延续和传承非物质文化遗产的社区、群体和个人的所有互动应该以透明的合作、对话、协商和咨询为特征,并取决于尊重其意愿、使其事先、持续知情并同意的前提而定。""合作、对话、协商和咨询"都是平等个体间互动的行为特征,显示了《伦理原则》对社区平等参与保护实践的关切。然而《伦理原则》在所有十二条条文里"尊重"出现八次,"相互尊重"出现一次,全部指向社区等文化遗产持有人,也从一个侧面反映了这样一个事实,即在全世界范围里,在保护实践中社区等文化持有人事实上处于弱势一方。在我国,这种弱势则尤其明显,政府作为保护的主体,将社区和传承人、实践者置于被评审、管理的位置,是不平等现象产生的主要原因。当下如何处理政府与社区民众的关系,太公祭被列入国家级名录后发生的一件事,或许可以做一个参考的经验:

太公祭被列入国家级非物质文化遗产之后,保护工作主要参与方有三个:当地基层政府南田镇、业务指导单位文成县非遗中心、刘氏宗族发起成立的民间"南田刘基文化中心"。在县非遗中心的主导下,三方分工默契。县非遗中心负责审核政府资金的使用范围和金额,编制中远期传承规划,组织文献整理、研究活动,策划宣传等。南田镇政府作为属地基层政府负责安保、疏导交通等。南田刘基文化中心负责具体活动的筹划、安排仪程、组织人员、培训传承人、遴选轮值祭主等。每年在开展活动之前,南田刘基文化中心向南田镇政府、县非遗中心提交含仪程安排、人数预测、经费预算等内容的活动方案。南田镇政府根据方案安排安保,县非遗中心根据方案报县文广新局和财政局核定经费。南田镇政府、县非遗中心原则上不介入太公祭活动的具体操作。2017

年秋祭,代表性传承人和几个徒弟商量后提出,要将秋祭改为献花、致词等仪程为主的公祭活动,请上级领导出席,并希望由政府出面组织。由于提议试图在短期内大规模改变非物质文化遗产项目的内容,因此县非遗中心经过调研并咨询专家之后,认为该提议只是少数人的建议,社区内部分歧很大,没有以适当的方式取得社区内部大多数人同意,且该提议不符合该项目的传统。据此,县非遗中心向传承人说明理由,并请他尊重社区其他民众和专家的意见,最终代表性传承人放弃了该提议。在该案例中,非物质文化遗产项目没有因少数人的一时之念,轻易改变经历数百年的传统,使非遗的地方性得以保持。此外,社区内部其他成员的意见得到尊重,政府部门与社区各方保持了良好、平等的互动,通过充分咨询、调研、沟通使事情得到解决。

刘基文化及其后裔对苍南的影响和贡献

苍南县委党校高级讲师　陈忠巢　徐友志

刘基是明朝第一名谋臣,元末明初思想家、政治家、文学家、军事家,被誉为"立德、立功、立言"三不朽伟人。刘基文化是基于刘基一生所用所为所思所想所形成的具有鲜明特色的儒家文化,其核心是用儒者有用之学建立理想社会。刘基文化也逐渐成为浙南一带独树一帜的家族文化、地方文化,具有很大的凝聚力和化育地方乡民的力量。本文经对刘基后裔的走访等方式收集整理而成,主要内容是介绍刘基及对刘基文化的阐述,介绍刘基后裔在苍南的存在及分布,总结概括了刘基及其后裔对苍南的影响与贡献。

一、刘基及刘基文化

刘基,字伯温,生于元武宗至大四年(1311)六月十五日,卒于明洪武八年(1375),终年六十五岁,他是明朝第一名谋臣,元末明初思想家、政治家、文学家、军事家,被誉为"立德、立功、立言"三不朽伟人。刘伯温故居当时在浙江省处州府青田县九都南田镇武阳村,即今浙江省温州市文成县南田镇武阳村人,故时人称他为刘青田。明洪武三年(1370)封诚意伯,人们又称他为刘诚意。他死后一百三十九年,即明武宗正德九年(1514),被追赠太师,谥号"文成",因而后人又称他刘文成。文成县是 1948 年析置的新县,县名就是为了纪念刘基而定的。

刘基出身名门望族,自幼天资聪颖,读书过目不忘,有神童之誉。元至顺四年(1333)二十三岁的刘基,一举考中进士,开始步入仕途生涯。他立志报国,但朝廷昏庸腐败,使他二十余年的宦海生涯屡遭磨难贬抑,他看清元朝不可救药的命运,愤然辞官隐居南田著《郁离子》。元至正二十年(1360)三月,接受朱元璋的邀请,成为参赞军务的谋士,为明王朝的建立和发展立下汗马功劳。他为人刚直,胆识过人。朱元璋尊其为"吾子房(张良)也"。民间有"上有诸葛孔明,下有刘基伯温"的称道。

刘基文化是基于刘基一生所用所为所思所想所形成的具有鲜明特色的儒家文化,其核心是用儒者有用之学建立理想社会。基于这个理想,刘基博览群书,"于书无不窥",通晓天地人之性理,怀揣经世治国之思想,并把其"具于书",以待"王者之兴",成就其所立之言,如《诚意伯文集二十卷》《百战奇略》,另有众多如《多能鄙事》《灵棋经解》记载菜谱、风水等杂文化、俗事文化等;随即时势造英雄,与朱元璋风云际会,把其言(治国思想)"具之于事业",成就其所立之功,主要表现在帮助朱明王朝一统江山和开国立政两个方面,值得指出的是,无论刘基是弃元佐明还是辅佐朱元璋一统江山成功后继续佐明都是需要大勇,只有驾"勇"而行,才能真正成就"仁",成就其大业。刘基之所以能够成就其所立之大功和所立之言,是建立在他的"至诚"品质上的,因其"至诚",能够通晓人之性理和物之性理;因通天地人之性理,故大其心;因大其心,无私为民;因一心救民,仕元佐明,为官清正,事君以诚;因其"至诚",故能避其祸,成其大,在刘基看来,名与利是祸之"的"。正是朱元璋明了他这一"诚于己、诚于事业、诚于社会"之心,所以刘基能够避祸于多疑的朱元璋前,而有"诚意伯"之美名。换句话说,刘基的"至诚"品质成就了刘基的大功业和著书立说,而大功业和其不朽之言反过来又催化了"至诚"品质的成就,而收获了真正的大德,"千秋庙宇立道高"。《中庸》道:"唯天下至诚,为能尽其性;能尽其性,则能尽人之性;能尽人之性,则能尽物之性;能尽物之性,则可以赞天地之化育;可以赞天地之化育,则可以与天地参矣。"刘基的一生为人从业恰是对这句话最好的注释,故能成为"三不朽",可以与天、地并立,永垂不朽!

刘基因其伟大受到朝廷和百姓的敬仰。明代天顺二年(1458)于南田"敕建诚意伯庙",明正德九年(1514)追赠太师,谥"文成";明嘉靖十年(1531)配享太庙。加之众多刘伯温传说的演绎,刘伯温已经成为百姓心中的"神"。至今,刘基无疑已经成为其家族的信仰中心、精神中心,刘基文化也逐渐成为浙南一带独树一帜的家族文化和地方文化,具有很大凝聚力和化育地方乡民的力量。

刘基文化体现在以下几个方面:

1.建造了刘基庙宇或祠堂

在刘基后裔(约有7万人)聚居地(分布大多在温州地区),几乎都建有刘基的庙宇或祠堂,共有16处之多,而且具有相当规模,并形成刘基后裔对其祖先贤信仰膜拜独具特色的春、秋二祭。刘基庙与刘氏宗祠,如文成南田诚意伯庙、龙湾白水刘文成公祠、瓯海穗丰刘基庙、瑞安鲍田刘基庙、瑞安营前刘文成公祠、苍南莒溪刘文成公祠、青田石门洞刘文成公祠,另有金华武义俞源村刘伯温草堂等。刘基例享春、秋二祭,其历经几百年延续发展,现已不仅仅是刘氏后裔对其先人的追思祭祖,更是以传承久远的民间信仰为背景,融合众多乡民参与的一项民间祭祀仪式,特别是融进了学术研究、摄影活动、文学活动、文艺晚会等健康向上的文化因素,构成了生机勃勃的刘基文化节。此项祭祀活动演变到"刘基文化节",已成为浙南一项独特的文化活动,是融地方先贤信仰、血缘观念、民间传说、民间文化活动于一体的一种文化形式。

2.形成了与刘基相关的地方风俗

如流传至今的"天下第一鱼"——青田鱼灯,为浙江省非物质文化遗产,是刘基为当地百姓编导鱼灯舞,在历史的演变中形成具有独特军事操习风格的民间舞蹈。它以走阵图为主,通过阵图与动作的配合表现淡水鱼类的生活习性和军阵特点。又如,与全国其他地方五月初五过端午不同的是,文成、景宁一带的端午节在五月初四过的,这个风俗与刘基父子的传说有关,是为了纪念其儿子刘璟。再如,刘伯温传说有两百多个,还有一些散逸未得到整理,是国家级非物质文化遗产,现今仍活跃在浙南各地。讲述刘伯温传说是当地人引以为豪、向前来参观人们分享的主要活动之一。所有这些民情风俗的形成,是刘基在浙南影响的结果,是刘基文化的重要体现。

3. 留下了刘基文化遗产

由于刘基是"三不朽"伟人,以及其精通谶纬术数之学给他蒙上了一层神秘的面纱,文成南田敕建的诚意伯庙以及刘基读书处、三十六洞天之十二——石门洞天,吸引了文人墨客、官员政要、商贾大家在此留下了他们宝贵的墨宝——诗词楹联、碑刻碑铭,有百则之余,无论从内容到书写形式,皆属于刘基文化留给后人的文化遗产。

可见,刘基活态文化——各种风俗、传说、祭典、舞蹈等活动,结合广泛分布在温州、丽水各地的刘基遗迹、文物(如刘基庙或刘氏宗祠、刘族古居、刘基及其后裔墓群等看得见、摸得着的文化物质载体,这些文化要素是一种被符号化了的象征刘氏宗族兴旺发达的标志),体现了作为地域文化典型代表的刘基文化在浙南民间特别是在刘基后裔中有广泛而重要的影响。刘伯温传说、春秋二祭"太公祭"、舞龙灯、木偶戏,源远流长,俎豆馨香,起着传承刘基家族文化、凝聚国内外刘氏——族人和全体华人爱乡爱国之情和有利于促进两岸和平统一等方面的作用。同时刘基文化与一般的地方宗族文化不同的是,它更有精神层面、影响深远的文化元素存在,这些文化元素的广泛存在,共同构筑了浙南刘基文化的深厚基础,是刘基地域文化的根基所在。另外,刘基不仅仅是刘基后裔共同的精神信仰,在浙南各地更升华为福佑一方的保护神,每年前去参加刘基春、秋二祭的人,早已越出了刘基后裔范围;庆元、景宁一带的香菇业,从明代至今,一直奉刘伯温为其行业保护神。加之,政府学界的推动,刘基文化活动在浙南更加深入地渗透到民间,形成了今天刘基文化的独特魅力。刘基文化无疑是浙南一带独树一帜的家族文化、地方文化。

二、刘基后裔在苍南

莒溪是刘基后裔在苍南的聚居地。莒溪位于苍南西北部,距县城灵溪 30 千米,距温州市区 100 千米,总面积 50.5 平方千米,辖 1 个居民区、15 个行政村,人口约 1.75 万,是滨海——玉苍山省级风景名胜区五大景区之一。它以谷峡、石奇、水秀、林茂而著称;以清澈见底的山溪流水而闻名;以丰富的人文景观、山区民俗风情而引人入胜。玉苍山景区风光迷离、山水并幽、人文荟萃、气候宜人,素有"浙南九寨沟"之誉。

玉苍山景区主要有莒溪大峡谷、刘基庙、蔚文桥、蛇山公园、龟山公园、显光洞六大景区 100 多个景点。这里的莒溪大峡谷彩虹瀑,落差 100 多米,七色彩虹,随风飘舞,变幻无穷,令人情陶神往、流连忘返;极富明代建筑特色的诚意伯刘文成公庙(刘基庙),斗拱飞檐,古朴庄严和清幽的显光洞更是景色优美、山水迷人。传统的美食小吃名闻遐迩,久盛不衰。在这片广袤的土地上还留下了神奇的沉香塔遗址(现已重建)、"一门双进士""九胎十八子"

等民间传说；近代革命斗争中刘英、粟裕战斗过的红军洞、红军寮等革命遗迹，反映了当年革命斗争的艰难困苦。玉苍山景区是个集旅游度假、观光探险、革命教育、品农家菜于一体的旅游度假胜地。

刘基后裔刘氏为莒溪第一大姓，人口3000多人，约占全镇人口的20%，全族现有方、开、际、化、日、万、家七个辈分，主要分布在莒溪、西厅、桥南山、田寮、大俄等行政村。

据《刘氏宗谱》记载，明弘治七年（1494），刘基六世孙道祯，字启宪，生卒不详（根据推断约生于1455年），刘基公六世孙，兄弟五人，排行老三，故迁居莒溪后，一直称其为莒溪三房。他是莒溪刘氏的始迁祖。道祯为什么迁居莒溪呢？根据《刘氏宗谱》记载："明弘治七年（1494）基公六世孙道祯，携子振总避嫌而迁居莒溪。"

何为"避嫌"？避，就是躲开、回避；嫌，即嫌疑，存在有某种可能，这里指具有不吉之兆的意思。相传，基公五世孙式纯，由于受祖辈风水思想的影响，一直打算找一处风水宝地，一来使自己日后有一个归宿，二来祈盼膝下五子能够兴旺发达。于是，他从外地邀来风水（堪舆）先生，可是，一晃半年过去了，风水先生还是没有找到理想之地。一天，老三道祯无意中与风水先生闲聊得知，先生半年来曾看中一处，地理甚佳，但对第三房不甚吉利。老三道祯知道后，暗自思筹，认为兄弟各房均佳，仅对自己一人不利，算不了什么，那就选定该地吧！老三把这一想法跟父亲商量，当时，父亲坚决反对，但在老三的再三恳求下，父亲才勉强同意，但又过意不去。于是老人向风水先生讨教,风水先生看老人家如此诚恳,而老三又如此忠厚,就教老三有朝一日在安葬完事后,要外出避嫌。

若干年后(即明弘治七年,1494年),启宪公按照风水先生的嘱咐,安葬完父亲后,没有提灯回家,而是携子振总离开了南田。在离开南田的前夜,启宪公曾做一梦,有一老人叫他到了莒溪你就住下。可不知梦中的莒溪在南,还是在北?父子俩选择往南一路走来到了现在的莒溪,与梦中的莒溪谐音,就在南边山下择地住了下来,并在此处建造刘文成公庙。

数年后,莒溪发生海匪景王骚乱。父子俩为了安全,离开莒溪回南田避乱,结果回南田后,启宪公一病不起,不久就离开了人世。老家道福等兄弟几人一致认为老三忠厚,就把祖庙右侧旁边(即现在广场背后的山上)一处墓地让给老三安葬,以表兄弟之情。

海匪景王骚乱平息后,振总公来莒入赘朱门无育,后继配王氏生子五,莒溪刘氏自此开始繁衍发展。

三、刘基文化及其后裔对苍南的影响与贡献

(一)文化遗产人文古迹

1. 刘文成公庙(刘氏家庙)

苍南县莒溪刘文成公庙,坐落在莒溪镇南山、莒水之畔,由正厅和厢房组成四合院,建筑面积1700平方米。系明弘治七年(1494),即道祯父子迁居莒溪四年后开工兴建。正德十六年(1521),在原有的基础上扩建过一次。清咸丰八年(1858)刘基十七世孙刘运堪(字仁廷)主持重建,而成今天这样规模巨大、气派雄伟的刘文成公庙。

　　刘文成公庙至今有四百余年历史，据考古专家考察，曾进行过三次大修理。1950年，被粮管所长期占用，年久失修，庙宇破损严重，尤其是"文革"期间，庙内遗像、匾额、楹联、壁画浮雕全被毁坏，许多文物荡然无存。1980年，政府重视文物保护，宗裔刘勉、森卿、际塔、妙信诸公倡议抢救文秀计划。经两年多奔波，1983年，刘基庙被列为苍南县重点文物保护单位。同时成立刘基庙管理委员会，并推选际宣、际亩、际安、妙选诸宗裔负责修复工作。筹资、维修工作同时进行：重塑仪像、恢复匾额楹联、重现壁画浮雕、更换朽腐梁柱、全庙油漆、庙脊装饰、增修庙外围墙通道、复制庙前旂杆、环境绿化等工作。至1987年秋，顺利完成修复任务，庙貌大大改观。

刘基庙内正面为身着锦绣冠服的刘基仪像,虬髯电目,刚毅伟岸。两侧是长子刘琏、次子刘璟的塑像,左昭右穆,端庄威严。

庙内匾额对联众多,均出自大家手笔,笔力遒劲、气韵生动。不仅有"文革"劫难后幸存的明代正德皇帝朱厚照、康熙处州知府刘起龙、光绪江苏学政黄体芳题写的匾额,还有 1983 年刘基庙重修时征集的沙孟海、周谷城、王遽常、方介堪、谢稚柳、苏渊雷等 30 多位名家的作品,其风格不论是豪放洒脱或是纤细工整,都引人驻足赏玩。而"五百名世""士林高风""千秋景仰"等题匾赠词,以及"秉礼义以权衡才优宰相,定谋猷于帷幄帝重先生"等诗赋对联,无不高度概括了刘基的道德勋业,表达了书家们对先贤的无限景仰之情。

2. 伯温碑林

伯温碑林位于莒溪刘文公庙内,于 2012 年 1 月启动建设,历时两年,于 2013 年 12 月 1 日建成。

碑林全长 258 米,刻碑 200 余方,堪称浙江省内最具规模的当代书法碑刻群,囊括了当今中国书坛的精英群体。其中有中国书协主席、副主席,各省、市、自治区书协主席以及中国书协理事等名家作品,包括张海、朱关田、周慧珺、韩天衡、鲍贤伦等诸先生翰墨精品,更有萧耘春、林剑丹、何元龙、马亦钊、张如元、张索、陈忠康、戴家妙、徐强等老、中、青三代温州名家作品。

　　"伯温碑林"四字由已故著名书画家刘旦宅晚年题写,"伯温碑林序"由南京大学博士生导师周群撰文、林剑丹书写。碑林所用碑文大都选自《诚意伯文集》,有刘基的诗词、寓言、格言名句等,还有部分选自明朝开国皇帝朱元璋的圣旨、诰命以及明清文化名流歌颂刘基的诗词。

　　伯温碑林总投资580万元,倾注着以林剑丹、刘杰海、刘夏景父子、刘际秩、刘化贵等为代表的刘基后裔的心血和汗水,其中500余万元建设资金就是由他们自行筹集的。

　　市委常委、宣传部部长胡剑谨这样评价伯温碑林:伯温碑林的建成,为苍南增添了一处集历史、文学、艺术于一体的人文景观,更重要的是积极探索了"政府引导、群团支持、名家推动、民资参与"的新型文化业态培育模式,为上级文化部门如何有效开展"种文化",让"文化下乡"变成"文化在乡"提供了有益的借鉴。

　　3. 莒溪桥南村

　　桥南村是刘文公庙、伯温碑林所在地,是浙江省级书法村。出生此地的书法名家有:刘基第二十世孙刘文峰,温州市著名书法家林剑丹等。桥南村被冠以温州市美丽乡村的称号。

　　4. 刘基文化园

　　刘基文化园为苍南县"十二五"规划十大文化园区之一,目前尚在建设规划设计中。刘基文化园包括刘文公庙、伯温碑林和文化广场,其中刘文公庙、伯温碑林已建成。按照设计规划,文化广场以刘文公庙为中心,整个广场简洁大方,追求广场的开阔和文化内涵。刘基文化园的建设,将有效体现莒溪人文特征,弘扬历史文化保护精神,为当地居民、游客提供参观、休闲、游憩、娱乐聚会场所的文化公共空间。

(二)刘基遗风——热爱宗族、热心慈善、无私奉献、爱国敬业

走进刘基后裔聚居地,我们深切地感受到淳朴的民风。据刘基后裔介绍,他们秉承先祖忠孝、诚信务实思想,并已形成乡风民约被传承下来。这种淳朴民风可以从刘基的思想中找到根源。比如,刘基在其著作《孝经》中阐述"孝"的理论给我们留下了深刻的印象。《孝经》曰:"身体发肤,受之父母,不敢毁伤,孝之至也。"刘基基于道德和政治相结合的原则,继承了《孝经》的思想传统,将"保体"发展为"养志",使其成为儒家正统的道德标准。他说:"人知爱其身不爱其亲为不孝,而不知爱其亲不爱其身亦为不孝。世固有尽心奉父母而不谨其身以陷于刑辟者,其于道又何如耶?是故时言慎行惑辩惑,使父母之名不以我而污,和其兄弟,亲其姻族,睦其邻里乡党,使父母之泽流于子孙而不坠,所谓养志其庶几乎?"刘基把爱父母扩展到爱兄弟、邻里、朋友,延伸了孝的范围。刘基后裔对先祖有很强的自豪感和认同感。每年农历六月十五,刘基后裔举行祭奠活动。先祖遗训经过一代又一代的言传身教,已成为刘基后裔安身立命的精神源泉。数百年的耕读传家,刘基后裔不断繁衍壮大,至今刘基后裔已繁衍二十多代,并涌现许多名人,如民国名人刘耀东、刘劲持等。

真实、踏实、务实、诚实是继承先辈精神的精髓。刘氏家族,凡有成绩者,大多是务实、低调、勤俭、奋进的社会人。现代的环境,每个人都有自己的社会位置,服务于人民;每个人都有其自我表现:有平凡者,有不俗者,有杰出者,有成功者。中国的世俗观念,谁都希望自己的下代能成为名门望族,能光宗耀祖。刘基百

折不挠、愈挫愈勇的进取精神，好善乐施、热心公益的奉献之心，天下为己任、尽忠报国的赤子情怀，潇洒俊逸、博学多才的文人遗风之精神在后裔中传承得尤其突出。

苍南刘基公二十世孙刘际秩，20世纪80年代开始，为祖宗事业陆陆续续已捐款多次，第一次是祖庙维修决定建立一支铜管乐队，1996年由他出资15万元；祖庙第二次维修他捐出6万元。伯温碑林的修建，发起创始人刘基二十一世孙刘杰海、二十世孙刘际秩、刘化贵等均出资30多万元。

刘基后裔历来有捐赠的传统，越来越多的刘基后裔在每每有需要帮助的时候，总少不了这些人的身影。在慈善和公益事业方面也有大手笔，后裔在这方面所体现的社会责任感一点也不亚于他们在发展事业上的魄力和雄心。现代后裔的强烈社会关怀情怀丝毫不逊于古代刘基，他们关心桑梓，关心社会公益，回报社会，至为感人。他们热心教育、医疗、文化和基建。

苍南刘基公二十世孙刘际秩，1996年由他出资15万元独建西厅文化活动中心；蛇山公园百步岭头的"晖耀门"由他出资近25万元独建，香炉潭天然浴场建娱乐场所捐7万元；2019年莒溪建"沉香塔"捐15万元；王立村建文化活动中心他捐5万元，最近下塘中心宫扩建他捐资10万元；现在他决定出资200万元，重建莒溪普照寺，热心家乡社会公益事业，他的道德情怀数十年来一直未变，他就是这样为地方多做贡献的。刘基裔孙刘小标在2005年的台风"桑美"袭击苍南后，作为龙湾鞋企，第一个向灾区送去价值5万元的皮鞋。这些年，刘小标以个人及公司的名义，先后向社会各界，累计捐款捐物达100多万元。

祖宗崇拜、宗族感情、宗族观念、祖训族规、寻根问祖、宗族联谊等表现形式的宗族文化，早已成为"社会环境"的组成部分，其显然对维护社会秩序具有积极作用，"中华民族的凝聚力之一便是家族的纽带。认祖归宗至今仍是华夏儿女最强大的向心力之一"。重视家族是中华民族悠悠数千年的传统，刘基是刘氏一位杰出的祖先，他使千百年的晚辈感到光荣之至，他的精神使家庭、家族和睦,促进社会稳定祥和进步。也正是这种无私奉献、不图回报的坦诚思想境界,使这些并非巨富的商界俊彦,在其爱国善举中,捐赠的是钱,迸发出来的是一种高尚的精神、品德、风格,发挥的精神力量远远超过物质的力量。从建构和谐社会的目标来看,刘基后裔为建设和谐苍南做了许多默默无闻的工作,博得了人们的广泛赞扬。

(三)文化活动带动旅游经济

祭祀是后裔对其先人的追思祭祖。刘基后裔对其先人的祭祀每年举行两次,即在每年的正月十五"元宵节"和八月十五"中秋节"分别举行祭祀活动,故称为春、秋二祭。

莒溪刘氏自有家庙以来,五百余年间,春、秋二祭从不间断。祭祀活动宰猪倒羊,大摆祭品、敬果,子孙云集,跪拜观礼,吹打娱乐,场面盛大而隆重。这一颇具特色的家庙祭祀,既可以加深宗亲间的了解,增进关系,又能启发、教育子孙不忘祖德祖训,继承先辈的光荣传统。故数百年来,一直被沿用下来,久盛不衰,备受世人传颂。在现代,祭祀活动更加隆重。刘基后裔对其太公更加顶礼膜拜,每每声势浩大,祭典仪式与众多乡村民俗活动如舞龙灯、抬香炉等结合在一起,构成汇聚家族的一个盛会,对先贤刘基的信仰逐渐转化为一种家族文化和地方民俗文化。2006 年 11 月7 日上午,刘基铜像揭幕仪式暨公祭大典在刘基广场举行,这是刘基在享受祭祀五百多年来,从"民间"到"官方"的转变,意味着刘基已经跨越姓氏局限,正式成为一个区域品牌。在今天的祭祀上,已不仅仅是刘氏后裔对其先人的追思祭祖,更是以传承久远的民间信仰为背景,融合众多乡民参与的一项民间祭祀仪式,特别是地方公务人员与学界的介入与引导,融进了学术研究、摄影活动、文学活动、文艺晚会等健康向上的文化因素,构成了生机勃勃的刘基文化节。此项祭祀活动现已演变到"刘基文化节",已成为浙南一项独特的文化活动,是融地方先贤信仰、血缘观念、民间传说、民间文化活动于一体的一种文化形式。

（四）刘基文化的传播

1.诗文

刘基不但是我国元末明初著名的政治家,还是一位在中国文学史上有着重要地位的诗文大家,也是一位文学家。传行于世的著作有《覆瓿集》《郁离子》《写情集》《犁眉公集》等。他的《郁离子》是中国文学史上寓言体散文的杰作。《郁离子》共十八章,一百九十五篇,多者千言,少者百字,各相对独立,自成系统。刘基的诗文理论力主教化讽谕之说,提倡理气并重,强调经世致用,在其身后获得了相当高的评价。在中国文学史上,刘基也占有一席重要的地位。

刘基二十世孙刘文峰,生前曾任上海《文汇报》编辑,著作甚丰。1962 年 8 月,大学毕业,在同届八十多名毕业生中,文峰被文汇报社挑中,旋即分配进该报社教卫部任记者,后因工作需要,调任要闻部编辑、一版主编,至今共历三十三年。在文汇报工作的三十多年里,刘文峰采写了二百多篇消息、通讯和不署名的言论,编了上万个版面,制作了十几万条标题。其中有五个版面分获全国和上海市新闻作品评选好版面奖,有七条标题荣获好标题奖。在长篇报道方面,影响较大的有"育才中学改进教学方法减轻学生负担",1991 年收入作为全国哲学社科"七五"规划国家重点研究课题的《教育学文集》第十七卷中。1987 年发表于《解放日报》上的报告文学《终归大海作波涛》荣获该报社报告文学征文奖,学术专论《大样的审读》被收入中国人民大学出版社 1987 年出版的鸿篇巨制《中外报纸编辑参考资料》一书中。刘文峰和全国著名气功师黄仲林合著的《气功与生命的探索》一书,荣获山东省教育厅科技进步奖。

2.风水

刘伯温是一代风水宗师;是逆知未来的预言家;刘伯温撰作《烧饼歌》,上知五百年、下知五百载;刘基是道士般的神机军师,鄱阳湖借风用火大破陈友谅舟师、以法术助阵智取张士诚等。

刘基第十九世孙刘开榫,将其发扬传播至广州、南洋等地。

3.书法

刘基擅诗文,也长行草书。刘基书写自作的春兴诗八首,书法劲挺流美,有赵松雪行书清丽秀美的特点,又有唐楷严谨庄重的意味。刘基裔孙瑞安刘旦宅自幼酷爱绘画,自学成才,为上海师范大学艺术学院教授、名誉院长、中国美术家协会会员、上海美术家协会副主席、上海中国画兼职画师等。数十年间,先后在中国、日本、意大利、法国、德国、荷兰等地举办个人画展,并出版了十多本书画集,成为名扬海内外的一代书画大师,名列中国当代五十位中国画名家和中国历代一百五十位画坛巨匠之中。刘基第二十一世裔孙刘少敏之书法作品多次入选"中外名人录""天津艺术节"等全国省级以上重大展览,曾被新加坡神州艺术院、碑林、名山、古寺等收藏,1998年荣获"世界华人展"优秀奖。曾历任福建省福安市书法家协会秘书长,系中国教育学会书法专业委员会会员。乐清后裔刘顺平作品获温州市首届青年书法大赛一等奖,第二届"西泠印社"国际篆刻书法大展优秀奖;入选第一届、第二届浙江省中青年书法家作品集。入展首届全国青年美术书法大赛、第三届"西泠印社"国际篆刻书法大展,第二、第三、第四届全浙书法大展并收入大展作品集。作品发表于《美术报》《中国书法》等杂志,并被国内多家博物馆收藏,著有《寒川墨缘》《刘顺平草书艺术》《瓶斋书论》等,以大草书立足于书坛。其用笔单一,笔力虽雄,清韵不足。继而觉其浩浩荡荡,横无际涯,进退自如,气象万千。

4.莒溪茶文化

采莒溪高山茶叶,用松山南头山(现在的五凤社区)泉水,冲泡而成的莒溪茶,茶香——沁人心脾。刘基第十七世孙刘运堪大力开发了莒溪茶,并大力向外拓展,茶叶漂洋过海,如今莒溪茶叶成为较有影响力的浙江名茶。

5.文史资料

自刘基至今,已有六百余年,其间刘基及其后人留下了许多文字记载材料。主要有:莒溪有《刘氏族谱》、《刘基家谱》(龙湾白水线装本)、《堪舆学》(署名刘基)、《黄金策》(署名刘基);温州博物馆有《刘基家谱》抄本、《明代遗编》(祀田簿册),刘璟《易斋集》抄本、刘廌《盘谷集》抄本;青田有《青田民间故事集》。

在留下来的书籍中,各地流传主要是共和辛酉年间的族谱,刘族作为温州青田一带地方望族,在当地很有影响。因此,从《刘基家谱》到《刘氏族谱》所记载的内容之变化,可以一窥明至当今温州社会发展史之概貌,具有很高的地方社会史价值。

特别是刘基第十五世孙刘眉锡的《南雁荡山全志》,记载了苍南的地方文史、历史变迁、人文景观等资料,为后人研究历史提供了证据与参考文献资料。

刘基既是温州的名片,也应该是苍南的文化品牌。刘基的精神特质流淌在刘基后裔血液中,他们对世事与他人的关注,他们对美好生活的追求,他们乐于奉献不求回报的精神,无一不是儒者精神的典型体现。刘基及其后人对苍南的影响和贡献是细致和博大的。

附　录

苍南莒溪刘文成公祠史料五种

修祠堂记

[清]刘眉锡

南山家庙（即莒溪刘基庙）^①于今二十二年矣。

乾隆辛未年（1751）元旦，族众竭诚致愨（què，诚实），采沼沚（池塘，水坑）蘋蘩（泛指水草），备刚鬣（猪）柔毛（泛指菜蔬，与上文蘋蘩刚鬣等均为祭祀品），登南田祭始祖文成公（刘基，字伯温，谥号文成）。斯时，君孚公实施其事，故主祭者君孚公也。

明年（1752）君孚公复合族众会议，以本不可忘、源不可塞，自七世祖振总公于明弘治年间卜迁莒溪南山，营宫作室，历世环居。奈事变事殊，顺治庚子（1660）兵燹（xiǎn，战乱），一炬之后焦土可怜。今盍（何不）即此旷地以谋崇祀先世。

爰（于是）奋然倡首，取公堂之所积、萃房族之余资，庀材鸠工（准备材料、招集工匠），以壬申（1752）七月六日仍南山旧址而家庙以兴。家庙中之石砌，旧址所有者，所需木材大半取之洋尾山。告成以后，左右二间，中为正寝，头门三间。择吉腊月二日正寝之上奉文成公神位一龛，以次则左昭右穆，釐然（有条理）分明，且嗣是，春秋妥佑，昭昭不爽（清楚无差错），由斯以谭（谈），则吾族之殷斯勤斯，不亦可谓知本矣哉。

越七年戊寅（1758）刻文成公遗像、塑土地许一许二三像，绘门神四像，而大鼓亦乘以建。己卯（1759）正月王父君义府君（刘

---

① 括号及括号内相关文字由苍南县江南实验中学教师刘日良添加，下同。

眉锡祖父,刘惠臣,字君义)申请徐邑侯(徐恕,时任温州府平阳县事),始于头门额曰"刘氏家庙"。迄于今已二十二年矣。

祠宇虽不必更新,而规模则难以由旧。客岁(去年)壬辰(乾隆三十七年,1772 年)合众论定,倩(央请)工匠取度朝巘山杉木,于十二月十八日增架左右两间并附厨舍,左安土地为土地之堂石,置鼓,守祠者居其傍,四围重修石砌,后面别开花台,又左后浚一小井,至今岁八月方竣事焉。第见庙貌整肃,神宇闳深,虽未堪为一地之大观,亦不失为一族之首务也。

眉是岁负笈西塘书院,从张中亭师游,以中秋乃家庙当祭之期,故告归以赴执事。后二日吾父呼眉而告曰:"为之前美而彰之,后盛而传吾族,自君孚公创家庙于前,厥功既云茂矣,我数人修之于后,亦非乏工程叙次。眉,汝其常年弗忘乎。"

眉唯唯受命,退而敬,秉笔将前后修造之始末,或闻或见,一一志之,不敢从略。至若眉生也晚,不敏且未学,家庙记事宜推族中长老大手笔者,而斯时之念祖殷、奉命切,则不及自揣云。

乾隆三十八年岁在癸巳(1773)八月十七日十五世孙眉锡谨记。

选录自《莒溪刘氏宗谱》(清嘉庆丙寅本)

莒溪避乱纪事

[清]刘眉锡

崇祯十七年（1644）甲申三月十九丁未日，京师陷，帝崩。

四月十二日，南京文武诸大臣议立亲藩。讨贼总督马士英（约 1591—1646，字瑶草，官至内阁首辅）以为福王（朱由崧，1607—1646）伦序当立，提督操江诚意伯孔昭公（约 1605—约 1660，刘基后裔，袭封诚意伯）等力主之。

五月十五壬寅日，即立福王于南京，以明年为弘光元年。

顺治二年（1645）乙酉五月，大清兵破扬州，逼南京福王，出走大平，奔芜湖，被执。

顺治三年（1646）丙戌六月，清兵至温郡平阳，世庶剃头归顺。

四年（1647）丁亥十月，山寇汪纪阳、陈仓、尤希曾、卢豹、沈可耀以起义为名，在南北两港抽兵索饷，纷纷扰乱。

五年（1648）戊子，又联络永、乐、瑞寇何绍龙、石旗牌等，在平邑城乡村增乱，刀兵蜂起，死伤无数。

八年（1651）辛卯，金华总兵马进宝逐处搜剿，何绍龙、石旗牌及陈仓辈相继就擒，寇乃平。

大兵之后必有凶年，辛卯岁，平阳米价腾贵，每石至六七两，民饿死甚众，幸莒溪历年俱无大害。故八年辛卯八月，希字公为嫡侄世骏公、世范公、世述公、世则公、世平公五兄弟分爨立书。

惟至十五年（1658）戊戌七月，郑芝龙子成功在厦门为海寇，大舟宗蔽江而至，泛防官兵咸畏惧降附，且联山寇，乡民尽遭掠劫。

十七年(1660)庚子二月,山海寇并入莒溪,男妇免害无二三。盛卿公二十岁,因祖父母暨父母二代不能避,奉命携七岁弟日卿公、五岁妹二娘逃至青田山;国维公入白云山;国良公遁入瑞安城内。传闻入山采食,惟鸡舌菜、苦菜、羊蹄、蕨芹、灯心子、葛根、艾糠而已。

十八年(1661)辛丑四月,避乱者皆归。但是年秋,徙沿江居民于内地,扦木为界十余里,平阳扦界,凡界外民居尽行拆毁。南山祖屋为兵人徐大鼻所毁,仅留遗址。归时,架屋于乌岩坑;又架屋于旧址,皆不利。后乃择西厅内,构宅居住,二房则居于后坪大田中及大田下二处。

康熙十三年(1674)甲寅四月,福建耿王(耿精忠,1644—1682)乱。十五年丙辰冬,始平。中间有闽寇入莒溪,幸无扰即出北港而去。

四十八年(1709)己丑,处州牛头山叛贼,勾结滕洋、莒溪民聚众为乱,总兵王应虎发兵擒之,斩首三人,余俱散。是年,吾族大房避乱移居邑城西隅乃归。

选录自《莒溪刘氏宗谱》(清嘉庆丙寅本)

莒溪刘氏祠堂祀产序

[清]滕　浩

　　乾隆己丑岁（1781），昆阳邑大夫何公（何子祥，知平阳县事）延余吾南书院训诲诸生，就业者皆彬雅有诗书气。莒溪刘生眉锡，笃志嗜学，余深器之。冬岁，尊人并族伯叔辈来请家庙祀田及山场志序，并示家谱以明世系。余细检阅，知刘氏发祥于括苍青田。

　　文成公为有明开国元勋，光著史乘者，炳炳麟麟，无待赘述。继世易斋公（二世刘璟，字仲璟，号易斋），秉节尽忠，土行公筑庐至孝，文逊公、式纯公（一作"式盛公"）、启宪公，或礼义自守、或节俭居家，皆卓可纪。七传振总公，倜傥拔俗，不屑细务。弘治间游历至瓯，遍访名胜之地，广寻前哲之踪，自永而瑞，自瑞及昆阳，归仁贤乡莒溪，见夫山势萦纡、川流汇合，俗美风清、人才秀蔚，欣然自得，不欲离去，遂卜南山下家焉，今刘氏家庙即其庐也。

　　历秉高公、公循公，皆温恭醯笃，兼有才略，创业日隆，子姓繁茂，朴者服田，秀者横经，莒溪称巨族焉。至十世希宇公、希统公，分为长次两房，特置田亩、山场，统为祀产。百余年来凡春秋俎豆，咸预备无缺，足为乡里表式，洵一族之庆，亦一地之光也。

　　祀田轮流管理无讹，而山场杂物不一，难为定数，守扎批承、出入度费，恐年远易有废耗，今复会集合族，严立规条，分派清理。长福、禄、寿三房择举三人，次富、贵二房择举二人，共相殚心竭力,外防漏卮,内除侵蚀。未事则存储有定所,当事则应给适其宜。有绪有条、可久可大,真百世之远模也。

夫明有礼乐,幽有鬼神,感通固自不爽。今刘氏皆能尊崇本原,恪修祀事,将见神保是格,降福孔偕,象贤迭兴,簪缨世永。今时之莒溪,足绍昔日之南田,光前裕后,其可量乎?书曰:"既勤垣墉,唯其涂塈茨。"诗曰:"世世子孙勿替。"引之,吾厚有望于刘氏焉。

大清乾隆三十四年(1769)岁在己丑仲冬月,霞美澹轩滕浩顿首拜序。

选录自《莒溪刘氏宗谱》(清嘉庆丙寅本)

莒溪刘氏族谱序

刘绍宽[1]

我刘族之在浙中,青田为最著。自诚意奋起,南田数百年间簪缨弗替。而其支分于吾温者,厥有两派:一为瑞安穗丰;一为平阳莒溪。两派亦皆繁衍,代有文学。

清乾嘉间,莒溪有扬之先生,为邑耆宿,熟谙邑中掌故,著述甚盛。余尝一至其地,住其曾孙方讷家,搜求其遗书而不得。继于友人所得所著《南雁荡志》及遗诗十余首,其他著述皆不复见矣。余往岁修《平阳县志》,为先生立传,未尝不心仪其人也。

今秋先生之曾孙植亭、玄孙开纘及方讷子开萌与诸族人共修完谱,既藏事乞序于余。余往在莒溪尝一阅其谱,盖明弘治间诚意七世孙振总来赘莒溪,家焉绵绵,至今为世二十有一,而以诚意为一世始祖。其谱体例完善,颇仿青田,而扬之先生尝加修饰焉。今植亭诸君踵其成规而增益之,开纂于今年正月,至六月而告成付梓焉。诸君从事之勤敏,端可见矣。

余族世居邑之白沙,以宋德舆公为始祖,清顺康间,值海上郑氏之难,被檄播迁,旋定安集,虽族之繁衍不及莒溪,而两族通问往来,世若兄弟。

夫人之得姓受氏,孰非黄炎之子孙,矧我刘氏之本出一系者

---

① 刘绍宽(1867—1942),字次饶,号厚庄,平阳江南刘店人(今属龙港市),于温州教育及地方文化贡献为著,有《厚庄诗钞》《东瀛观学记》《民国平阳县志》等传世。

乎？惟念浙中之刘，自诚意而后，勋业文章未有继者，即今青田一派，武达文通，尚称济济，而上方乃祖，未云媲美。况吾温诸刘族未有如今日青田之盛者乎？虽然人才不择地而生，常应时而出，苟能培之有基，养之有道，安见吾温州诸刘族之不继青田而起也！况今瀛海交通轮轨四达，文化转轮无间遐迩，有迥异于昔日所谓乡僻之区者。我族人苟能自奋，近以扬之先生为向学之导，远以始祖诚意为树勋之的，吾知其人文蔚起蒸蒸日上，有非他姓之所能及者也。

植亭之群从苑香、聘三，皆敦品植学，而兴修是谱，其持吾言以劝导族人，必有奋然而兴者矣。故不辞而序以勉之，且望吾族人之能与为靳骖也。

民国十有五年(1926)八月邑宗裔绍宽拜撰。

选录自《莒溪刘氏族谱》(民国丙寅本)

苍南刘基庙：五百年间几经兴废

黄培量

提起刘基庙，人们可能都会想到文成南田。知道温州一共有三座刘基庙的人肯定不会太多。事实上，除了文成南田大名鼎鼎的那座刘基庙，苍南莒溪的刘基庙也是历史上较早的一座。

苍南西部的莒溪镇，地处高山峡谷，西南接壤泰顺县，西北紧邻平阳、文成二县，周边高山环峙，林木苍翠。刘基庙就位于莒溪镇大峡山北麓。

一、历史上的刘基庙

苍南刘基庙是莒溪刘氏始迁祖刘启宪自文成南田迁居莒溪后所建，迄今已有五百多年历史。刘启宪，名道祯，刘基次子忠节公刘璟五世孙，明弘治七年（一说为弘治三年），携第四子刘振总迁居莒溪南山麓（现刘基庙址）时，当时只是建了简单的民居，但对敬先祖的礼仪还是很重视的，房内正堂上供奉了先祖的神主牌位。后因海匪作乱，深入内地，莒溪也受袭扰，战火所过之处室庐皆毁，刘启宪便同儿子一起回南田避难。不久刘启宪就病故于南田。

战火平息后，父孝三年的时间也满了，刘振总再次返回莒溪，弘治十一年（1498）在原住址正式兴建家庙。这个家庙规模还不大,因为周边已经是外姓的田园,而无法拓展。经过几十年的经营后,振总与儿子秉高的家产殷实了很多。于是于正德十六年(1521),又将家庙周围潘姓祖遗基地、山场、菜园、房屋等产业置买下来,将原规模不大的家庙进行扩建,基本奠定了现存莒溪刘基庙的规模和格局。至九世刘环,十世刘宗汉、刘宗玄时,莒溪刘氏始分为长次两房,专门拿出一部分田亩和山场作为家庙的祀产,收入用于"春秋二祭"祭祀和清明祭扫的费用。

明代的莒溪刘基庙延续了一百多年,清初又再次遭遇战火破坏。据刘眉锡所撰《修祠堂记》(嘉庆本《莒溪刘氏宗谱》),刘基庙于顺治十七年(1660)毁于兵燹,乾隆十七年(1752)在刘君孚的主持下重修,建正殿三间、头门三间。乾隆二十三年(1758)刻文成公遗像、塑土地许一许二三像,绘门神四像,并建大鼓。乾隆二十四年(1759)刘惠臣(刘眉锡祖父,字君义)请时任温州府平阳知县徐恕在头门上题写"刘氏家庙"的匾额。乾隆三十七年(1772)刘基庙再行扩建,"增架左右两间并附厨舍,左安土地为土地之堂石,置鼓,守祠者居其傍,四围重修石砌,后面别开花台,又左后浚一小井",到次年(1773)八月才全部竣工。

咸丰三年(1853),刘基庙毁于飓风大雨。《刘氏族谱·重建祠堂记》有如下记载:"咸丰癸丑之夏,风雨大作,祠为倾圮,迨戊午始重建。"当时暴雨连下十多天,平地水深六七尺,田庐尽淹,农田大歉收。咸丰八年(1858)十七世孙刘运堪主持重建,这就是现在刘基庙的主体建筑。《刘氏族谱·重建祠堂记》对现在的刘基庙是这样描述的:"莒溪之乡,南山之麓,有刘氏宗祠在正焉。枕山面壑,庙貌雄壮,腾岫屏乎前,龙舌嶂乎后,纱帽山拱其左,金字山列其右。背依修竹千竿,门对溪流一带。晴则层岚耸翠,夕照扬辉;雨则野碓舂云,水声鸣玉。此固天然福地,为刘氏先灵之安宅也……"

二、今天的刘基庙

我们今天看到的莒溪刘基庙,坐南朝北,依山面水,占地面积达 3200 多平方米;由仪门、头门、正厅、两翼廊庑等部分组成,是一个组合有序、结构精巧的清晚期木结构古建筑群。建筑吸收了历年台风造成影响的经验,建筑高度不高,台基高峙,排水有方,富有温州南缘与福建地方建筑混合的特色。特别是头门正面板壁上的清代《三国演义》彩画,色彩丰富,人物生动,是温州地区清代神庙彩画的佳品。

刘基庙于 1983 年 3 月被列为苍南县首批文物保护单位,当年 5 月粮管所搬出庙宇。经首期修复后,于 1984 年元宵节对外开放;与此同时,刘基庙也筹划恢复已有五百多年历史的"春秋二祭"。《刘氏族谱》载:"每届春秋祭期(春祭为正月十五元宵节,秋祭在八月十五中秋节),值祭者先一日到祠,洒扫陈牲献果,音乐铿锵,子姓毕集,凡近处之好事妇孺者,莫不携手同行,争来瞻仰吁盛。"杀猪宰羊,宾客云集,跑拜观礼,盛大而隆重。莒溪刘基庙"刘伯温春秋二祭",被誉为浙南家祭之最。这一颇具浙江宗庙祭祀特色的"二祭",至"文化大革命"前夕一度中断。1987 年中秋节起随着刘基庙的修复,正式得以恢复。2009 年 6 月,被温州市人民政府列入第三批温州市非物质文化遗产名录。

选录自《温州日报》2013 年 12 月 4 日